LOS CICLOS DE LA NATURALEZA

LOS CICLOS DE LA NATURALEZA

DK Londres
Edición sénior Amanda Wyatt
Edición de arte sénior Smiljka Surla
Edición Penny Arlon, Zaina Budaly, Steven Carton, Elizabeth Cook,
Jolyon Goddard, Susan Kelly, Mani Ramaswamy, Isabel Thomas
Diseño Emma Clayton, Tory Gordon-Harris, Hoa Luc, Anna Pond, Rhys Thomas
Ilustración Peter Bull, Stuart Jackson-Carter, KJA, Naomi Murray, Gus Scott
Retoque fotográfico Steve Crozier
Archivo iconográfico DK Romaine Werblow
Documentación iconográfica Laura Barwick
Edición ejecutiva Rachel Fox
Edición ejecutiva de arte Owen Peyton Jones
Coordinación de maquetación Pushpak Tyagi
Producción editorial Gillian Reid
Control de producción sénior Meskerem Berhane
Diseño de cubiertas Surabhi Wadhwa-Gandhi
Dirección de desarrollo de cubiertas Sophia MTT
Diseño de maquetación sénior de cubiertas Harish Aggarwal
Coordinación sénior de cubiertas Priyanka Sharma
Dirección editorial Andrew Macintyre
Dirección de arte Karen Self
Dirección adjunta de publicaciones Liz Wheeler
Dirección editorial Jonathan Metcalf

Autores
Steven Carton, Tim Harris, Rob Hume, Tom Jackson, Dra. Sarah Jose,
Dra. Anthea Lacchia, Georgia Mills, Douglas Palmer, Nicola Temple

Consultor Dr. Nick Crumpton **Colaboradores** Sophie Allan, Dr. Chris Clennett, Douglas Palmer

De la edición en español
Servicios editoriales Cillero & de Motta
Traducción Paloma Muñoyerro, Elena Aranaz
Coordinación de proyecto Lakshmi Asensio Fernández

Publicado originalmente en Gran Bretaña en 2023
por Dorling Kindersley Limited
DK, One Embassy Gardens,
8 Viaduct Gardens, Londres, SW11 7BW

Parte de Penguin Random House

LA TIERRA

Nota sobre las fechas

Los acontecimientos más antiguos que aparecen en este libro tuvieron lugar hace muchísimo tiempo. Algunas fechas van seguidas de la abreviatura «MA», que significa «millones de años».

Cuando no se conoce la fecha exacta en la que ha tenido lugar un evento se antepone «C.», la abreviatura del término latino *circa*, que significa «alrededor de» e indica que la fecha es aproximada.

Cuando se mencionan las estaciones, por ejemplo, en el ciclo vital de un animal, nos referimos a la estación correspondiente al hemisferio donde vive; así, para un animal del hemisferio norte, el verano ocurre a mitad del año.

Por último, el cambio climático está alterando los ciclos vitales de las plantas y de los animales. Los tiempos indicados en este libro son correctos en el momento de su impresión, pero pueden cambiar en futuras ediciones.

PLANTAS Y HONGOS

CONTENIDOS

ANIMALES

LA TIERRA

Nuestro hogar en el universo es el planeta
Tierra, que se formó a partir de una densa
bola de gas y polvo en el sistema solar hace
4500 millones de años. La Tierra alberga el
conjunto más diverso de características naturales
de todo el sistema solar: desde grandes océanos,
lagos y ríos repletos de agua en estado líquido
hasta desiertos completamente secos. Su
superficie está siempre cambiando debido
al movimiento de las placas continentales,
que han creado cadenas montañosas enormes
y provocan violentas erupciones volcánicas
sin previo aviso. La Tierra es también el único
lugar del universo donde existe vida tal y como
la conocemos.

El Big Bang

El universo surgió hace unos 13 800 millones de años con el Big Bang, que significa «gran explosión», aunque fue más bien una gran expansión, ya que en el espacio no hay sonido. Al principio, el universo era solo un minúsculo punto que albergaba toda la materia. En un momento dado, explotó y empezó a crecer a toda velocidad. Sigue en expansión en la actualidad.

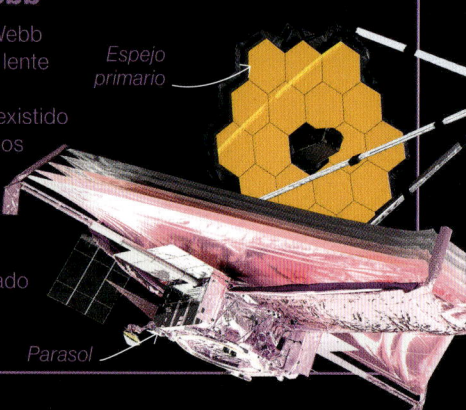

Espejo primario

Parasol

Núcleos atómicos

Se forman partículas más ligeras: los electrones.

Neutrón

Protón

Quarks

Energía

0 segundos

1 milmillonésima de segundo

10 millonésimas de segundo

10 milésimas de segundo

3 minutos

¡Buuum!

Una explosión crea todo el universo en un instante. Al principio es más pequeño que un grano de arena y está muy caliente y lleno de energía. En una fracción de nanosegundo, se expande a toda velocidad y alcanza el tamaño de una naranja.

Enfriamiento

A medida que el universo se expande, se va enfriando. Empiezan a surgir las fuerzas fundamentales, incluida la gravedad, que transforman la energía en quarks. Los quarks son los componentes básicos de la materia. A su vez, la materia es la sustancia de la que está hecho todo el universo.

Partículas pesadas

Las temperaturas siguen siendo altísimas y el espacio todavía es reducido, así que los quarks se desplazan muy rápido. Sin embargo, a medida que el universo se expande y se enfría, se ralentizan y se agrupan formando protones (partículas con carga eléctrica positiva) y neutrones (partículas con carga neutra).

Partículas ligeras

La temperatura del universo ha bajado bastante, por lo que se forman partículas más pequeñas y ligeras: los electrones. Al tener una carga eléctrica negativa, los electrones y los protones se atraen.

Mejor juntos

La temperatura del universo ha bajado lo suficiente para que los protones y los neutrones se agrupen y formen núcleos atómicos (la parte central de un átomo).

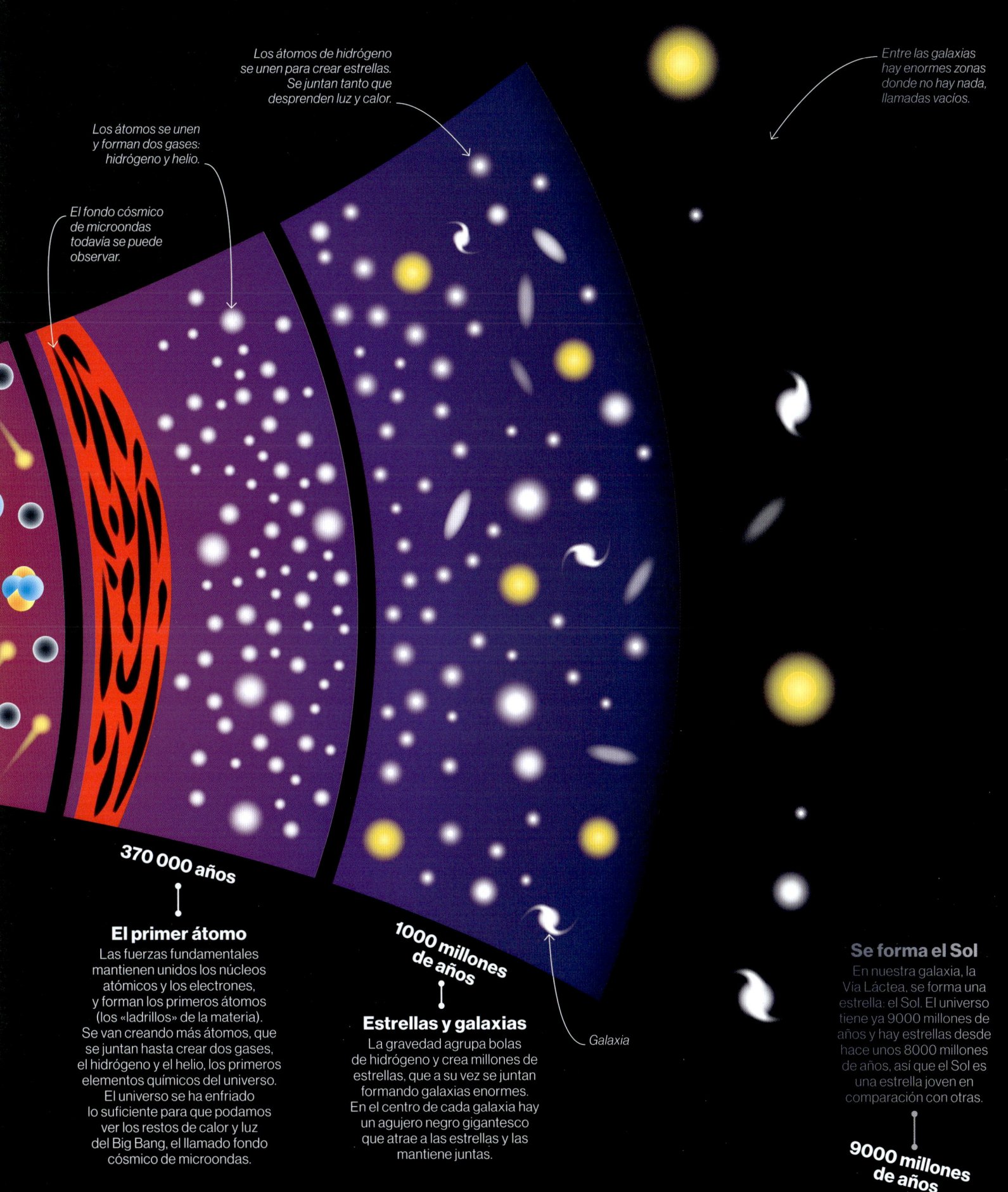

Los átomos de hidrógeno se unen para crear estrellas. Se juntan tanto que desprenden luz y calor.

Los átomos se unen y forman dos gases: hidrógeno y helio.

El fondo cósmico de microondas todavía se puede observar.

Entre las galaxias hay enormes zonas donde no hay nada, llamadas vacíos.

370 000 años

El primer átomo

Las fuerzas fundamentales mantienen unidos los núcleos atómicos y los electrones, y forman los primeros átomos (los «ladrillos» de la materia). Se van creando más átomos, que se juntan hasta crear dos gases, el hidrógeno y el helio, los primeros elementos químicos del universo. El universo se ha enfriado lo suficiente para que podamos ver los restos de calor y luz del Big Bang, el llamado fondo cósmico de microondas.

1000 millones de años

Estrellas y galaxias

La gravedad agrupa bolas de hidrógeno y crea millones de estrellas, que a su vez se juntan formando galaxias enormes. En el centro de cada galaxia hay un agujero negro gigantesco que atrae a las estrellas y las mantiene juntas.

Galaxia

Se forma el Sol

En nuestra galaxia, la Vía Láctea, se forma una estrella: el Sol. El universo tiene ya 9000 millones de años y hay estrellas desde hace unos 8000 millones de años, así que el Sol es una estrella joven en comparación con otras.

9000 millones de años

c. 4570 MA

El colapso de una nube

La nebulosa se mueve en forma de remolino y crea regiones oscuras y frías donde los gases y el polvo se acumulan cada vez más. Una de estas regiones empieza a encogerse a medida que la materia de su interior se comprime, atraída por la fuerza de su propia gravedad.

c. 4569 MA

Protoestrella

En el centro de la nube se forma una bola giratoria de gas. A medida que entra más gas, la gravedad la aprieta con más fuerza. La presión hace que la bola de gas se caliente tanto que acaba formando el núcleo de lo que será el Sol. Esta protoestrella lanza chorros de gases cargados de electricidad desde sus polos.

Sin datar

Muerte de una estrella

Se cree que la historia del Sol comienza con la muerte de una estrella gigante mucho mayor. Las estrellas gigantes viven menos y son menos comunes que las pequeñas. Cuando mueren, se produce una explosión enorme llamada supernova. Hace mucho tiempo, la onda de choque de una supernova golpeó una nebulosa (una nube de gas y polvo) e hizo que comenzara a girar y se formaran remolinos.

La vida y la muerte de nuestro Sol

El Sol es la estrella más cercana a la Tierra. Esta enorme bola de gas caliente empezó a brillar hace unos 4600 millones de años. Varios millones de años después, la Tierra y los demás planetas del sistema solar se formaron a su alrededor. El Sol no ha existido siempre: igual que tuvo un principio, tendrá un final dentro de muchos millones de años.

Dentro del Sol

El calor y la luz del Sol se producen mediante un proceso llamado fusión nuclear, que ocurre en las profundidades del núcleo de las estrellas. Durante la fusión nuclear, los átomos de hidrógeno se aprietan tanto entre sí que acaban fusionándose y formando átomos más grandes de helio, lo que libera enormes cantidades de energía. El Sol consume 5 millones de toneladas de hidrógeno por segundo. Cuando se le acabe, pasará a consumir helio y se convertirá en una gigante roja.

El Sol pesa tanto que aplasta su núcleo. Aprieta tanto el hidrógeno de su interior que se fusiona y forma helio.

Las manchas solares son zonas relativamente frías de la superficie del Sol provocadas por su campo magnético. La temperatura de una mancha solar es de unos 4500 °C, mientras que en las zonas más brillantes es de unos 6000 °C.

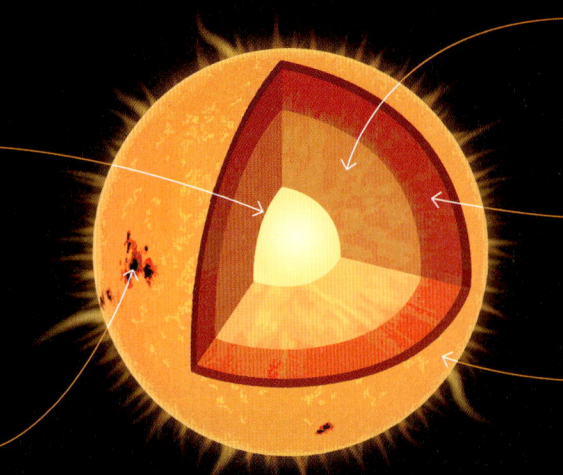

El calor liberado por la fusión tarda 170 000 años en viajar de la zona de radiación de la estrella a la zona de convección.

La capa de convección es más fina y más fría que la capa de radiación.

Cuando la energía del Sol alcanza la superficie, sale al espacio a la velocidad de la luz y llega a la Tierra ocho minutos después.

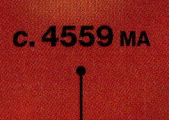

c. 4559 MA

Los planetas

Los chorros de gas electrificado apartan poco a poco la nube de gas que rodea a la nueva estrella y permiten que la luz del Sol salga al universo. ¡Ahora sí que es una estrella! De la nube original solo queda un disco de escombros que gira alrededor del ecuador del Sol y acaba formando los planetas y los demás objetos del sistema solar.

Actualidad

Una estrella normal

El Sol es una estrella muy típica. Solo es un poco más grande y está algo más caliente que la mayoría de las estrellas de la Vía Láctea. Ha vivido la mitad de su vida y, a medida que envejece, brilla y crece más. De hecho, ahora brilla un 30 % más que cuando nació.

Dentro de 3500 MA

El final de la Tierra

El Sol brilla un 40 % más que en la actualidad. Cada vez calienta más, así que destruye poco a poco la atmósfera y los océanos de la Tierra. Nuestro planeta se convierte en una roca desnuda y sin vida, y en la superficie hace más de 300 °C.

Dentro de 5400 MA

Gigante roja

El Sol se ha quedado sin combustible: ya no tiene hidrógeno, así que ahora fusiona helio. Ha crecido hasta alcanzar un diámetro 2300 veces mayor que el actual y se ha convertido en una gigante roja. Cuando haya quemado la mayor parte del combustible, se encogerá hasta convertirse en una subgigante, que seguirá siendo 10 veces mayor y 50 veces más brillante que la estrella actual.

Sin datar

Enana blanca

En el núcleo de la nebulosa planetaria hay una pequeña estrella llamada enana blanca. Su diámetro es como el de la Tierra, pero pesa unas 200 000 veces más, porque contiene la mitad de la materia original del Sol (es lo que queda de su núcleo). Aunque ya no quema combustible, está muy caliente y seguirá brillando billones de años.

Dentro de 6000 MA

Nebulosa planetaria

El Sol ha pasado millones de años cambiando de estado (de gigante roja a subgigante, y viceversa) y acaba quedándose sin combustible. La mitad de la materia original de la estrella forma una nube de gas y polvo llamada nebulosa planetaria.

Las estrellas gigantes

El Sol es el objeto más grande de nuestro sistema solar. Pero, aunque nos parezca enorme, en el universo es solo una estrella enana. Las estrellas enanas son más pequeñas y menos calientes que otras. Por el contrario, las gigantes son por lo menos ocho veces mayores que el Sol, están a más temperatura y viven menos que las estrellas enanas.

Nube de gas

Todas las estrellas se forman en una nebulosa (una nube gigante de gas mezclada con polvo y hielo que flota en el espacio). El tamaño de la nebulosa y la cantidad de materia que contiene influyen en el tamaño de la estrella.

Nacimiento

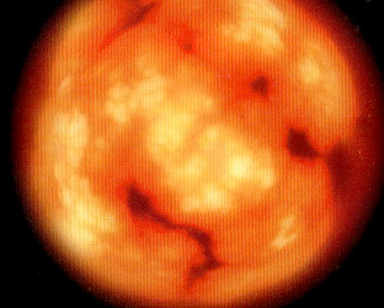

Supergigante roja

Una estrella gigante fusiona su combustible de hidrógeno mucho más rápido que una estrella enana. Cuando se queda sin hidrógeno, fusiona helio, con lo que se hincha y se convierte en una supergigante roja, cuyo diámetro es unas cien veces mayor que antes. La mayor supergigante roja conocida en el universo es 1800 veces mayor que el Sol.

50 millones de años después

Supernova

Cuando una supergigante se queda sin combustible, la energía que desprende ya no puede hacer frente a la gravedad que la comprime y, en menos de un segundo, implosiona. Los gases que quedan chocan entre sí en una violenta explosión conocida como supernova. Una supernova brilla tanto que puede eclipsar incluso galaxias enteras.

10-30 millones de años después

Una supernova deja una nube de gas y polvo llamada remanente.

Los comienzos

Las estrellas se forman en una parte de la nebulosa llamada glóbulo, que es la que contiene más polvo. El glóbulo tiene su propia gravedad y acaba comprimiéndolo hasta formar una bola de gas. Sin embargo, el gas no está repartido uniformemente, por lo que la bola gira sobre sí misma al nacer.

Protoestrella

El núcleo de gas sigue absorbiendo materia de la nebulosa, permitiéndole que crezca y se caliente hasta formar una protoestrella. Aún no tiene el tamaño suficiente para generar mucho calor y luz.

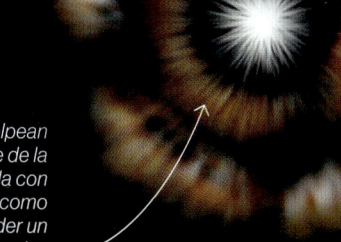

Los gases golpean la superficie de la protoestrella con suficiente fuerza como para desprender un poco de calor.

2 millones de años después

30 000 años después

Una estrella que brilla

La estrella ya es gigante y su núcleo está tan apretado que desprende luz y calor mediante un proceso llamado fusión nuclear. Cuando desaparece la nube que la rodea, por fin se puede ver su brillo. Ahora es una «estrella de secuencia principal»: una estrella estable que fusiona hidrógeno y lo convierte en helio en su núcleo.

Chorros estelares

Las protoestrellas crean, al girar, un campo magnético a su alrededor. De los polos de la nueva estrella salen chorros de calor y gas que alejan los gases que la rodean.

100 000 años después

1 millón de años después

Agujero negro

Las estrellas más grandes acaban siendo agujeros negros. La gravedad de un agujero negro es tan fuerte que absorbe hasta la luz. Por eso es negro. Un agujero negro se forma un segundo después de una supernova, pero tarda millones de años en crecer.

Los agujeros negros se tragan todo lo que tienen cerca, hasta otras estrellas. La materia que cae dentro se calienta y crea un disco que brilla.

1 millón de años después

1 millón de años después

Tipos de estrellas

No todas las estrellas son iguales. Difieren en tamaño, brillo, color, temperatura y longevidad. Estas características suelen estar relacionadas: una estrella gigante está muy caliente y brilla mucho, pero vive poco tiempo. Las estrellas más grandes se vuelven supergigantes y mueren siendo supernovas. Las más pequeñas, como el Sol, se convierten en gigantes rojas y dejan atrás pequeñas estrellas llamadas enanas blancas.

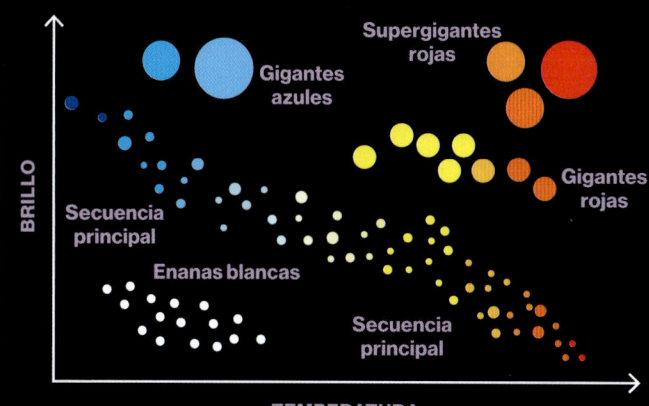

Supergigantes rojas

Gigantes azules

Gigantes rojas

Secuencia principal

Enanas blancas

Secuencia principal

BRILLO

TEMPERATURA

Estrella de neutrones

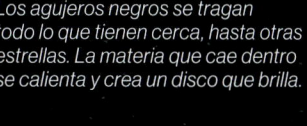

Las estrellas gigantes más pequeñas pueden implosionar y convertirse en estrellas de neutrones. Ocurre cuando los átomos se rompen y se reagrupan en partículas llamadas neutrones. Una estrella de neutrones tiene el tamaño de una ciudad, pero una cucharada de su materia pesa tanto como el Everest.

Cómo se formó el sistema solar

Nuestro sistema solar empezó siendo una nube de gas y polvo hace unos 4600 millones de años. Existen diferentes teorías sobre cómo y cuándo se formó. La teoría más aceptada es que la materia que había en el centro de la nube implosionó, empezó a girar y se convirtió poco a poco en el Sol. La materia que estaba más alejada quedó suelta y acabó formando los ocho planetas y los millones de objetos rocosos y helados que existen: cometas, asteroides, planetas enanos y lunas.

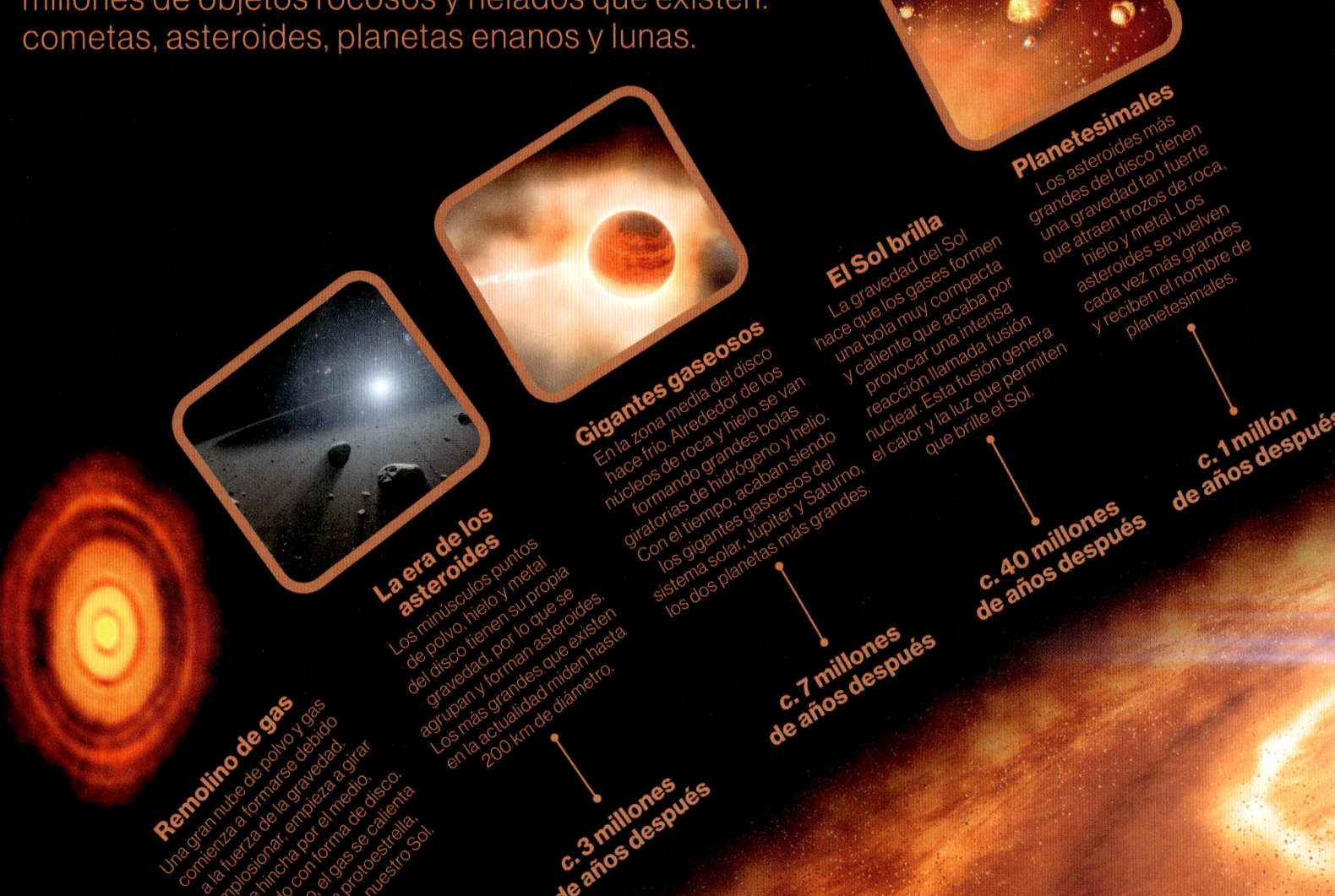

Planetesimales
Los asteroides más grandes del disco tienen una gravedad tan fuerte que atraen trozos de roca, hielo y metal. Los asteroides se vuelven cada vez más grandes y reciben el nombre de planetesimales.

El Sol brilla
La gravedad del Sol hace que los gases formen una bola muy compacta y caliente que acaba por provocar una intensa reacción llamada fusión nuclear. Esta fusión genera el calor y la luz que permiten que brille el Sol.

Gigantes gaseosos
En la zona media del disco hace frío. Alrededor de los núcleos de roca y hielo se van formando grandes bolas giratorias de hidrógeno y helio. Con el tiempo, acaban siendo los gigantes gaseosos del sistema solar, Júpiter y Saturno, los dos planetas más grandes.

La era de los asteroides
Los minúsculos puntos de polvo, hielo y metal del disco tienen su propia gravedad, por lo que se agrupan y forman asteroides. Los más grandes que existen en la actualidad miden hasta 200 km de diámetro.

Remolino de gas
Una gran nube de polvo y gas comienza a formarse debido a la fuerza de la gravedad. Al implosionar, empieza a girar y se hincha por el medio, quedando con forma de disco. En el centro, el gas se calienta y forma una protoestrella, el principio de nuestro Sol.

c. 1 millón de años después

c. 40 millones de años después

c. 7 millones de años después

c. 3 millones de años después

c. 4600 millones de años

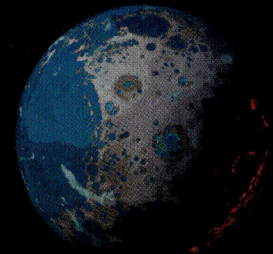

URANO

NEPTUNO

MARTE

LA TIERRA

Gigantes de hielo

Cerca del Sol se forman otros dos planetas, Urano y Neptuno, el tercero y cuarto en cuanto a tamaño. Están hechos de hielo, gas y polvo congelados, y sus núcleos son de roca y hielo. Poco a poco, se van alejando del Sol.

El bombardeo

Los planetas gigantes se van moviendo por el sistema solar. Este movimiento arroja millones de asteroides (roca y metal) y cometas (hielo, gases y polvo congelados) hacia el Sol. Muchos de ellos alcanzan la Tierra y otros planetas rocosos.

El agua de la Tierra

Muchos cometas helados chocan contra la Tierra y dejan agua, que pasa a formar parte de la atmósfera. La Tierra se ha enfriado lo suficiente para que el agua caiga en forma de lluvia y se formen océanos permanentes.

Planetas rocosos

Más cerca del Sol aún, los planetesimales siguen creciendo al chocar y juntarse, aunque el calor del Sol derrite gran parte de su hielo. Surgen cuatro planetas, formados sobre todo de roca y metal: Mercurio, Venus, la Tierra y Marte.

Chorros solares

A medida que el Sol sigue creciendo y calentándose, emite potentes chorros de gas, que apartan la nube y el polvo que lo rodean, así como los gases que se aferran a los planetesimales más pequeños. El Sol es ya una estrella.

c. 500 millones de años después

c. 100 millones de años después

c. 10 millones de años después

c. 10 millones de años después

c. 29 millones de años después

Objetos del sistema solar

Los astrónomos han detectado más de un millón de objetos en el sistema solar, además de los planetas, como los asteroides, los cometas y los planetas enanos. Los telescopios siguen identificando más en la actualidad.

Asteroides
Hay más de un millón de asteroides en un cinturón que orbita alrededor del Sol, entre Marte y Júpiter. Se componen sobre todo de roca y metal.

Planetas enanos
Los planetas que tienen el tamaño suficiente para ser redondos pero no son el único objeto de su órbita se llaman planetas enanos. El mayor es Plutón.

Cometas
Los cometas son bolas de roca y hielo. Algunos tardan miles de años en dar la vuelta al Sol. Cuando se le acercan, forman una estela de gas y polvo detrás.

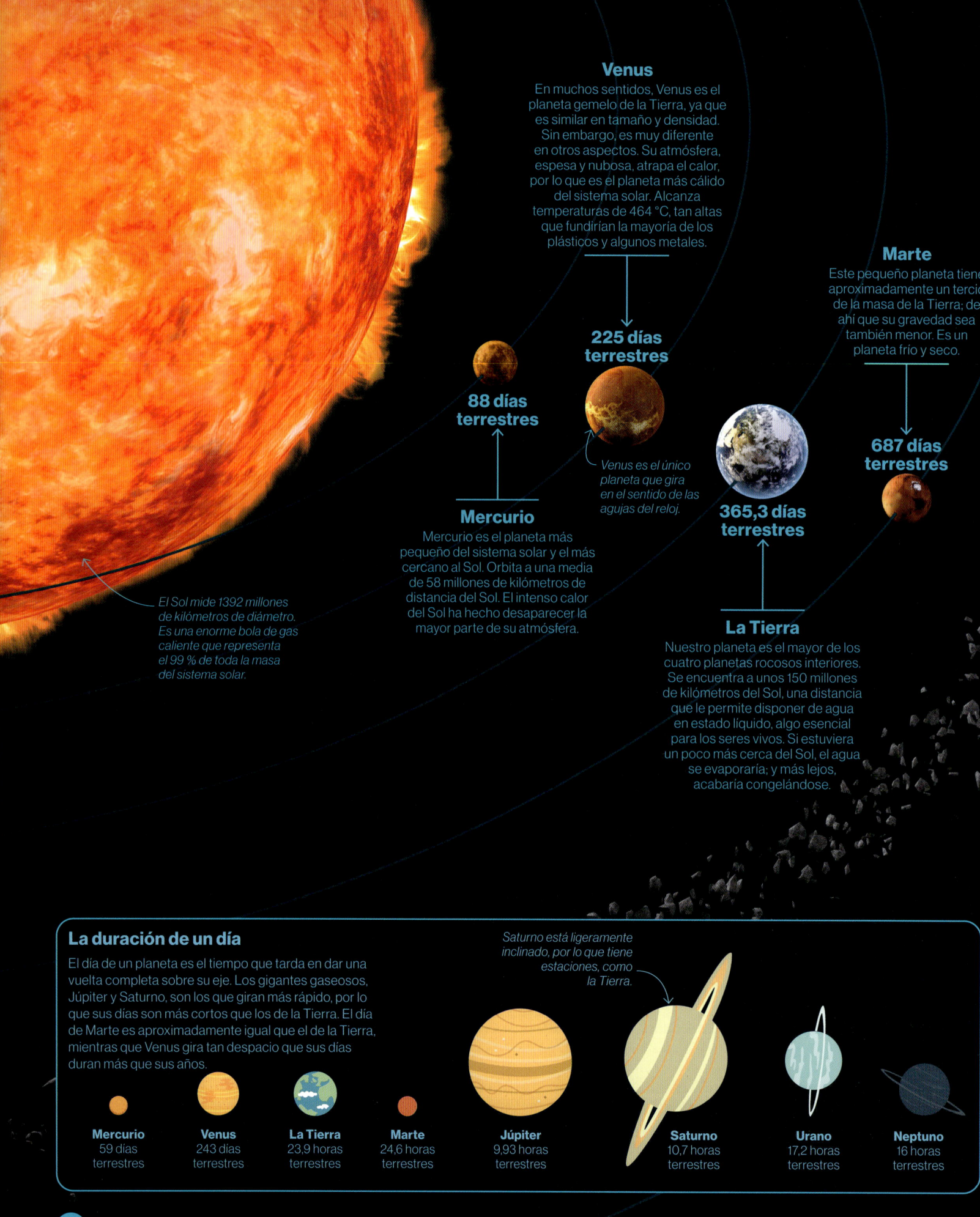

Venus

En muchos sentidos, Venus es el planeta gemelo de la Tierra, ya que es similar en tamaño y densidad. Sin embargo, es muy diferente en otros aspectos. Su atmósfera, espesa y nubosa, atrapa el calor, por lo que es el planeta más cálido del sistema solar. Alcanza temperaturas de 464 °C, tan altas que fundirían la mayoría de los plásticos y algunos metales.

Marte

Este pequeño planeta tiene aproximadamente un tercio de la masa de la Tierra; de ahí que su gravedad sea también menor. Es un planeta frío y seco.

225 días terrestres

88 días terrestres

687 días terrestres

Venus es el único planeta que gira en el sentido de las agujas del reloj.

Mercurio

Mercurio es el planeta más pequeño del sistema solar y el más cercano al Sol. Orbita a una media de 58 millones de kilómetros de distancia del Sol. El intenso calor del Sol ha hecho desaparecer la mayor parte de su atmósfera.

365,3 días terrestres

El Sol mide 1392 millones de kilómetros de diámetro. Es una enorme bola de gas caliente que representa el 99 % de toda la masa del sistema solar.

La Tierra

Nuestro planeta es el mayor de los cuatro planetas rocosos interiores. Se encuentra a unos 150 millones de kilómetros del Sol, una distancia que le permite disponer de agua en estado líquido, algo esencial para los seres vivos. Si estuviera un poco más cerca del Sol, el agua se evaporaría; y más lejos, acabaría congelándose.

La duración de un día

El día de un planeta es el tiempo que tarda en dar una vuelta completa sobre su eje. Los gigantes gaseosos, Júpiter y Saturno, son los que giran más rápido, por lo que sus días son más cortos que los de la Tierra. El día de Marte es aproximadamente igual que el de la Tierra, mientras que Venus gira tan despacio que sus días duran más que sus años.

Saturno está ligeramente inclinado, por lo que tiene estaciones, como la Tierra.

Mercurio	Venus	La Tierra	Marte	Júpiter	Saturno	Urano	Neptuno
59 días terrestres	243 días terrestres	23,9 horas terrestres	24,6 horas terrestres	9,93 horas terrestres	10,7 horas terrestres	17,2 horas terrestres	16 horas terrestres

Órbitas planetarias

La atracción gravitatoria del Sol mantiene todos los objetos del sistema solar en su sitio, ya sean planetas enormes, pequeños cometas helados o asteroides rocosos. Cada planeta tiene una órbita, es decir, un recorrido alrededor del Sol en sentido contrario a las agujas del reloj. El tiempo que tarda en dar una vuelta es el año de ese planeta y puede medirse en días terrestres, que duran 23,9 horas terrestres cada uno. Cuanto más lejos está un planeta del Sol, más tarda en dar una vuelta completa a su alrededor.

La mayoría de los asteroides que orbitan alrededor del Sol están entre Marte y Júpiter, en el cinturón principal de asteroides.

Júpiter tiene 79 lunas. Una de ellas, Ganímedes, es mayor que Mercurio.

Neptuno

Este gigante de hielo es el planeta más lejano de nuestro sistema solar. Orbita a 4500 millones de kilómetros del Sol y es el único que no se puede ver a simple vista desde la Tierra. Tarda casi 165 años terrestres en completar su órbita alrededor del Sol.

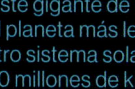

59 800 días terrestres

4331 días terrestres

Júpiter

Es el planeta más grande del sistema solar. Tarda casi 12 años terrestres en dar la vuelta al Sol. Su diámetro es 11 veces mayor que el de la Tierra y orbita cinco veces más lejos del Sol. Se le llama gigante gaseoso porque tiene un pequeño núcleo de roca y hielo rodeado de espesas nubes de gas.

10 747 días terrestres

Saturno

Este gigante gaseoso orbita casi diez veces más lejos del Sol que la Tierra y tarda casi 30 años terrestres en completar su órbita. Es famoso por sus anillos. Formados por millones de trozos de hielo, miden 270 000 km de diámetro y 100 m de grosor como máximo.

30 589 días terrestres

Urano

Urano tarda 84 años terrestres en dar la vuelta al Sol. Este planeta es un «gigante de hielo»: su núcleo rocoso está rodeado de una mezcla de hielos líquidos. Gira de lado, no con el eje en vertical como los demás planetas.

El nacimiento del sistema solar

Nuestro sistema solar se forma cuando una nube de polvo y gas implosiona y crea el Sol. Las partículas de polvo y hielo se van juntando hasta formar los planetas, que giran alrededor del Sol, incluida la Tierra.

c. 4600 MA

Tea se acerca

Un planeta del tamaño de Marte llamado Tea o Theia se acerca a la Tierra, atraído por la gravedad. La Tierra todavía es un planeta joven, caliente e irregular, pero ya es casi tan grande como hoy y su interior se ha separado en un núcleo y un manto.

Tea se acercó a la Tierra a una velocidad de 50 500 km/h.

c. 4450 MA

Una colisión gigante

Tea choca violentamente contra la Tierra y evapora (convierte en gas) gran parte de ambos planetas. Golpea la Tierra en ángulo, haciendo que parte de la materia de ambos planetas se precipite al espacio.

La Tierra

c. 4450 MA

Cómo se formó la Luna

Los seres humanos siempre hemos sentido fascinación por la Luna, el único satélite natural de la Tierra. Su origen ha sido una incógnita durante años. La explicación más aceptada es la «teoría del gran impacto», según la cual, los restos de un planeta que colisionó con la Tierra hace millones de años salieron disparados al espacio y formaron la Luna. Esta teoría está respaldada por estudios que comparan rocas lunares con terrestres y demuestran que su composición es similar.

c. 4000-3900 MA

Bombardeo de asteroides

Una lluvia masiva de asteroides cae sobre la Luna y la Tierra. Algunos perforan la corteza de la Luna y una parte de su manto brota a la superficie. Este episodio se llama «bombardeo intenso tardío» o «cataclismo lunar».

Mare Serenitatis

Mare Tranquillitatis

Está imagen muestra las diferencias en la composición de las rocas de dos «mares» lunares vecinos.

Lluvia de asteroides

Una lluvia de asteroides golpea la cara oculta de la Luna y la deja llena de cráteres. Los científicos creen que la masa total de los asteroides era 30-60 veces mayor que la del meteorito que acabó con los dinosaurios hace 65 millones de años.

La cara oculta de la Luna siempre se encuentra de espaldas a la Tierra y está llena de cráteres.

Los «mares» lunares

Los enormes cráteres que dejan los asteroides se llenan de la lava que sale de la Luna. Los primeros astrónomos creían que eran océanos y los llamaron *maria* («mares» en latín). Las erupciones continúan 2000 millones de años más, pero cada vez son menos frecuentes.

c. 3800-3000 MA

c. 800 MA

Dos horas después del impacto

Una lluvia de materia caliente procedente del impacto es propulsada al espacio. Estos restos incluyen fragmentos tanto de Tea como de la corteza y el manto terrestres.

c. 4450 MA

Un anillo de escombros

Los restos del impacto forman un anillo y empiezan a orbitar la Tierra. Se cree que este anillo englobaba roca vaporizada y fundida.

La atracción de la gravedad terrestre mantuvo los escombros en órbita.

c. 4450 MA

Escombros aglomerados

Durante millones de años, la gravedad atrae los escombros del anillo y forma una enorme masa de material fundido: la Luna. Durante los 150 o 200 millones de años siguientes, la Luna se enfría y se forma una corteza sobre su superficie.

El material del anillo se fue aglomerando hasta formar una masa: la Luna.

c. 4425 MA

Rocas lunares

A veces, caen sobre la Tierra trozos de rocas procedentes de la Luna en forma de meteoritos. Otras, hemos traído algunos con naves espaciales no tripuladas o misiones lunares con astronautas. Las rocas proporcionan a la ciencia mucha información sobre la formación de la Luna. En la imagen vemos a Harrison Schmitt, el único geólogo que ha pisado la Luna.

MUESTRA DE ROCA LUNAR

La actividad continúa

La Luna sigue estando activa. Experimenta lunamotos (terremotos lunares) y fallamientos, movimientos de los enormes bloques de roca que forman su corteza.

Actualidad

Mare Frigoris

Arquímedes

Mare Serenitatis

Aristarco

Eratóstenes

Mare Crisium

Copérnico

Mare Tranquilitatis

Mare Fecunditatis

Ptolomeo

Mare Nectaris

Mare Nubium

Mare Humorum

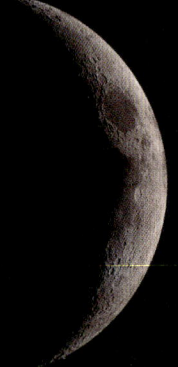

Luna nueva **Lúnula creciente** **Cuarto creciente** **Gibosa creciente**

Las fases de la Luna

Nuestra Luna recibe la luz del Sol y es el objeto natural más brillante del cielo por la noche. Como da la vuelta a nuestro planeta cada 29,5 días, parece que cambia de forma porque el Sol la ilumina desde ángulos diferentes. Estos cambios de forma se llaman fases. La dirección del desplazamiento de la Luna por el cielo es diferente en función de si se mira desde el hemisferio norte o el hemisferio sur, es decir, desde el norte o el sur del ecuador.

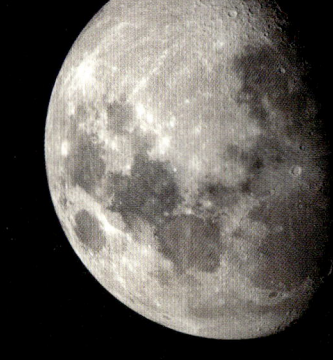

Luna nueva **Lúnula creciente** **Cuarto creciente** **Gibosa creciente**

Hemisferio norte

Al norte del ecuador, la Luna sale por el este, se desplaza hacia el sur y se pone por el oeste. Cuando los habitantes del hemisferio norte miran a la Luna, en la parte de arriba ven su polo norte.

Polo norte de la Luna

Luna llena

Gibosa menguante

Cuarto menguante

Lúnula menguante

Hemisferio sur

Por debajo del ecuador, la Luna sale por el este, se desplaza hacia el norte y se pone por el oeste. Cuando los habitantes del hemisferio norte miran a la Luna, en la parte de arriba ven su polo sur.

Polo sur de la Luna

Luna llena

Gibosa menguante

Cuarto menguante

Lúnula menguante

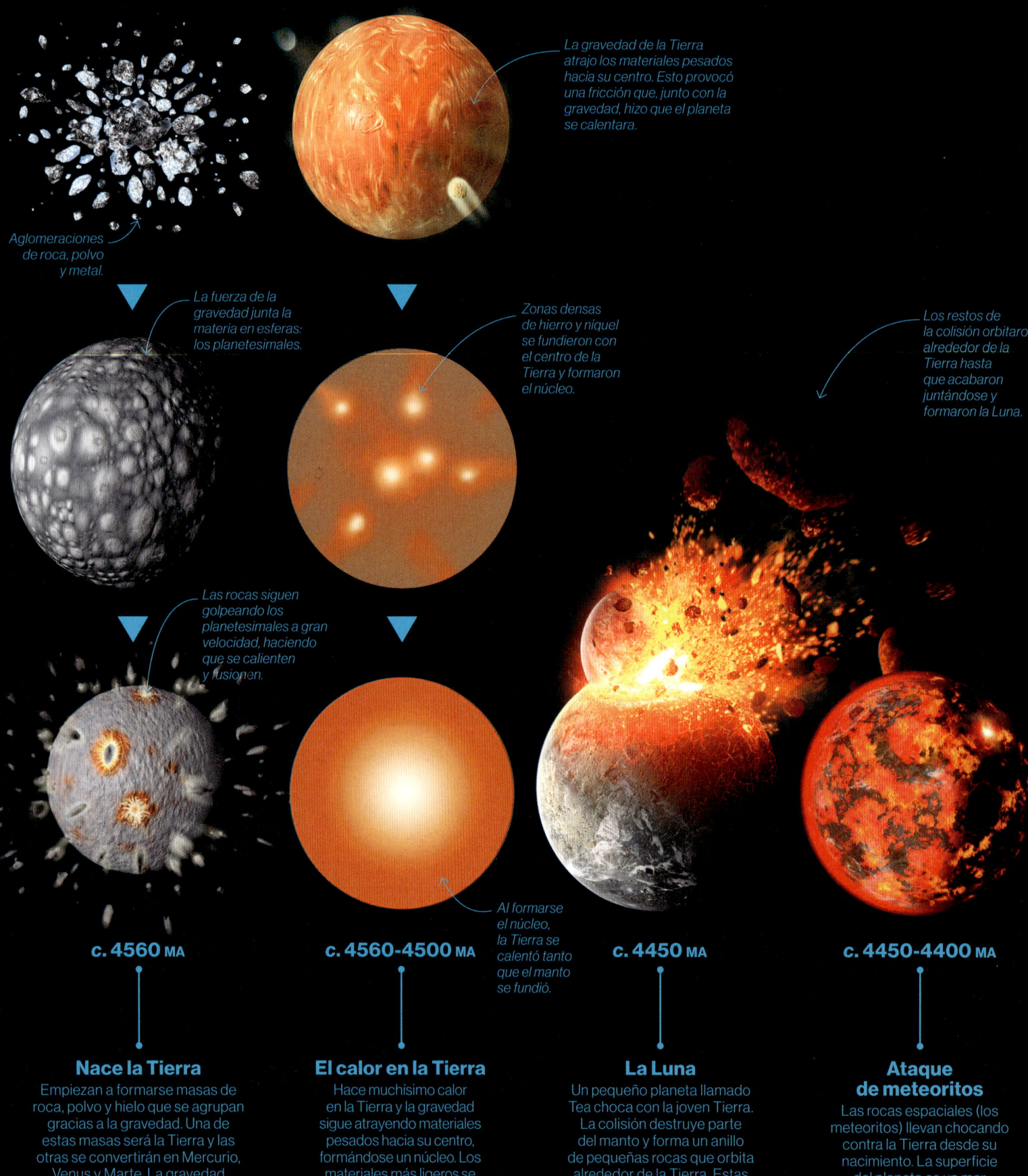

La gravedad de la Tierra atrajo los materiales pesados hacia su centro. Esto provocó una fricción que, junto con la gravedad, hizo que el planeta se calentara.

Aglomeraciones de roca, polvo y metal.

La fuerza de la gravedad junta la materia en esferas: los planetesimales.

Zonas densas de hierro y níquel se fundieron con el centro de la Tierra y formaron el núcleo.

Los restos de la colisión orbitaron alrededor de la Tierra hasta que acabaron juntándose y formaron la Luna.

Las rocas siguen golpeando los planetesimales a gran velocidad, haciendo que se calienten y fusionen.

Al formarse el núcleo, la Tierra se calentó tanto que el manto se fundió.

c. 4560 MA

c. 4560-4500 MA

c. 4450 MA

c. 4450-4400 MA

Nace la Tierra

Empiezan a formarse masas de roca, polvo y hielo que se agrupan gracias a la gravedad. Una de estas masas será la Tierra y las otras se convertirán en Mercurio, Venus y Marte. La gravedad retiene otros trozos de roca que van chocando contra la masa que se convertirá en la Tierra y se forma una bola. El centro empieza a calentarse cada vez más.

El calor en la Tierra

Hace muchísimo calor en la Tierra y la gravedad sigue atrayendo materiales pesados hacia su centro, formándose un núcleo. Los materiales más ligeros se asientan alrededor del núcleo, creando una capa rocosa llamada manto.

La Luna

Un pequeño planeta llamado Tea choca con la joven Tierra. La colisión destruye parte del manto y forma un anillo de pequeñas rocas que orbita alrededor de la Tierra. Estas rocas acabarán juntándose y convirtiéndose en la Luna.

Ataque de meteoritos

Las rocas espaciales (los meteoritos) llevan chocando contra la Tierra desde su nacimiento. La superficie del planeta es un mar incandescente de roca líquida, llamada magma. Los meteoritos no duran mucho en esas condiciones. Se hunden en el magma y se funden.

Cómo se formó la Tierra

Aunque las condiciones actuales de nuestro planeta son aptas para la vida, no siempre ha sido así. La Tierra ha pasado por fases extremas: desde océanos calientes de roca líquida que cubrían toda la superficie hasta eras glaciales que la congelaron entera. Es difícil saber qué pasó exactamente hace millones de años. Los estudios de los meteoritos y las rocas lunares nos dan pistas sobre la formación de la Tierra, pero aún queda mucho por descubrir.

El interior de la Tierra

Si pudieras cortar la Tierra en gajos, como una manzana, y mirarla por dentro, encontrarías tres grandes capas: la corteza en la superficie, el manto fluido debajo y el núcleo en el centro. Cuanto más te aproximas al centro, más calor hace. De hecho, se cree que el núcleo está más caliente que la superficie del Sol.

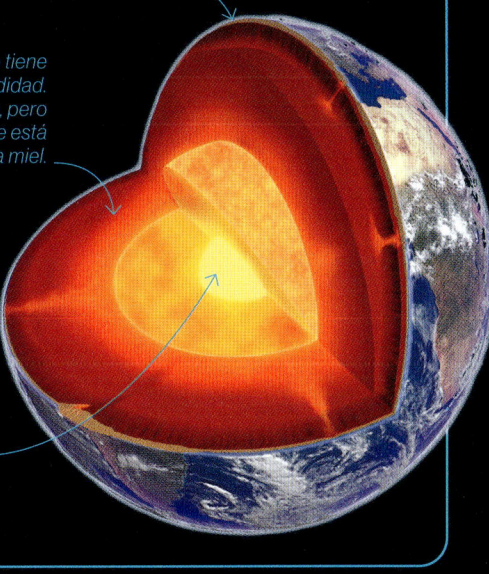

La corteza es la capa exterior. Tiene un grosor de hasta 70 km y está hecha de roca sólida y minerales.

El manto rocoso tiene 2900 km de profundidad. Se compone de roca, pero está tan caliente que está fundida, como la miel.

El núcleo está formado por dos metales: hierro y níquel. El centro es sólido y está rodeado por una capa líquida.

La corteza terrestre empezó a transformarse en tierra y las primeras lluvias empezaron a formar los mares.

Aunque a veces se dice que la Tierra es el «planeta azul», en esta fase de su vida era más bien naranja.

c. **4400-4000** MA

c. **3850-3500** MA

c. **2200** MA

c. **900-800** MA

Enfriamiento

El bombardeo de meteoritos se ralentiza y la Tierra empieza a enfriarse. El magma líquido de la superficie se solidifica y forma la corteza. Por primera vez, el agua que los meteoritos trajeron a la Tierra puede existir en estado líquido. Desde el manto, volcanes gigantes expulsan gases y crean una capa alrededor de la Tierra: la atmósfera.

La atmósfera

La interacción de la luz solar con los gases de la Tierra genera una neblina pálida y anaranjada que rodea el planeta. Esta atmósfera actúa como un paraguas que protege a la Tierra de los fuertes rayos del Sol y enfría el planeta. Sin embargo, los gases que quedan bajo la atmósfera impiden que el planeta se enfríe demasiado y crea unas condiciones óptimas para la vida.

La Tierra se congela

Se produce la primera de las glaciaciones. Durante estos episodios, se congela toda la Tierra o parte de ella. Hace unos 2200 millones de años, el planeta se congeló por completo. Es la llamada «superglaciación» o «Tierra bola de nieve». No se sabe por qué se producen las glaciaciones. Podrían deberse a la falta de gases de efecto invernadero en la atmósfera o a un ligero cambio en la órbita de la Tierra alrededor del Sol.

Rodinia

Los océanos cubren la mayor parte de la superficie terrestre. El poco terreno que queda fuera del agua se junta, formando el primer gran continente: Rodinia. El oxígeno permite que la vida se desarrolle en los océanos. Durante los siguientes 800 millones de años, la Tierra va cambiando poco a poco y surge la vida, formándose el planeta que conocemos hoy en día.

La historia del clima de la Tierra

El clima es el conjunto de condiciones atmosféricas que se producen en un lugar durante un periodo largo de tiempo. A lo largo de la historia, en la Tierra ha habido climas cálidos y fríos. Se cree que estos cambios pueden deberse a los gases de la atmósfera, en concreto a los gases de efecto invernadero. Estos gases se llaman así porque conservan el calor del Sol dentro de la atmósfera y calientan la Tierra como si fuera un invernadero. Cuando escasean, la temperatura baja tanto que se forma mucho hielo y se producen las glaciaciones.

La Tierra

En sus primeros años, la Tierra está muy caliente. La gravedad atrae materiales pesados hacia su núcleo. Esto calienta tanto la superficie que las rocas se vuelven líquidas.

c. 4450-4400 MA

Frío polar

c. 2200 MA

Las temperaturas bajan drásticamente y la Tierra se cubre de hielo. Vista desde el espacio, parece una bola de nieve gigante.

La Tierra se cubre de hielo y nieve.

Más glaciaciones

Se producen al menos dos glaciaciones más, pero es posible que el planeta no se congelara por completo. Desde los polos al ecuador circulan despacio ríos de hielo, llamados glaciares. Así lo demuestran los análisis realizados en las rocas.

c. 850-630 MA

El musgo fue una de las primeras plantas que aparecieron en la Tierra.

Las plantas

La Tierra atraviesa una edad del hielo de 30 millones de años. Quizá se deba a la aparición de las primeras plantas, que absorben el dióxido de carbono (CO_2) de la atmósfera, un gas de efecto invernadero, y hacen que la temperatura descienda.

c. 460-430 MA

c. 360-260 MA

La glaciación Karoo

La Tierra atraviesa otra edad del hielo. Se conoce como Karoo por la región sudafricana donde se han encontrado rocas que demuestran la presencia de hielo. Se cree que esta glaciación se debió también a la propagación de plantas terrestres (había helechos gigantescos de hasta 20 m).

La Tierra tropical

Una serie de erupciones volcánicas emiten CO_2 al aire, que atrapa el calor y calienta la Tierra. La temperatura media es 10 °C más alta que hoy. Aunque no queda hielo en ninguna parte del planeta, la vida prospera, incluidos los dinosaurios.

c. 250-66 MA

Calentamiento por carbono

La Tierra vuelve a calentarse cuando millones de toneladas de CO_2 entran en la atmósfera y suben la temperatura 8 °C. Pudo deberse a las erupciones volcánicas, al impacto de un cometa o al carbono y el metano (otro gas de efecto invernadero) de los sedimentos marinos.

c. 55 MA

El calentamiento global

La temperatura de la Tierra lleva subiendo desde 1850, una tendencia que llamamos calentamiento global o cambio climático. Según la ciencia, la causa es el uso de combustibles fósiles (gas, carbón y petróleo), que liberan CO_2. El calentamiento global es devastador para la vida en la Tierra: destruye hábitats animales y vegetales, derrite el hielo polar, haciendo que suba el nivel del mar y se produzcan inundaciones, y genera fenómenos meteorológicos completamente impredecibles.

El clima actual

Hoy en día las temperaturas globales están aumentando y los glaciares se están derritiendo, por lo que el nivel del mar está subiendo. Esto se debe al aumento de gases en la atmósfera, a lo que hemos contribuido los humanos con el uso de combustibles fósiles. La temperatura media global de la Tierra se ha incrementado 1 °C desde 1880. La mayor parte del calentamiento se ha producido desde 1975.

Actualidad

c. 66 MA

Cuando un glaciar llega al océano, se forma una enorme plataforma de hielo flotante, llamada barrera de hielo.

c. 34-14 MA

c. 2,58 MA -10 000 años

La última glaciación terminó hace unos 10 000 años.

Un gran impacto

Un asteroide de 10 km de diámetro choca contra la Tierra y provoca una nube de polvo que tapa el Sol. Como la luz solar no llega, bajan las temperaturas. El impacto provoca la extinción de los dinosaurios y muchos otros animales y plantas.

La última glaciación

Se cree que la Tierra cambia ligeramente su posición o inclinación durante este tiempo, provocando que el clima pase por periodos muy fríos o muy cálidos y que los polos se congelen o se derritan según dónde incidan los rayos del Sol en la Tierra.

La Antártida se congela

Otra ola de frío golpea la Tierra y las temperaturas bajan unos 8 °C. Las placas tectónicas se mueven y la Antártida se coloca donde está hoy. Una corriente oceánica fría comienza a circular alrededor y hace que los glaciares crezcan. Desde entonces, la Antártida está congelada.

Durante la última glaciación, en la Tierra vivían mamuts lanudos.

27

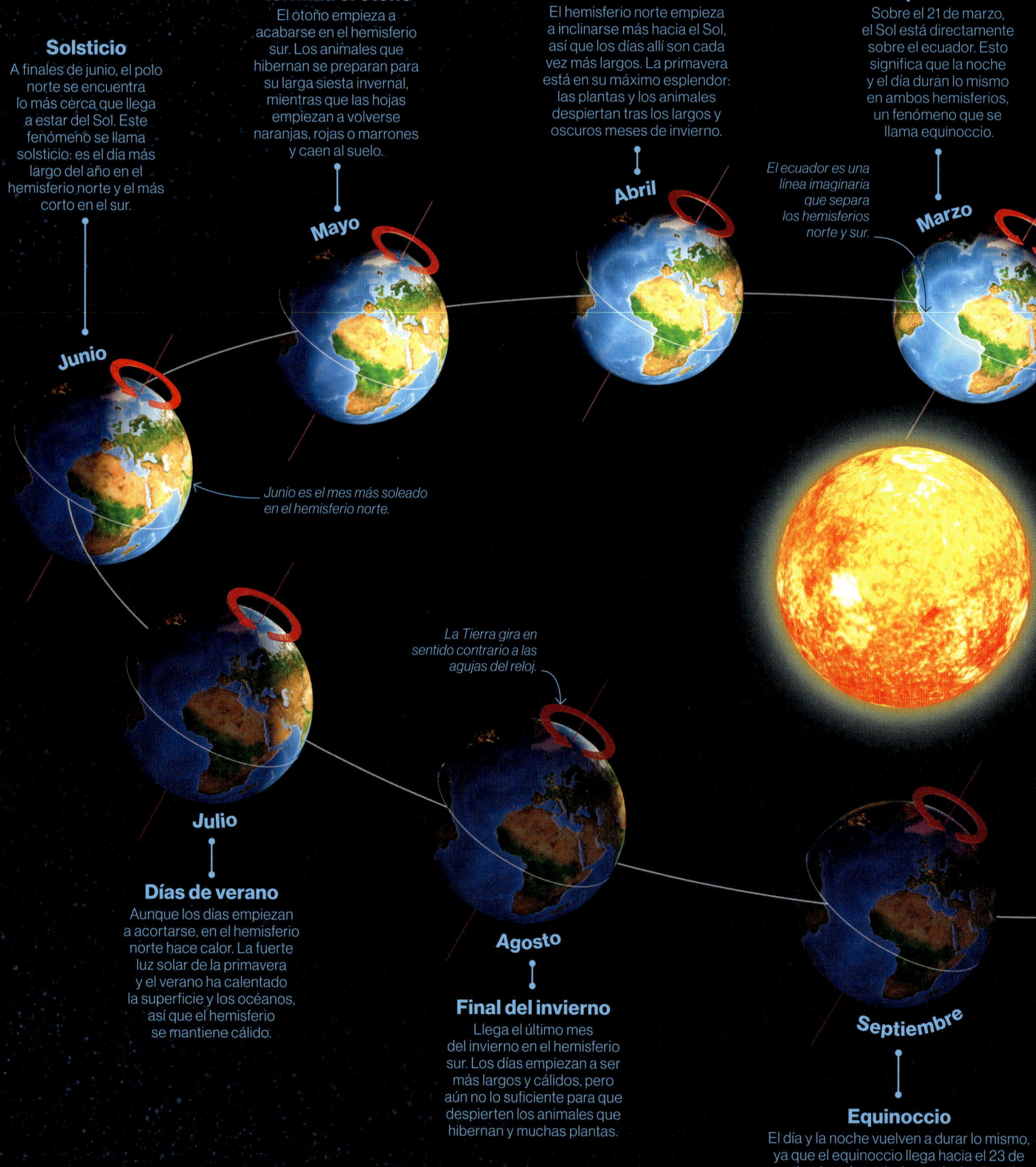

Solsticio

A finales de junio, el polo norte se encuentra lo más cerca que llega a estar del Sol. Este fenómeno se llama solsticio: es el día más largo del año en el hemisferio norte y el más corto en el sur.

Termina el otoño

El otoño empieza a acabarse en el hemisferio sur. Los animales que hibernan se preparan para su larga siesta invernal, mientras que las hojas empiezan a volverse naranjas, rojas o marrones y caen al suelo.

Vuelve la vida

El hemisferio norte empieza a inclinarse más hacia el Sol, así que los días allí son cada vez más largos. La primavera está en su máximo esplendor: las plantas y los animales despiertan tras los largos y oscuros meses de invierno.

Equinoccio

Sobre el 21 de marzo, el Sol está directamente sobre el ecuador. Esto significa que la noche y el día duran lo mismo en ambos hemisferios, un fenómeno que se llama equinoccio.

El ecuador es una línea imaginaria que separa los hemisferios norte y sur.

Mayo

Abril

Marzo

Junio

Junio es el mes más soleado en el hemisferio norte.

La Tierra gira en sentido contrario a las agujas del reloj.

Julio

Días de verano

Aunque los días empiezan a acortarse, en el hemisferio norte hace calor. La fuerte luz solar de la primavera y el verano ha calentado la superficie y los océanos, así que el hemisferio se mantiene cálido.

Agosto

Final del invierno

Llega el último mes del invierno en el hemisferio sur. Los días empiezan a ser más largos y cálidos, pero aún no lo suficiente para que despierten los animales que hibernan y muchas plantas.

Septiembre

Equinoccio

El día y la noche vuelven a durar lo mismo, ya que el equinoccio llega hacia el 23 de septiembre. A partir de esa fecha, los días serán más largos en el hemisferio sur y más cortos en el norte.

Las estaciones

La Tierra se mueve de dos maneras: da vueltas alrededor del Sol en el sentido contrario a las agujas del reloj y gira sobre su propio eje (una línea imaginaria que la atraviesa de norte a sur). Como el eje está inclinado, en la superficie de la Tierra se producen cambios a medida que gira. Esos ciclos son las cuatro estaciones: primavera, verano, otoño e invierno. Según la época del año, un hemisferio está más cerca del Sol que el otro, así que recibe más luz y calor. Por eso, cuando en un hemisferio es verano, es invierno en el otro.

El mes más corto

Febrero es el mes más corto del año. En el hemisferio sur, también es el último mes del verano y los días se hacen más cortos.

Febrero

Hemisferio sur

Año Nuevo

Al comienzo del año, el hemisferio norte se inclina hacia el lado opuesto al Sol. Los días son cortos y fríos.

Enero

Hemisferio norte

El eje de la Tierra tiene una inclinación de 23,5°, lo que significa que hay épocas del año en las que el polo norte está más lejos del Sol que el polo sur. Por eso se producen las estaciones.

Días de sol

Cuando el Sol está muy alto, su energía está más concentrada porque se extiende sobre una superficie más reducida. Por eso hace más calor en el ecuador y durante el verano. En verano, hay más horas de luz que en invierno, así que el Sol tiene más tiempo para calentar las partes de la Tierra que están inclinadas hacia él.

Si los rayos cubren una zona más amplia, calientan menos.

En el ecuador, la luz incide en una superficie más pequeña y por eso hace más calor.

Diciembre

Solsticio

El segundo solsticio del año tiene lugar en diciembre. Esta vez le toca al polo sur estar lo más cerca posible del Sol, así que el día más largo del año se vivirá en el hemisferio sur y el más corto en el norte.

Noviembre

Últimos días de primavera

En el hemisferio sur, el final de la primavera da paso al verano. El aire y la superficie se calientan rápidamente. Los animales campan felices y los primeros cultivos ya están listos para la cosecha.

Octubre

Otoño

Los días se acortan y bajan las temperaturas en el hemisferio norte; las plantas y los animales se preparan para el invierno. Las hojas de los árboles se vuelven naranjas, rojas y marrones, se marchitan y caen.

Cielos de colores

Unas 200 noches al año, el cielo de los extremos norte y sur de la Tierra se ilumina con unas corrientes de luz verdes y rosas conocidas como auroras. Este fenómeno único se produce cuando el viento solar (una corriente de partículas cargadas de electricidad liberadas por el Sol) entra en contacto con los gases de la alta atmósfera de la Tierra. El choque genera uno de los espectáculos de luces más grandiosos de la naturaleza. Las auroras que se producen en el norte se llaman auroras boreales y las del sur, australes.

Midiendo el tiempo

El tiempo geológico

La escala de tiempo geológico incluye distintos términos para los periodos según su duración. El más largo es el supereón y solo ha habido uno: el Precámbrico. Después está el eón, y en la historia de la Tierra ha habido cuatro. Los eones se dividen en eras. El eón actual tiene tres eras (Paleozoico, Mesozoico y Cenozoico), que muestran las principales etapas de la evolución de la vida. A su vez, cada era se divide en periodos.

SUPEREÓN

EÓN

ERA

PERIODO

La ciencia que estudia la estructura y la historia de la Tierra se llama geología. Los geólogos han descubierto que la historia natural de nuestro planeta tiene miles de millones de años. Para que sea más fácil entenderla, han creado la escala de tiempo geológico, que divide el pasado en etapas. Cada una empieza y acaba con un acontecimiento global, como una extinción masiva. Este eje cronológico muestra la historia geológica de la Tierra desde la aparición de la vida compleja hasta el periodo Cuaternario, en el que estamos ahora.

MESOZOICO

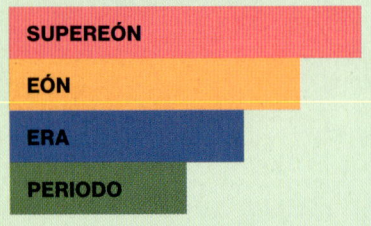

c. 201,3-145 MA
Jurásico

El mundo es cálido y crecen bosques hasta en los polos. Las plantas sirven de alimento a los dinosaurios. Surgen los grandes depredadores y los primeros vertebrados que vuelan: los pterosaurios.

c. 251,9-201,3 MA
Triásico

Es una época cálida y seca. Los primeros dinosaurios evolucionan. Son muy veloces y bípedos gracias a sus largas colas, que los equilibran. Empiezan a aparecer animales pequeños y peludos, los antepasados de los mamíferos actuales.

c. 298,9-251,9 MA
Pérmico

Los vertebrados cuadrúpedos, como los reptiles gigantes, habitan la Tierra. Este periodo termina con la mayor extinción masiva de la historia del planeta. Se extinguen el 95 % de los animales oceánicos y el 70 % de los terrestres.

c. 145-66 MA
Cretácico

El Tyrannosaurus rex y el Triceratops dominan la Tierra. Al final del periodo, un meteorito mata a los dinosaurios no aviarios y a los pterosaurios, pero sobreviven algunos mamíferos y aves.

CENOZOICO

c. 66-23 MA
Paleógeno

El clima empieza a enfriarse. Los animales más grandes de la Tierra son ahora mamíferos y aves de sangre caliente. Entre ellos están los brontoterios (las «bestias del trueno»), los antepasados lejanos de los caballos y los rinocerontes.

c. 23-2,58 MA
Neógeno

Escasean las lluvias. Las selvas y los bosques se van reduciendo y sustituyendo por praderas. Los primeros animales parecidos a los humanos, nuestros antepasados lejanos, evolucionan y viven en las praderas africanas.

PALEOZOICO

c. 4600-541 MA
Precámbrico

El supereón incluye las épocas en que la Tierra es joven y está muy caliente, cuando se enfría y se cubre de agua, y cuando se desarrollan formas de vida simples, como las bacterias. La vida compleja aparece a finales del Precámbrico.

c. 541-485,4 MA
Cámbrico

La vida animal evoluciona muy rápido en los océanos, es la llamada explosión cámbrica. Los animales más grandes son criaturas como el *Anomalocaris*, un depredador emparentado con los crustáceos actuales.

c. 485,4-443,8 MA
Ordovícico

El clima de la Tierra empieza siendo muy cálido, pero luego se congela. Solo hay vida en el mar: trilobites, escorpiones marinos y ortoconos (unos moluscos alargados y rectos) lo habitan.

c. 358,9-298,9 MA
Carbonífero

Los primeros árboles han evolucionado y formado grandes bosques. Las plantas han absorbido el dióxido de carbono de la atmósfera, así que hace más frío. Como hay más oxígeno, los insectos crecen mucho, como esta enorme libélula.

c. 419,2-358,9 MA
Devónico

La mayor parte de la superficie terrestre está agrupada y el resto del planeta está cubierto por un enorme océano llamado Pantalasa («todo mar»). Es la era de los peces, incluido el *Dunkleosteus*, un depredador del tamaño de una orca con una piel gruesa y acorazada.

c. 443,8-419,2 MA
Silúrico

En la Tierra surgen mares poco profundos e islas. Algunos animales y plantas empiezan a vivir fuera del agua, en la costa, y en zonas pantanosas. Son los antepasados de los insectos, los arácnidos y los ciempiés actuales.

c. 2,58 MA-Actualidad
Cuaternario

Periodo en el que se encuentra hoy la Tierra. Se han sucedido varios periodos fríos (glaciaciones), en los que grandes zonas del planeta han quedado cubiertas de hielo. Los mamuts lanudos y los rinocerontes sobreviven al frío.

Antropoceno

Los seres humanos hemos tenido un enorme impacto en el planeta. La huella de nuestras actividades, como la contaminación plástica, es visible en todas partes, desde las profundidades marinas hasta los casquetes polares. Los geólogos creen que los humanos modernos hemos provocado tantos cambios en el clima y el medio ambiente que estamos ante una nueva era: el Antropoceno, la era de los humanos.

RESIDUOS PLÁSTICOS

Pangea

El supercontinente Pangea se ha formado. Está rodeado por el océano gigante Pantalasa. La colisión de las placas tectónicas hace que afloren enormes montañas.

Se forman montañas entre Norteamérica y Sudamérica.

300 MA

Laurasia

Los continentes empiezan a juntarse en un supercontinente que acabará conociéndose como Pangea («todas las tierras»). Laurentia y Báltica se juntan, formando un continente llamado Laurasia. Gondwana y Laurasia también empiezan a acercarse.

Laurasia

360 MA

Océanos en declive

Cerca del ecuador, los continentes Laurentia y Báltica están separados por el océano de Jápeto, que se va encogiendo a medida que las placas se acercan.

Laurentia (incluye la actual Norteamérica y Groenlandia)

420 MA

Gondwana

Se ha formado un gran continente llamado Gondwana y otros más pequeños, sobre todo en el hemisferio sur. La mayor parte del hemisferio norte está cubierta por océanos.

500 MA

Gondwana

Báltica (partes de Europa y Siberia)

El océano Atlántico Central se abre entre África y Sudamérica.

180 MA

La ruptura de Pangea

El magma caliente (roca fundida) que asciende del interior de la Tierra hace que Pangea se divida en fragmentos. La división de un continente en partes más pequeñas es un proceso que se conoce como *rifting* continental.

Laurasia

120 MA

Océano Atlántico

Pangea sigue fragmentándose, pero Norteamérica y Europa permanecen unidas en la masa continental de Laurasia. El sur del océano Atlántico se abre, India y Madagascar se separan y la India empieza a derivar hacia el norte, hacia Asia.

Sudamérica se separa de África a medida que crece el océano Atlántico Sur.

40 MA

Emerge Europa

Los continentes empiezan a tener el aspecto actual. África se desplaza hacia el norte, acercándose a Europa y formando la cordillera de los Alpes. Aparece el océano Atlántico Norte, que separa Europa de Norteamérica.

En continuo movimiento

La capa rocosa exterior de la Tierra (la litosfera) está dividida en más de una docena de bloques, las llamadas placas tectónicas. Estas placas flotan sobre roca caliente y fundida y se desplazan muy despacio, unos pocos centímetros al año. A lo largo de millones de años estos minúsculos movimientos han provocado enormes cambios en el aspecto y la posición de los continentes.

La península Arábiga une Europa (arriba) con África (abajo).

Actualidad

Nuestra Tierra

Los siete continentes están donde los conocemos hoy. Australia tiene su ubicación actual; la India ha colisionado con Eurasia, creando el Himalaya, y el Mediterráneo separa África de Eurasia. Aun así, esta distribución es temporal, ya que los continentes están siempre en movimiento.

Las placas tectónicas

La corteza rocosa exterior de la Tierra está dividida en siete placas mayores y ocho menores, que encajan entre sí como un rompecabezas gigante en forma de bola. En los bordes de las placas suceden la mayoría de los terremotos y erupciones volcánicas. Se producen porque las placas tectónicas se mueven constantemente y chocan entre sí. Este movimiento está impulsado por el calor interno de la Tierra, que hace que la roca caliente y moldeable del manto terrestre se mueva muy despacio al cabo de millones de años.

CAÑÓN DE NES, ENTRE LAS PLACAS TECTÓNICAS EUROASIÁTICA Y AMERICANA

El océano Pacífico

En el lado de la Tierra opuesto a África se encuentra el océano Pacífico. Este vasto océano cubre casi el 30 % de la superficie terrestre. Comenzó a formarse hace 190 millones de años, cuando la lava que brotaba de las profundidades del planeta abrió una brecha en la corteza. Este océano se encoge poco a poco, ya que la placa tectónica sobre la que se asienta está cada vez más comprimida por otras placas.

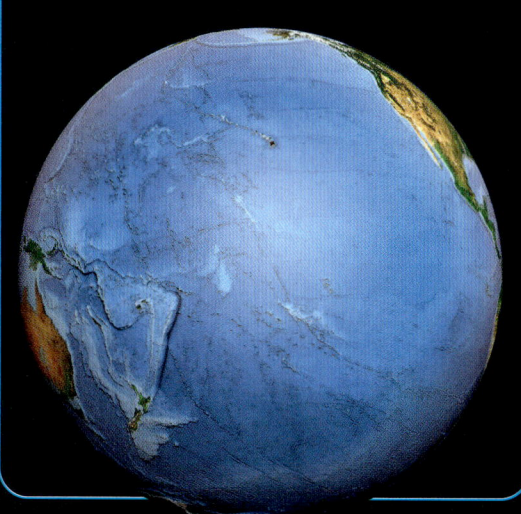

Fósiles marinos

Se han encontrado caparazones de antiguas criaturas marinas, como estos amonites, en lo alto de las montañas del Himalaya. Estos fósiles proceden del fondo del mar de Tetis, que separaba India y Asia hace más de 70 millones de años.

c. 180 MA

La India se separa

El antiguo supercontinente Pangea, impulsado por el movimiento de la roca caliente del interior de la Tierra, se divide en placas tectónicas. Hace unos 130 MA, la placa sobre la que se asienta la India se separa de lo que será África y comienza a desplazarse hacia el norte.

Pangea

Placa índica

c. 70 MA

La India en movimiento

La India se desplaza hacia Eurasia, el mayor continente de la Tierra entonces, unos 9 cm al año. Entre ellas se encuentra el antiguo mar de Tetis. El fondo de este antiguo océano forma parte de la misma placa que la India, pero es más débil y fino que la superficie.

Eurasia

Mar de Tetis

La India se desplazó hacia el norte.

c. 45 MA

Un océano menguante

El mar de Tetis se ha ido encogiendo durante millones de años a medida que las placas tectónicas índica y euroasiática se juntan. Conforme la India se acerca a Eurasia, su desplazamiento al norte se ralentiza.

Eurasia

La India se desplazó hacia Eurasia y acabó colisionando con ella.

El Himalaya

La cordillera del Himalaya es la cadena montañosa más alta del mundo. Mide 2700 km de largo y atraviesa la India, Nepal, Bután, Pakistán y China. Entre sus enormes cumbres se encuentran diez de las montañas más altas del planeta, incluido el Everest, con 8848 m de altura. Hace años el Everest estaba en el fondo del océano, pero salió a la superficie impulsado por dos placas tectónicas que chocaron entre sí. Estas imponentes montañas siguen creciendo año tras año.

C. 40 MA

Subducción

El fondo del mar de Tetis queda sepultado bajo la placa euroasiática en un proceso llamado subducción. La subducción desencadena grandes terremotos y erupciones volcánicas. La placa euroasiática se arruga y pliega por la tensión, haciendo que la tierra se eleve y se formen las montañas.

La placa euroasiática, más gruesa, pasó por encima de la índica.

A lo largo de la costa se formaron volcanes y montañas.

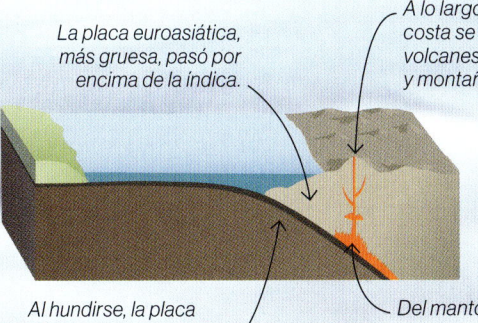

Al hundirse, la placa índica se calentó y se derritió parcialmente.

Del manto brotó roca fundida.

C. 30 MA

Continentes en colisión

La masa continental de la placa índica choca con Eurasia y frena el proceso de subducción. El mar de Tetis desaparece, pero la roca y los sedimentos del fondo se amontonan en un «prisma de acreción», que crece hasta formar el Himalaya. La corteza continental es más gruesa e impide que los volcanes erupcionen.

Prisma de acreción

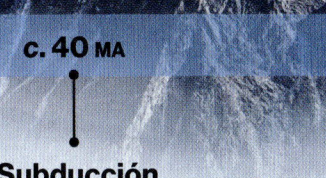

Placa índica

La actividad volcánica cesó al engrosar la corteza.

Actualidad

El Himalaya

El prisma de acreción crece y forma el Himalaya. La placa índica sigue empujando hacia el norte unos 4 cm al año y hace que el Himalaya crezca 1 cm al año. Hoy en día es la cadena montañosa más alta de la Tierra.

Las montañas siguieron creciendo.

La tierra elevada hacia el norte formó una meseta.

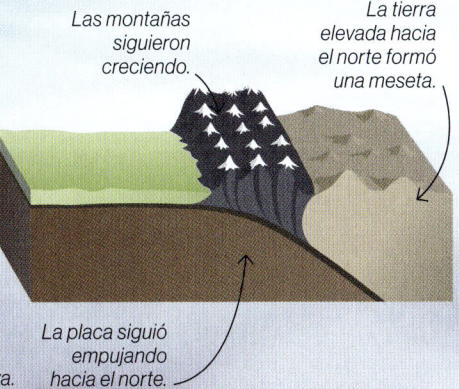

La placa siguió empujando hacia el norte.

Un volcán dormido

Krakatoa es una isla volcánica de 9 km de largo y 800 m de altitud. Es un punto de referencia muy común para los miles de barcos y personas que viven en el estrecho de Sonda, en Indonesia. Lleva más de dos siglos inactivo y la población local no espera que vuelva a entrar en erupción.

Antes de 1883

Mayo-agosto de 1883

Comienza la erupción

Krakatoa cobra vida: una columna de ceniza y vapor de 11 km de altura brota del volcán. Los temblores se sienten en la ciudad de Batavia (actual Yakarta), a 160 km. Aunque disminuyen a finales de mayo, sigue habiendo erupciones menores que esparcen lluvias de piedra pómez (lava solidificada) por el océano.

26 de agosto de 1883

La devastación

La actividad volcánica se intensifica. Poco después de mediodía, la primera de una serie de violentas erupciones sacude la montaña. Una columna de humo negro y escombros sale del volcán. El mar se agita. Las erupciones, las olas y las tormentas continúan toda la noche.

27 de agosto de 1883

La explosión

La mayor erupción se produce hacia las 10 de la mañana. El volcán lanza fragmentos rocosos a la atmósfera con la fuerza explosiva de una bomba de 200 megatones. Una columna negra de escombros y ceniza se eleva 80 km, bloqueando la luz solar y sumiendo a la región en la oscuridad durante tres días.

27 de agosto de 1883

Tsunamis

La explosión hace que una parte del volcán se derrumbe, lo que genera una serie de devastadores tsunamis (maremotos) con olas de hasta 37 m de altura. El mar arrasa ciudades y pueblos en las lejanas islas de Java y Sumatra, matando a más de 36 000 personas.

28-29 de agosto de 1883

La destrucción

La tranquilidad vuelve a la isla una vez más, pero al día siguiente tiene un aspecto muy diferente. Dos tercios se han hundido en el mar y en su lugar queda una enorme cavidad submarina de unos 300 m de profundidad, la caldera.

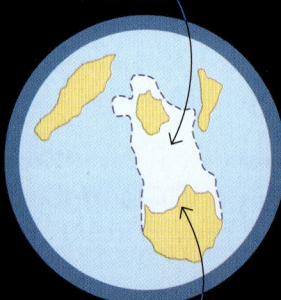

Krakatoa antes de 1883

Krakatoa después de 1883

La historia de Krakatoa

Cuando las placas que forman la corteza terrestre chocan, pueden crear volcanes tremendamente explosivos. El más famoso es el de Krakatoa, una isla volcánica indonesia. Esta isla forma parte del «cinturón de fuego» del océano Pacífico, una extensión de 40 000 km en la que se juntan varias placas tectónicas. En 1883 el Krakatoa entró en erupción. Su letalidad fue equivalente a la de varias bombas nucleares y su explosión, que se oyó a 3100 km de distancia, en Australia, uno de los ruidos más fuertes registrados de la historia.

El magma que llega a la superficie de la Tierra se llama lava.

El humo y la ceniza salen del cráter.

El magma sube por la chimenea.

La abertura cóncava de la cima es el cráter.

El magma se acumula en la cámara magmática.

La lava se cuela por las chimeneas secundarias.

¿Cómo funcionan los volcanes?

Los volcanes son aberturas de la corteza terrestre por las que salen magma (roca líquida caliente) y gases. El cono volcánico está formado por laderas escarpadas de lava y ceniza de erupciones anteriores. Cuando la lava bloquea las aberturas, se acumula la presión y erupciona.

Septiembre de 1883

Atardeceres rojos

Las semanas siguientes a la erupción, el polvo y los gases volcánicos proyectados a la atmósfera se extienden por todo el planeta. Las partículas volcánicas impiden que pase una parte de la luz solar, lo que provoca un descenso de la temperatura del planeta de hasta 1,2 °C. Durante varios años, las puestas de sol se vuelven de un intenso color rojo.

1883-1884

Lunas azules

Durante más de un año, la Luna se ve azul o verde. Los gases liberados a la atmósfera forman partículas más anchas que la longitud de onda de la luz roja. Eso significa que absorben la luz roja del Sol, pero dejan pasar la luz azul (y a veces la verde).

La luz blanca, que contiene todos los colores del arco iris, se refleja en la Luna.

Las partículas de gas absorben la luz roja.

A partir de 1927

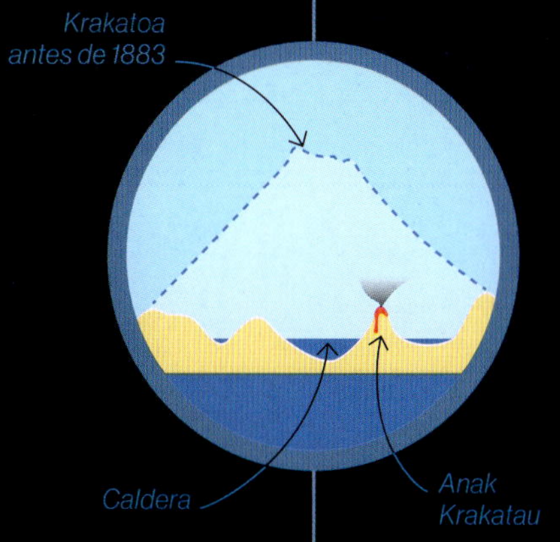

Krakatoa antes de 1883

Caldera

Anak Krakatau

El hijo de Krakatoa

Tras la erupción, un nuevo volcán crece dentro de la caldera y en 1927 emerge sobre el nivel del mar. La gente local lo llama Anak Krakatau (que significa «el hijo de Krakatoa»). Entra en erupción a menudo, cubriéndose de capas de ceniza y lava y aumentando su tamaño. Desde la década de 1950, crece unos 8 cm a la semana.

2018

El colapso de Anak Krakatau

La ladera se derrumba sobre el mar, provocando olas gigantescas que matan a 437 personas. Como erupciona continuamente, siempre existe el riesgo de que acabe colapsando, como le ocurrió al Krakatoa.

El Gran Cañón

El poderoso río Colorado lleva millones de años erosionando el paisaje de Estados Unidos. A su paso, ha ido sacando a la luz capas de arenisca, caliza, lutita y restos de animales y plantas prehistóricos. En la actualidad, esta impresionante formación rocosa de Arizona tiene 446 km de largo y en algunos puntos alcanza una profundidad de 1,8 km.

c. 1700 MA

c. 1250-230 MA

c. 80-60 MA

Cordillera de Vishnu

Mucho antes de que hubiera vida en la superficie, donde hoy se encuentra el Gran Cañón estaba la antigua cordillera de Vishnu. Era más alta que el Himalaya, pero fue desapareciendo tras millones de años de erosión. Solo quedan algunos restos, que forman la capa inferior del Gran Cañón.

Capas de roca

El océano cubre los restos de Vishnu. A lo largo de cientos de millones de años, el mar deposita capas y capas de sedimentos. Se forman bandas alternas de roca sedimentaria (arenisca, caliza y lutita) que conservan fósiles del antiguo mar.

Se eleva el terreno

Una colisión entre la placa tectónica de Norteamérica y la que forma el fondo del Pacífico empuja hacia arriba la zona occidental de Norteamérica. Se forma una extensa meseta (un terreno alto y llano), la meseta del Colorado, y al noroeste aparecen las Montañas Rocosas.

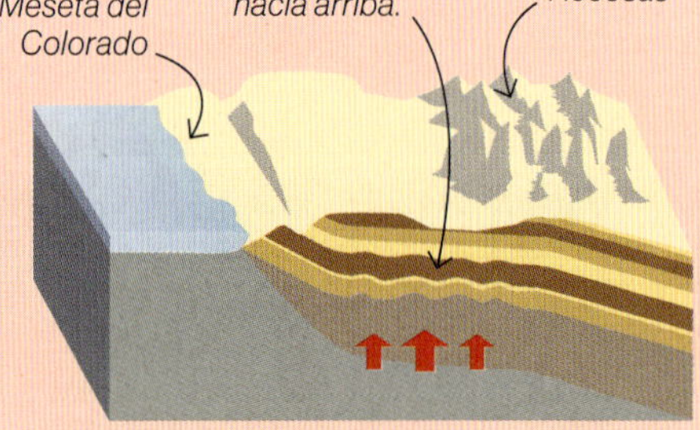

Cordillera de Vishnu

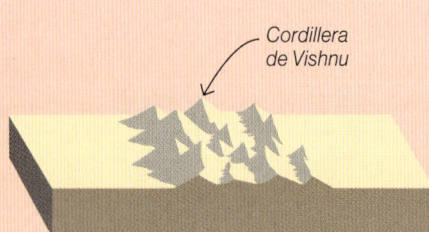

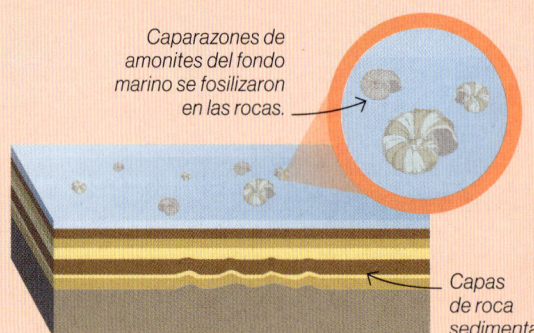

Caparazones de amonites del fondo marino se fosilizaron en las rocas.

Capas de roca sedimentaria

Las placas empujan las capas de roca hacia arriba.

Meseta del Colorado

Montañas Rocosas

Rocas sedimentarias

El 80% de las rocas de la Tierra son sedimentarias, incluidas las del Gran Cañón. Las rocas sedimentarias se forman a lo largo de millones de años por la acumulación en estratos de sedimentos (materiales de distintos tamaños y composición que son transportados por el agua, el hielo o el viento).

Los sedimentos se depositan en el lecho marino.

Los fragmentos de roca se comprimen y forman estratos (capas).

c. 6 MA	Actualidad	Futuro

Un río nuevo

El río Colorado se forma cuando se derriten los glaciares de las Montañas Rocosas. Como nace en alto y baja por un terreno muy inclinado, erosiona el terreno con fuerza y desgasta las capas blandas de roca sedimentaria. Al principio forma un pequeño valle fluvial.

El río Colorado circula con rapidez gracias a su fuerte pendiente, que acelera el proceso de erosión.

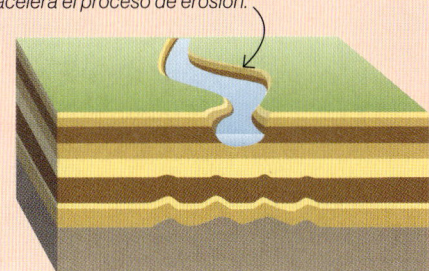

Un cañón en expansión

El río Colorado ha erosionado el terreno hasta alcanzar los restos de la cordillera de Vishnu, formando un cañón. La lluvia y el hielo corroen las paredes del cañón, que crece y se ensancha. Las capas alternas de roca dura y blanda se erosionan a diferente ritmo. Por eso el Gran Cañón tiene un aspecto escalonado.

Los escalones se formaron porque la erosión sucedió a diferentes ritmos.

Un futuro incierto

El cambio climático, la agricultura y las presas han debilitado el río Colorado. Si esta tendencia continúa, podría secarse en el futuro. Esto detendría la fuerza de la erosión y haría que el Cañón dejara de crecer.

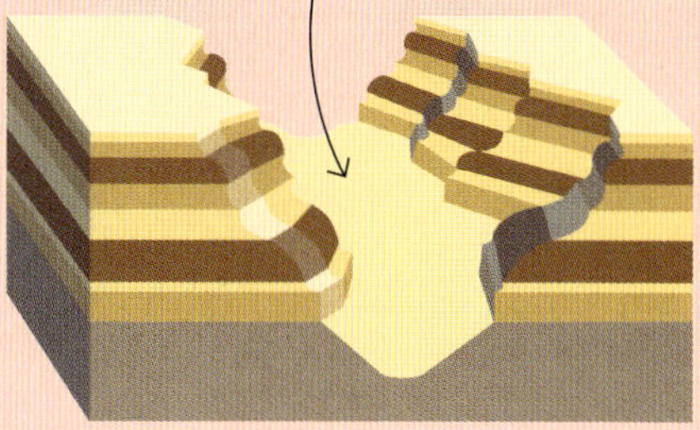

El río Colorado se va secando con el aumento de la temperatura terrestre.

La Calzada del Gigante

En el condado de Antrim, en Irlanda del Norte, unas 40 000 columnas de roca escalonadas salpican 6 km de costa. Esta formación se conoce como la Calzada del Gigante. Aunque cuenta la leyenda que la construyó un gigante llamado Finn McCool, en realidad es el resultado de una gran erupción volcánica que sucedió hace millones de años. Las columnas están compuestas de basalto, un tipo de roca que se forma cuando la lava se enfría. La roca se fue desgastando hasta formar los escalones que hoy se adentran en el mar.

c. 85 MA

Placas móviles

El alejamiento de las placas tectónicas provoca la ruptura del antiguo continente (Laurentia). Groenlandia se separa de Europa y se abre entre ellas un nuevo océano, el Atlántico.

c. 60 MA

Llega la lava

Conforme la corteza terrestre (la capa rocosa superior del planeta) se va estirando y estrechando, el magma (la roca fundida) asciende hasta la superficie. En la zona que rodea Irlanda del Norte, enormes volcanes y grietas en la corteza provocan ríos de lava.

Cuenta la leyenda...

El nombre «Calzada del Gigante» procede de la mitología irlandesa. Se dice que las columnas de roca formaban uno de los extremos de un puente que unía Irlanda con Escocia. Dos enormes gigantes, Finn McCool y Benandonner, se habían batido en duelo. Para enfrentarse a su enemigo, al otro lado del mar de Irlanda, McCool construyó una calzada con las rocas que encontró en la costa. En el otro extremo de la mítica calzada estaría la isla de Staffa, donde hay rocas similares.

CUEVA DE FINGAL EN STAFFA, ESCOCIA

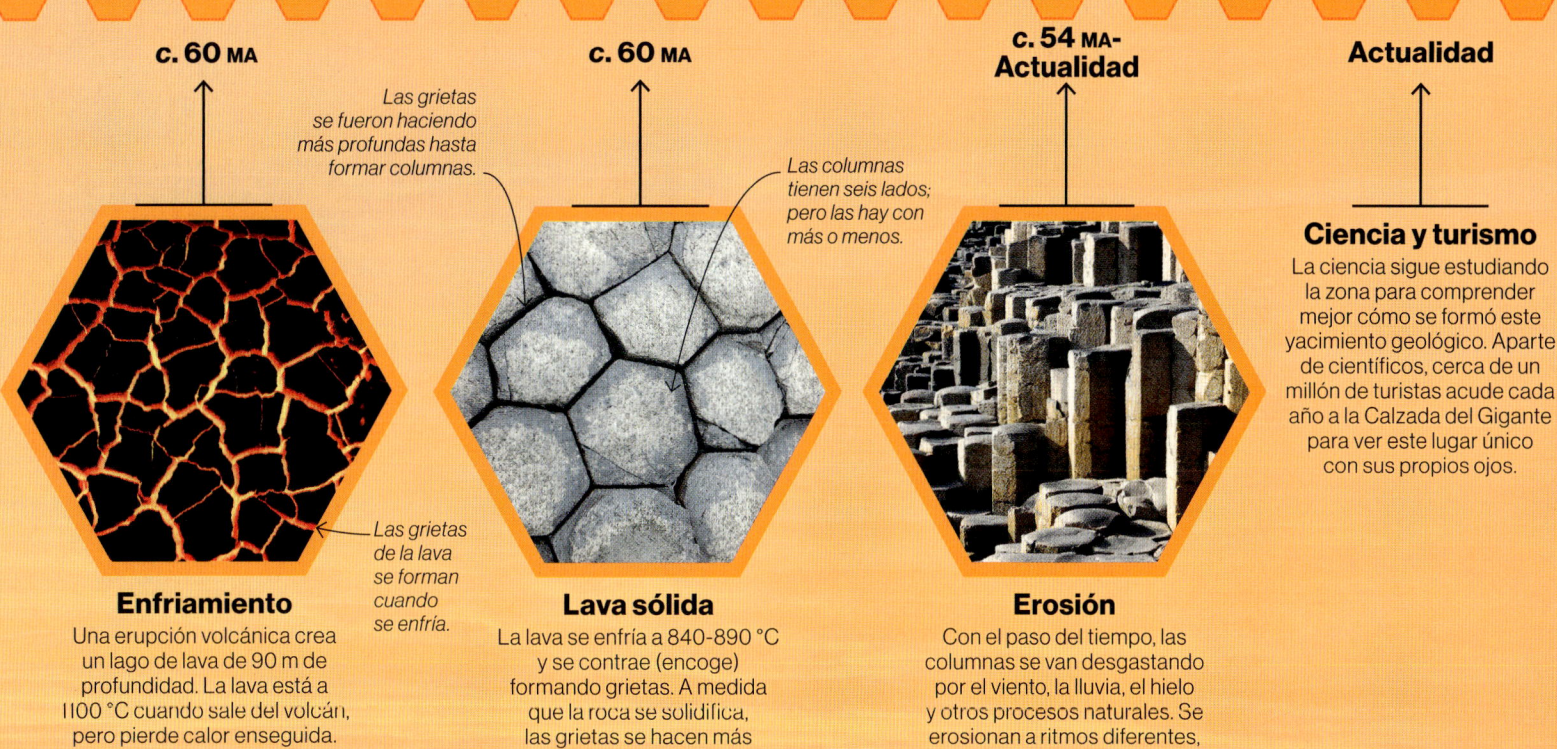

c. 60 MA

Las grietas se fueron haciendo más profundas hasta formar columnas.

c. 60 MA

Las columnas tienen seis lados; pero las hay con más o menos.

c. 54 MA- Actualidad

Actualidad

Ciencia y turismo

La ciencia sigue estudiando la zona para comprender mejor cómo se formó este yacimiento geológico. Aparte de científicos, cerca de un millón de turistas acude cada año a la Calzada del Gigante para ver este lugar único con sus propios ojos.

Las grietas de la lava se forman cuando se enfría.

Enfriamiento

Una erupción volcánica crea un lago de lava de 90 m de profundidad. La lava está a 1100 °C cuando sale del volcán, pero pierde calor enseguida. A medida que se enfría, va formando una capa dura en la superficie.

Lava sólida

La lava se enfría a 840-890 °C y se contrae (encoge) formando grietas. A medida que la roca se solidifica, las grietas se hacen más profundas. Se crean más de 40 000 columnas de basalto juntas. Cada una tiene de tres a siete lados.

Erosión

Con el paso del tiempo, las columnas se van desgastando por el viento, la lluvia, el hielo y otros procesos naturales. Se erosionan a ritmos diferentes, unas antes que otras, por eso tienen alturas diferentes.

Las rocas más antiguas

Los antiguos depósitos volcánicos del cinturón de rocas verdes de Nuvvuagittuq, en la bahía de Hudson (Canadá), son de las rocas más antiguas de la Tierra. Aunque su antigüedad es objeto de debate, registran una parte de la corteza terrestre más primitiva. Se formaron cuando la Tierra se enfrió y la roca se endureció en la superficie.

c. 4400 MA

Cristales diminutos

El material más antiguo es el circón, un mineral hallado en las colinas de Jack Hills (Australia). Los cristales más antiguos se formaron unos cientos de millones de años después que la Tierra.

Uno de los 200 000 cristales de circón de Jack Hills.

c. 4375 MA

Tesoros de roca

¿Has visto alguna vez lava caliente saliendo de un volcán? ¿Has estado entre dos placas tectónicas? ¿Sabes dónde encontrar fósiles en perfecto estado y rocas de hace miles de millones de años? El mundo está lleno de maravillas geológicas: desde las rocas más antiguas de la Tierra hasta enigmáticas fuentes termales y peligrosos volcanes. Aquí vamos a explorar algunas de las formaciones geológicas más espectaculares y famosas del mundo.

Reciclaje de rocas

La Tierra recicla sus rocas una y otra vez. Las rocas ígneas, como el basalto, se forman cuando se enfría el magma o la lava. Pueden erosionarse con el tiempo para formar rocas sedimentarias blandas, como la caliza y la arenisca. O volverse rocas metamórficas si se someten a un calor y una presión intensos bajo tierra; si cambian las condiciones, pueden fundirse y volver a formar rocas ígneas, comenzando de nuevo todo el proceso.

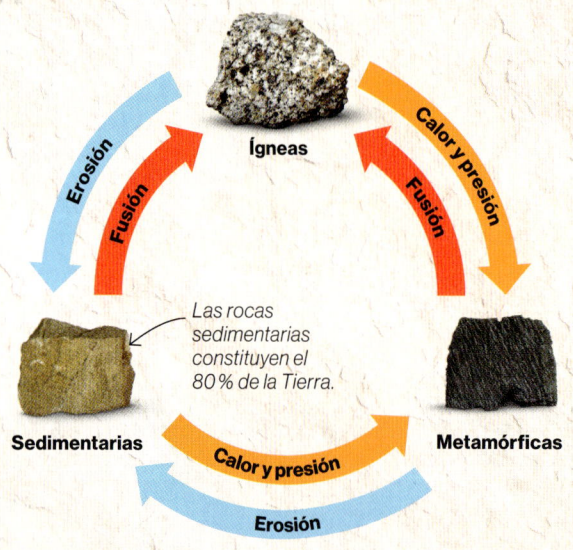

Ígneas

Erosión · Fusión · Calor y presión · Fusión

Las rocas sedimentarias constituyen el 80 % de la Tierra.

Sedimentarias · Calor y presión · Metamórficas

Erosión

Supervolcán

Hace unos 2,1 millones de años, la primera gran erupción del supervolcán de Yellowstone, en Wyoming (EE. UU.), cubrió de ceniza el oeste de Norteamérica. El volcán sigue activo hoy en día y se encuentra dentro del Parque Nacional de Yellowstone, que alberga elementos geológicos como piscinas burbujeantes de lodo caliente, géiseres y fuentes termales. La Gran Fuente Prismática (en la imagen) consigue sus asombrosos colores gracias a las diminutas bacterias del agua, rica en minerales.

c. 2,1 MA

El pico más antiguo

El monte Roraima, con sus 2810 m de altitud, es el pico más alto de la sierra de Pacaraima, en Sudamérica, en la frontera entre Brasil, Guyana y Venezuela. Este tipo de formación se conoce como mesa o *tepuy* por su cumbre plana. Su arenisca, rosácea y rica en cuarzo, es una de las formaciones geológicas más antiguas de la Tierra.

Cristales de cuarzo

Bosques de piedra

En las provincias de Guizhou, Guangxi, Yunnan y Chongqing (sur de China), empiezan a formarse grandes torres de piedra caliza que se elevan por encima de las llanuras. Una lluvia ligeramente ácida disuelve este paisaje kárstico de piedra caliza y forma extensos sistemas de cuevas, gargantas y colinas en forma de cono.

c. 2000 MA

c. 270 MA

El borde de una placa

Las placas son enormes bloques de roca que flotan sobre la superficie de la Tierra y van alejándose o acercándose. Islandia se encuentra en el límite entre dos placas tectónicas (la norteamericana y la euroasiática) y se formó alrededor de esta época. Es uno de los pocos lugares del mundo donde un límite de placas (la dorsal mesoatlántica) es visible en la superficie de la Tierra.

Fósiles antiguos

La caliza de Solnhofen, en Baviera (Alemania), es famosa por sus fósiles, magníficamente conservados. Cuando se secaron las aguas de las antiguas lagunas que había aquí, sus sedimentos fangosos se convirtieron en piedra caliza y conservaron los restos de cientos de especies animales que habían quedado en el fondo. Los fósiles incluyen medusas, libélulas y un dinosaurio con plumas llamado *Archaeopteryx*, que aparece en la imagen.

c. 33 MA

c. 155 MA

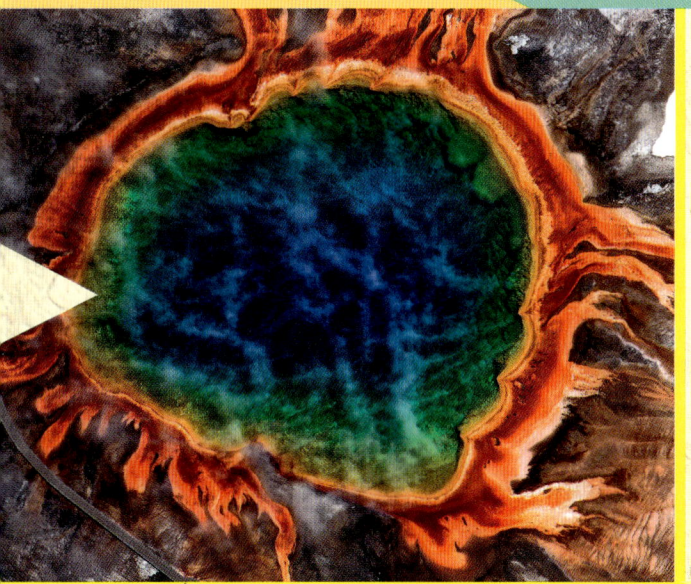

Islas volcánicas

Las islas hawaianas del océano Pacífico son uno de los mejores lugares de la Tierra para observar las fuerzas del planeta en acción. A diario brotan corrientes de magma caliente de las profundidades de la Tierra en forma de erupciones volcánicas. Con el tiempo, el magma se enfría y se endurece, formando una roca volcánica oscura llamada basalto.

Actualidad

El norte de África se alejó de la zona ecuatorial húmeda.

El mar entre África y la actual Europa se redujo.

Cada 41 000 años, la inclinación del eje oscila entre 21,1° y 24,4°.

La Tierra tiene una inclinación actual de 23,4°.

El clima seco hizo que se formara el desierto del Sáhara.

El ecuador es la línea imaginaria que atraviesa la Tierra.

Los cambios en la inclinación del eje provocan glaciaciones.

África se desplaza al norte

Los continentes de la Tierra se apoyan en gigantescas placas tectónicas de roca que se mueven despacio. La placa sobre la que está África se desplaza hacia el norte, alejando su parte norte del ecuador y pasando de un clima húmedo a uno más seco. El mar entre África y Eurasia se encoge. Se evapora menos agua del mar y llueve menos.

Hace c. 40 MA

La glaciación

Los cambios en la inclinación del eje de la Tierra alteran el clima y desencadenan una glaciación. Los casquetes polares crecen y hay menos agua en el aire, lo que provoca un clima más seco. En el norte de África se forma un desierto enorme, aún mayor y más seco que el Sáhara actual.

Hace 21 000 años

El Sáhara

El Sáhara es el mayor desierto cálido de la Tierra. En este extenso paisaje de arena del norte de África solo sobreviven las plantas y los animales más resistentes. Los desiertos son los lugares más secos del planeta. Resulta sorprendente que el Sáhara estuviera cubierto de vegetación hace mucho tiempo. Hoy en día continúa expandiéndose en un proceso llamado desertificación.

La gran muralla verde

Para evitar que el desierto del Sáhara se extienda hacia el sur, el ser humano ha empezado a plantar un muro de árboles de 8000 km de largo en la región del Sahel. Esta iniciativa se conoce como la «gran muralla verde» y ayuda a regenerar las tierras no fértiles, hacer frente a la desertificación y crear empleo.

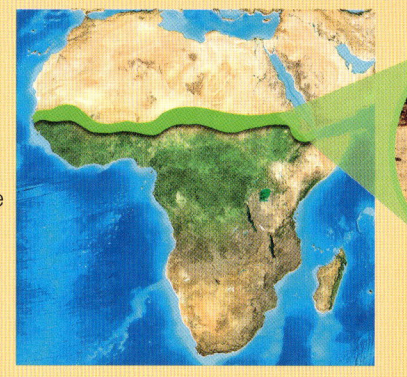

Personas plantando árboles para frenar la desertificación.

El norte de África estaba cubierto de sabanas y bosques.

Las selvas tropicales cubrían África central.

El sur de África era seco y algunas partes eran desiertos.

El este y el oeste de África se llenaron de matorrales.

El desierto puro es demasiado seco para la mayoría de los animales y plantas.

Las zonas semidesérticas son secas pero más húmedas que el desierto.

Leyenda

- Selva tropical
- Matorral
- Sabana
- Semidesierto
- Desierto extremo

En el norte, los vientos soplan arena hacia el suroeste.

Los vientos del sur soplan arena hacia el noroeste.

El Sáhara se expande hacia zonas semidesérticas.

El Sáhara verde

Acaba la última glaciación y empieza un clima más cálido y húmedo en todo el mundo. En África se desarrolla una estación monzónica que trae fuertes lluvias al Sáhara en verano. El desierto se vuelve verde. Hay ríos, lagos, praderas y bosques habitados por jirafas, hipopótamos y rinocerontes. Empieza a desarrollarse la civilización humana.

Hace 11 000-5000 años

El desierto se seca

Los veranos en el hemisferio norte se vuelven ligeramente más fríos debido a un cambio en la órbita de la Tierra (el verano en el hemisferio norte ya no coincide con el momento en que la Tierra está más cerca del Sol). Esto hace que el monzón africano se debilite y el Sáhara se seque. Desaparecen los lagos y los ríos, y la gente abandona el desierto.

Hace 5000-2500 años

El desierto crece

En la actualidad, el desierto del Sáhara se está expandiendo hacia el norte y el sur en un proceso denominado desertificación. Las causas principales son la deforestación y el uso excesivo de las tierras agrícolas: cuando se retira la vegetación, la tierra se seca y el viento se la lleva. El calentamiento global podría estar agravando el problema.

Actualidad

Los oasis

Un oasis es una zona húmeda con vegetación exuberante en un desierto. Los oasis son importantes fuentes de alimento y agua para los animales y las personas. En el Sáhara, aparecen donde ha quedado agua de otra era atrapada bajo tierra y cerca de la superficie.

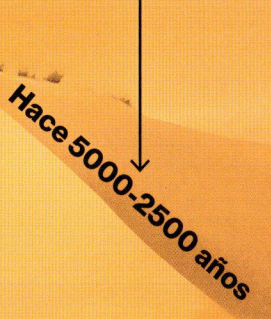

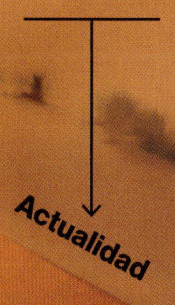

Cómo se formó la cuenca del Amazonas

El río Amazonas, en Sudamérica, es el más caudaloso del mundo: en la estación de lluvias puede alcanzar los 48 km de ancho. El río recorre 6600 km y atraviesa la selva amazónica en dirección este hasta llegar al océano Atlántico. El área por la que circula, conocida como cuenca hidrográfica, tardó millones de años en formarse.

c. 40-20 MA

Nace un mar enorme

Los ríos del noroeste del continente circulan hacia el este y desembocan en un mar interior. Este mar desemboca en el mar Caribe por el norte y en el océano Pacífico por el oeste.

El mar interior desembocaba en el mar Caribe.

Mar Caribe

Los ríos desembocaban en un mar interior.

c. 12 MA

Surgen los Andes

Una placa tectónica queda sepultada bajo la placa sudamericana y la empuja hacia arriba. La cordillera de los Andes se eleva. Esto bloquea el curso de los ríos que circulan hacia la costa oeste de Sudamérica. El agua se concentra en el mar interior, que crece y se vuelve un lago pantanoso.

Se forma un lago.

El movimiento de las placas hizo que los Andes subieran.

c. 8-7 MA

Mar y sedimentos

Una barrera de tierra en el lado este del lago hace que el agua de lluvia y los sedimentos (roca, arena y lodo) del norte y el sur fluyan hacia el este en una serie de ríos. Estos cursos de agua empiezan a formar la cuenca del Amazonas.

Barrera terrestre

Cuenca del Amazonas

Los meandros

Un meandro abandonado es un recodo de un río que queda aislado del curso principal. Empieza siendo un meandro, pero se separa del río a medida que este busca un camino más corto. Ocurre cuando la erosión y la sedimentación inciden en distintas partes del río.

La erosión ocurre en la orilla exterior de la curva y los sedimentos se amontonan en la interior.

Cuando el meandro crece, el terreno de dentro se estrecha.

El meandro queda aislado del río.

c. 4-3 MA

Rumbo al Atlántico

Al oeste, los sedimentos del lago crecen y sube el nivel del agua. Al este, los primeros ríos que fluyen hacia el este erosionan las barreras naturales que los separan. Ambos procesos consiguen que el lago y los ríos se unan: el agua circula desde los Andes hasta el océano Atlántico.

El agua desembocó en el Atlántico.

c. 25 000-15 000 años

Edades de hielo

Algunas partes de la región se congelan durante las glaciaciones. El lago pantanoso interior se seca, dejando tras de sí sinuosos arroyos y lagos. La cuenca del Amazonas adquiere su forma actual.

Norteamérica

Cuenca del Amazonas

Sudamérica

Actualidad

El río en la actualidad

Hoy en día la cuenca del río Amazonas abarca más del 35 % de la superficie de Sudamérica y se extiende por nueve países. Nace en los Andes y serpentea por el continente, uniéndose con muchos afluentes antes de desembocar en el océano Atlántico. A su alrededor ha crecido una densa selva tropical.

Curso actual del río

Las cuevas del dragón

Las cuevas pueden parecer sobrenaturales, pero suelen ser el resultado de procesos muy sencillos que se repiten durante mucho tiempo. Las cuevas del *Drach*, en la costa de Mallorca (España), se formaron por la erosión, los cambios en el nivel del mar y la disolución de la caliza por el agua. A medida que las gotas del techo se evaporan, dejan minerales. Con el tiempo, estos minerales se fueron acumulando en largos depósitos que cuelgan del techo (estalactitas) o caen formando columnas (estalagmitas).

Las cataratas Victoria

Las cataratas Victoria (*Mosi-oa-tunya* en lengua tsonga, «el humo que truena») se encuentran en la frontera entre Zimbabue y Zambia y constituyen la mayor caída de agua del mundo: hasta 1,7 km de longitud cuando el río Zambeze está en plena crecida. Llevan millones de años formándose y son el resultado de poderosos procesos geológicos que continúan hoy en día.

c. 180 MA

Formas de basalto

Gondwana empieza a separarse. Los volcanes entran en erupción y expulsan lava fundida, que se enfría y solidifica formando una roca dura llamada basalto. En la zona de las cataratas Victoria, estas capas de basalto tienen 300 m de grosor.

c. 110 MA

Se forman fisuras

Gondwana sigue rompiéndose y provoca nuevas erupciones. A medida que el basalto se enfría, se abren enormes grietas llamadas fisuras, que se van llenando de sedimentos (roca blanda, arena y lodo). Las fisuras se convierten después en cascadas.

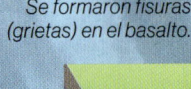

Se formaron fisuras (grietas) en el basalto.

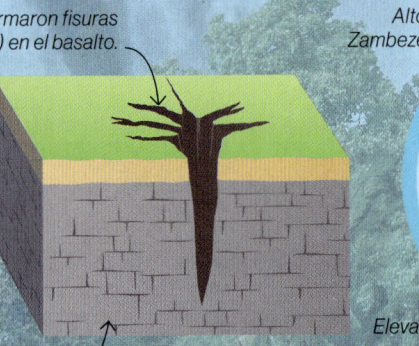

Capas de basalto

c. 15 MA

Un lago gigante

La elevación del paisaje bloquea el curso del Alto Zambeze en su camino hacia el océano. Esto hace que se forme un gigantesco lago interior en lo que hoy es el centro de Botsuana.

Lago gigante
Alto Zambeze
Bajo Zambeze

Elevación
Antiguo curso del río

c. 5 MA

Las primeras cascadas

El lago acumula tanta agua que se derrama, uniendo los ríos Alto Zambeze y Bajo Zambeze, que circulan sobre el basalto. El agua erosiona los sedimentos blandos que se encuentran dentro de las fisuras basálticas y crea las primeras cascadas Victoria a unos 130 km de las actuales.

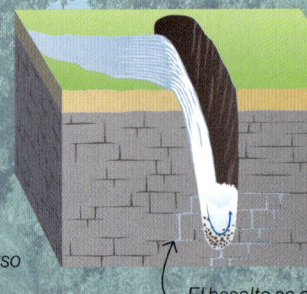

El basalto se erosionó poco a poco.

El ciclo vital de las cascadas

Las cascadas se forman por un proceso de erosión (desgaste de la roca) cuando un río fluye sobre una roca dura que tiene debajo otra más blanda. El agua erosiona la roca blanda antes que la dura, creando un saliente. Al descender por la pared, el agua sigue desgastando la roca y, con el tiempo, el saliente se acaba derrumbando. Esto hace que la cascada retroceda poco a poco aguas arriba.

Roca dura

Roca blanda

El lecho del río se inclina
A medida que el agua erosiona la roca más blanda que hay debajo de la dura, el río se vuelve más empinado. El agua arrastra piedras que erosionan aún más la roca.

Voladizo (saliente)

Poza

Se forma un saliente
La roca blanda se deshace y crea un saliente de roca dura por encima. El agua que cae crea un hueco en la roca, llamado poza.

La roca dura del saliente se desgasta.

Se desprenden trozos de roca que erosionan la poza.

El voladizo se derrumba
Al final, el saliente se queda sin apoyo y se derrumba, cayendo en la poza. El proceso de erosión continúa en la nueva roca que queda expuesta, haciendo que la cascada se desplace poco a poco hacia atrás.

---

c. 5 MA-250 000 años

Un paso atrás
La cascada va excavando un desfiladero en el basalto y empieza a retroceder por la erosión. Al desplazarse hacia atrás, las cataratas acaban encontrándose otra fisura y forman un nuevo desfiladero, sobre el que cae una amplia cortina de agua. Estas nuevas cataratas Victoria están a kilómetros de su ubicación actual.

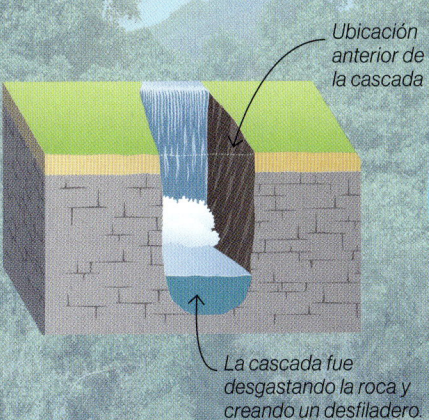

Ubicación anterior de la cascada

La cascada fue desgastando la roca y creando un desfiladero.

c. 100 000 años-Actualidad

Zigzag entre rocas
El agua sigue desgastando la roca unos 40-80 mm al año, creando desfiladeros zigzagueantes y estrechos. Cada garganta, visibles desde las cataratas actuales, estaban en su día cubiertas por una enorme cascada. Las cataratas están ahora en su octava posición.

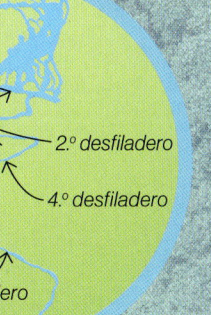

Cataratas Victoria actuales

2.º desfiladero

3.er desfiladero

4.º desfiladero

5.º desfiladero

2019

Las cataratas se secan
El aumento de las temperaturas globales provoca la peor sequía en la región en un siglo. El Zambeze queda reducido a un arroyo y las cataratas se secan por primera vez. Los científicos temen que las sequías, causadas por el cambio climático, sean más frecuentes.

Dentro de 10 000 años

Las futuras cataratas
Si las cataratas siguen retrocediendo al ritmo actual, en 10 000 años el río llegará a otro desfiladero. Hoy en día ya se alcanza a ver la siguiente fila de cascadas, la catarata del Diablo, sobre una falla (fractura en la roca).

LA CATARATA DEL DIABLO

El origen de la vida

No hay consenso sobre cuál es la prueba más antigua de vida en la Tierra. Lo más probable es que sean los diminutos granos de minerales ricos en hierro que se encontraron en las rocas canadienses, con una antigüedad estimada de 4280 MA. Se parecen mucho a las estructuras que producen hoy los microbios submarinos.

Células complejas

Aparece la primera célula con núcleo: la eucariota. Todos los organismos complejos, incluidos los hongos, los animales y las plantas, son eucariotas. Los fósiles eucariotas más antiguos que se conocen son de *Diskagma*, un hongo milimétrico que vivía fuera del agua en Sudáfrica.

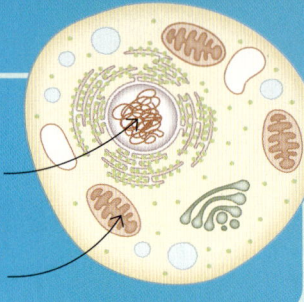

El núcleo está en el centro de la célula.

Las mitocondrias generan energía para la célula.

c. 2200 MA

c. 2100 MA

c. 4280 MA

c. 3500 MA

Cloroplastos

Los primeros cloroplastos aparecen en las algas. Las plantas los utilizan para convertir la luz solar en energía mediante un proceso llamado fotosíntesis.

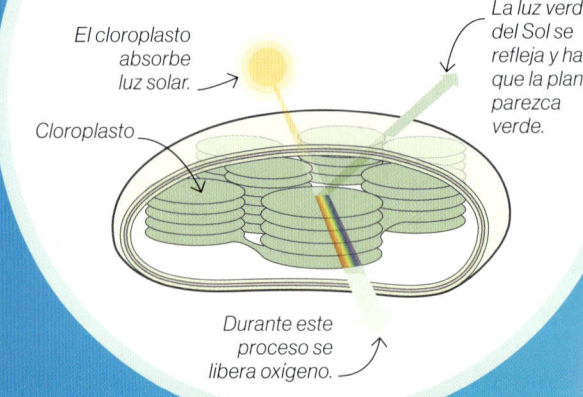

El cloroplasto absorbe luz solar.

La luz verde del Sol se refleja y hace que la planta parezca verde.

Cloroplasto

Durante este proceso se libera oxígeno.

Bacterias primitivas

Los estromatolitos se forman en aguas poco profundas: la arena y el fango se acumulan en capas y unos microbios llamados cianobacterias unen las capas formando montículos. Son una de las muestras más antiguas de vida.

Los estromatolitos se forman en lagunas saladas.

Las bacterias salen del agua

Los microbios de los océanos empiezan a migrar a tierra firme y producen oxígeno, un mineral que libera azufre y molibdeno en los océanos. El aumento del nivel de azufre propaga la vida en el océano.

c. 1200 MA

Vida pluricelular

Las algas rojas son los organismos pluricelulares más antiguos que convierten la luz solar en energía mediante la fotosíntesis. Y los organismos más antiguos que se reproducen sexualmente. Se han hallado fósiles de estas algas en el Ártico canadiense.

c. 1040 MA

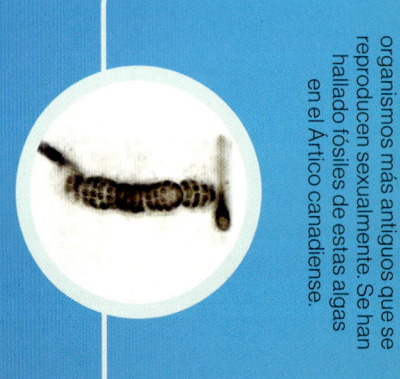

La evolución

En la Tierra, existe vida desde hace más de 4000 millones de años. Al principio solo había microbios en el océano. Un elemento central de la vida es el ADN, una molécula que almacena la información genética de cada organismo y le permite adaptarse al medio. La evolución ha producido muchos organismos distintos y ha transformado el clima, los suelos y los paisajes.

Los Opabinia eran animales del periodo Cámbrico; tenían cinco ojos.

Los insectos
El ADN de los artrópodos (como escorpiones, arañas, cangrejos y ciempiés) sugiere que los insectos evolucionaron en esta época. Algunos desarrollaron alas y saltaron o volaron a las plantas, que a su vez crecieron formando bosques.

Las rocas chert servían para construir muros y fachadas.

Explosión cámbrica
A principios del Cámbrico, el aumento de los niveles de oxígeno en los mares de todo el mundo permite que una enorme variedad de animales evolucionara rápidamente. Esto incluye gusanos con brangulas, depredadores con dientes y artrópodos con patas.

c. 515 MA

c. 430 MA

c. 540 MA

Plantas terrestres
Aparecen las plantas terrestres, una evolución de las algas de agua dulce. Son los antepasados de los musgos y las hepáticas actuales, y no tienen raíces profundas.

El musgo es una planta primitiva.

La vida prospera en tierra
Una sección de roca chert de grano fino hallada en 1914 en la localidad escocesa de Rhynie muestra un próspero ecosistema de hace 410 millones de años. En ella se ven fósiles de insectos extintos, plantas primitivas y hongos.

c. 410 MA

c. 310 MA

Amphibamus
En el Carbonífero aparece un animal llamado Amphibamus de 20 cm de largo de agua dulce, el antepasado de todos los anfibios modernos, como las ranas, los sapos, los tritones y las salamandras. Se cree que es el antepasado de todos los anfibios modernos.

c. 300 MA

Mamíferos primigenios
Aunque se parece a un dinosaurio, el Dimetrodon fue un tipo de sinápsido, un grupo de animales emparentados con los mamíferos actuales. Los mamíferos empezaron a aparecer hace unos 210 MA.

c. 260 MA

Reptiles
Los primeros reptiles, como el Scutosaurus, de 2 m de largo, habitan el planeta. Aunque los sinápsidos son los animales terrestres más dominantes de esta época, los reptiles toman el relevo cuando evolucionan los dinosaurios.

Los primeros animales
Aparecen las esponjas de mar, los animales más antiguos y antepasados de las actuales. Los fósiles hallados en las rocas marinas de Canadá demuestran que sobrevivieron a condiciones muy duras, como unos niveles de oxígeno muy bajos.

c. 891 MA

PLANTAS Y HONGOS

Las plantas y los hongos presentan todo tipo de formas y tamaños, desde minúsculas esporas fúngicas hasta árboles altísimos. Estos organismos son esenciales para la vida y, sin ellos, la Tierra sería un planeta rocoso y deshabitado, igual que el resto de planetas del sistema solar. El secreto de las plantas reside en la fotosíntesis, un proceso que les permite transformar la luz solar en alimento y crecer. Las plantas utilizan estrategias inteligentes y complejas para sobrevivir. Muchas dependen del viento y de los animales para propagarse, mientras que otras han evolucionado para resistir en desiertos y entornos extremos.

Ancestro unicelular

Las algas verdes, los ancestros de las plantas, evolucionan en el agua. Son microscópicas células individuales y fabrican su alimento con la luz solar. No se han encontrado fósiles de algas verdes de esta época.

Ramificación

Las algas verdes empiezan a formar cordones compuestos por muchas células. El fósil más antiguo es el *Proterocladus antiquus*, un alga diminuta de unos 3 mm de longitud.

Salto a la tierra

Aparecen las plantas de verdad fuera del agua. Sus cuerpos son más complejos que las algas pluricelulares. Algunas plantas primitivas (como las hepáticas, los musgos y las antocerotas) aún viven hoy en día.

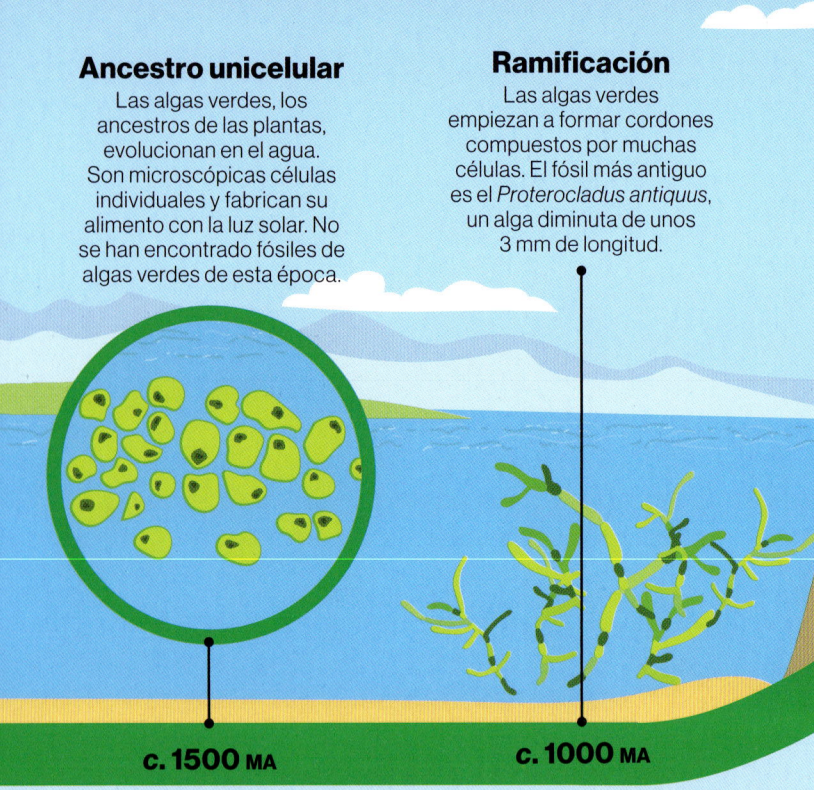

Las hepáticas nos dan pistas sobre las plantas primitivas.

c. 500 MA

c. 1500 MA

c. 1000 MA

Un fósil viviente

Aparecen los primeros ginkgos. Solo una especie de estas gimnospermas ha llegado a nuestros días: el árbol de los 40 escudos o *ginkgo biloba*. Se considera un fósil viviente, ya que es idéntico a como era hace millones de años.

Las hojas son de amarillo brillante en otoño.

Historia vegetal

Las plantas evolucionaron a partir de algas microscópicas hace 500 millones de años. A lo largo de la historia, ha habido muchas plantas que han transformado nuestro planeta. Proporcionan alimento y oxígeno a los animales y enfrían el clima al absorber dióxido de carbono. Existen más de 400 000 especies vegetales conocidas en la Tierra hoy. Por desgracia, muchas están en grave peligro de extinción debido a la destrucción de sus hábitats y al cambio climático.

c. 190 MA

Una flor inusual

La angiosperma acuática *Archaefructus* tiene sus órganos reproductores en el tallo, en lugar de en flores con pétalos. Se han descubierto fósiles perfectamente conservados de toda la planta.

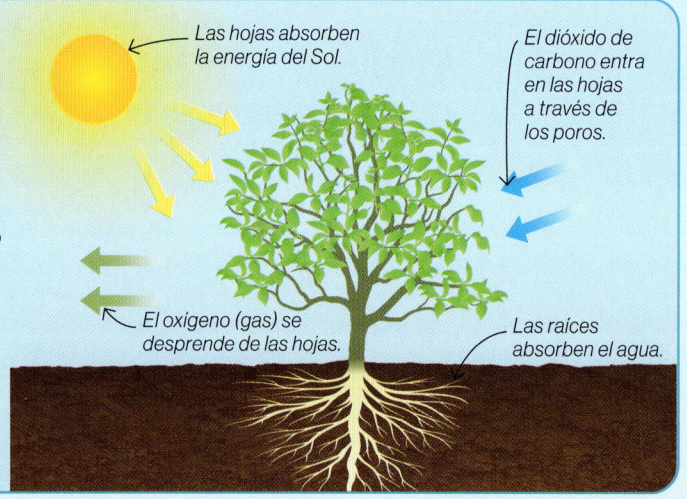

Las flores crecen más alto que sus hojas para facilitar la polinización.

c. 125 MA

La fotosíntesis

Las plantas fabrican su propio alimento en las hojas mediante la fotosíntesis. Gracias a la energía de la luz solar, transforman el dióxido de carbono y el agua del suelo en los azúcares de los que se nutren. En el proceso, generan un residuo, el oxígeno, que los animales, incluidos los humanos, necesitan para respirar.

Las hojas absorben la energía del Sol.

El dióxido de carbono entra en las hojas a través de los poros.

El oxígeno (gas) se desprende de las hojas.

Las raíces absorben el agua.

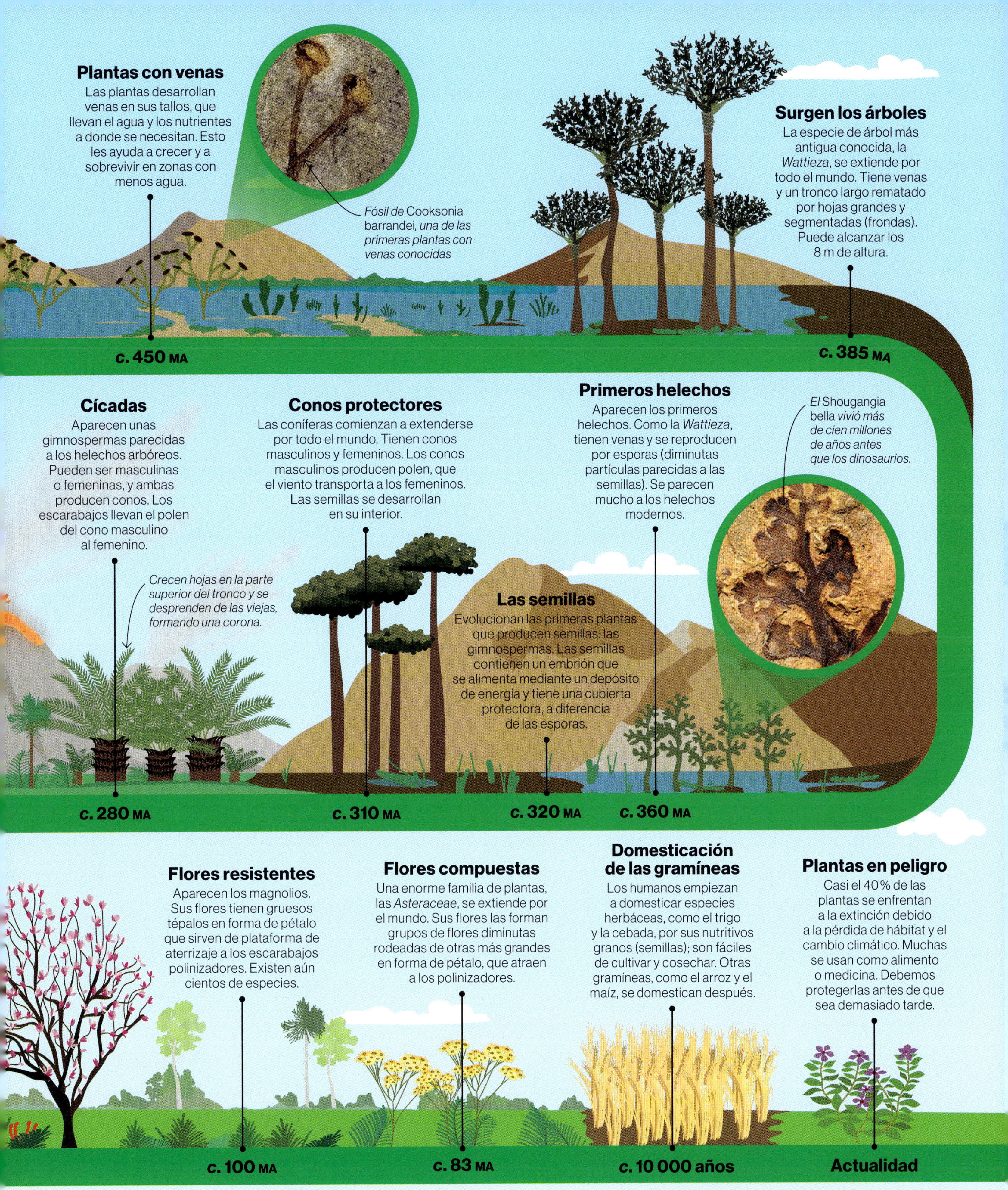

Plantas con venas

Las plantas desarrollan venas en sus tallos, que llevan el agua y los nutrientes a donde se necesitan. Esto les ayuda a crecer y a sobrevivir en zonas con menos agua.

Fósil de Cooksonia barrandei, una de las primeras plantas con venas conocidas

Surgen los árboles

La especie de árbol más antigua conocida, la *Wattieza*, se extiende por todo el mundo. Tiene venas y un tronco largo rematado por hojas grandes y segmentadas (frondas). Puede alcanzar los 8 m de altura.

c. 450 MA

c. 385 MA

Cícadas

Aparecen unas gimnospermas parecidas a los helechos arbóreos. Pueden ser masculinas o femeninas, y ambas producen conos. Los escarabajos llevan el polen del cono masculino al femenino.

Crecen hojas en la parte superior del tronco y se desprenden de las viejas, formando una corona.

Conos protectores

Las coníferas comienzan a extenderse por todo el mundo. Tienen conos masculinos y femeninos. Los conos masculinos producen polen, que el viento transporta a los femeninos. Las semillas se desarrollan en su interior.

Primeros helechos

Aparecen los primeros helechos. Como la *Wattieza*, tienen venas y se reproducen por esporas (diminutas partículas parecidas a las semillas). Se parecen mucho a los helechos modernos.

El Shougangia bella vivió más de cien millones de años antes que los dinosaurios.

Las semillas

Evolucionan las primeras plantas que producen semillas: las gimnospermas. Las semillas contienen un embrión que se alimenta mediante un depósito de energía y tiene una cubierta protectora, a diferencia de las esporas.

c. 280 MA

c. 310 MA

c. 320 MA

c. 360 MA

Flores resistentes

Aparecen los magnolios. Sus flores tienen gruesos tépalos en forma de pétalo que sirven de plataforma de aterrizaje a los escarabajos polinizadores. Existen aún cientos de especies.

Flores compuestas

Una enorme familia de plantas, las *Asteraceae*, se extiende por el mundo. Sus flores las forman grupos de flores diminutas rodeadas de otras más grandes en forma de pétalo, que atraen a los polinizadores.

Domesticación de las gramíneas

Los humanos empiezan a domesticar especies herbáceas, como el trigo y la cebada, por sus nutritivos granos (semillas); son fáciles de cultivar y cosechar. Otras gramíneas, como el arroz y el maíz, se domestican después.

Plantas en peligro

Casi el 40 % de las plantas se enfrentan a la extinción debido a la pérdida de hábitat y el cambio climático. Muchas se usan como alimento o medicina. Debemos protegerlas antes de que sea demasiado tarde.

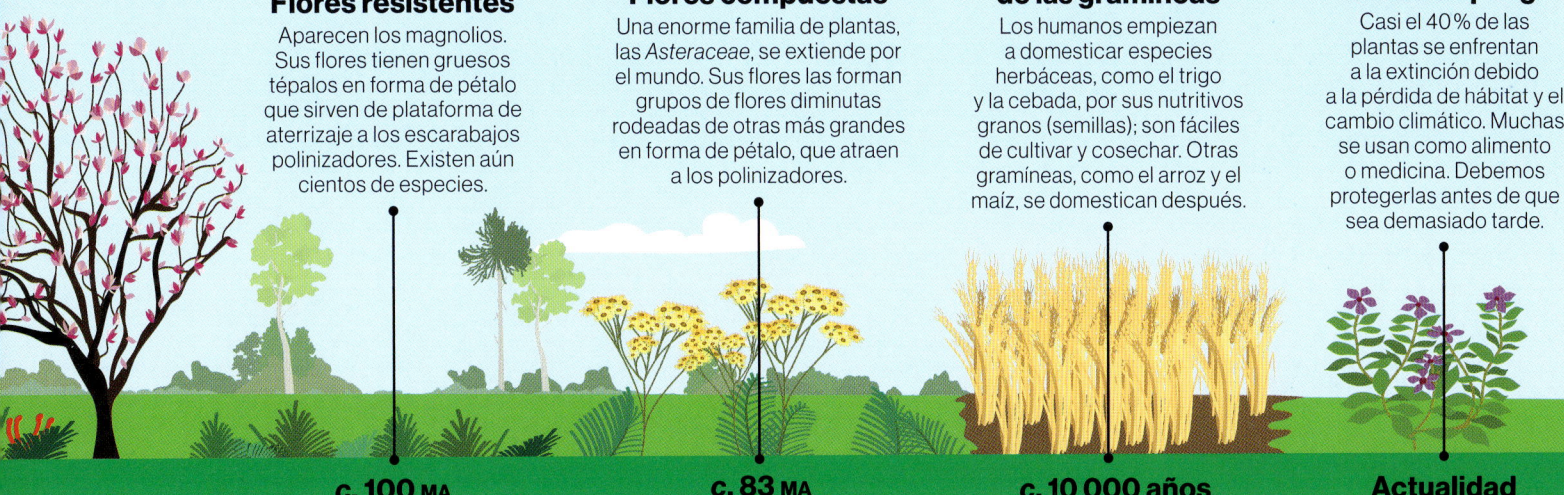

c. 100 MA

c. 83 MA

c. 10 000 años

Actualidad

Cómo germinan las semillas

Las plantas fecundadas producen semillas, que llevan en su interior plantas jóvenes diminutas (embriones). A menudo, las semillas necesitan alejarse de la planta madre para no competir por la luz y los nutrientes. Las semillas pueden tener distintas formas, pero todas germinan igual: primero echan raíces y luego crecen hacia arriba en busca de la luz solar.

Semillas de castaño de Indias
Las brillantes semillas marrones empiezan a brotar cuando salen del erizo donde han crecido.

Hueso de melocotón
Un melocotonero tardará entre tres y cuatro años en madurar a partir de su leñoso hueso.

Granos de café
Estas semillas redondas necesitan mucho calor para crecer y producir vainas.

De la semilla a la planta

Aunque hay semillas de muchas formas y tamaños, todas llevan dentro una pequeña planta joven llamada embrión, que permanece latente (inactivo) hasta que se dan las condiciones adecuadas para brotar. Este proceso se llama germinación y requiere agua, calor y oxígeno. Cada semilla tarda un tiempo determinado en germinar. Una semilla de soja tarda, por ejemplo, ocho días en echar sus primeras hojas.

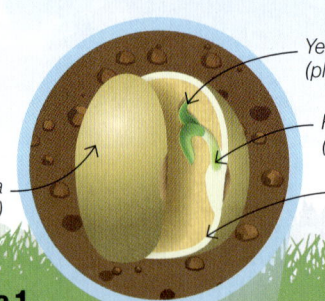

Yema (plúmula)

Raíz de la semilla (radícula)

Cubierta (tegumento)

Hoja de la semilla (cotiledón)

La cubierta se rompe cuando las hojas de la yema crecen dentro.

Día 1

Dentro de la semilla hay un embrión.

Día 2

La raíz de la semilla sale antes que las hojas.

Día 3

Día 4

Las raíces anclan la plántula en el suelo.

Germinación
La semilla de soja seca permanece latente, esperando el momento ideal para brotar. Cuando las condiciones son adecuadas, absorbe el agua del suelo y se hincha. La semilla cobra vida: las células del embrión empiezan a crecer y a dividirse.

La primera raíz
La raíz de la semilla (radícula) se desprende de la cubierta gracias a la energía almacenada en su interior. Sale por el agujerito por el que entró el agua. La plúmula (yema) crecerá hacia arriba desde ese mismo agujero.

Crece la raíz
La raíz de la semilla detecta la gravedad y se hunde en la tierra en busca de agua y nutrientes para alimentar a la plúmula. Las puntas de las raíces están llenas de partículas de almidón, que caen al fondo de las células para marcar el camino hacia arriba.

Brotes jóvenes
La raíz de la semilla se convierte en una raíz verdadera, que se ramifica para buscar más agua y nutrientes. La cubierta de la semilla se rompe y sale un brote joven que crece hacia arriba hasta que sale a la superficie.

Marula
Los elefantes y otros animales comen esta fruta y esparcen las semillas con sus excrementos.

Coco
El coco es una semilla muy resistente. Puede germinar incluso en el mar.

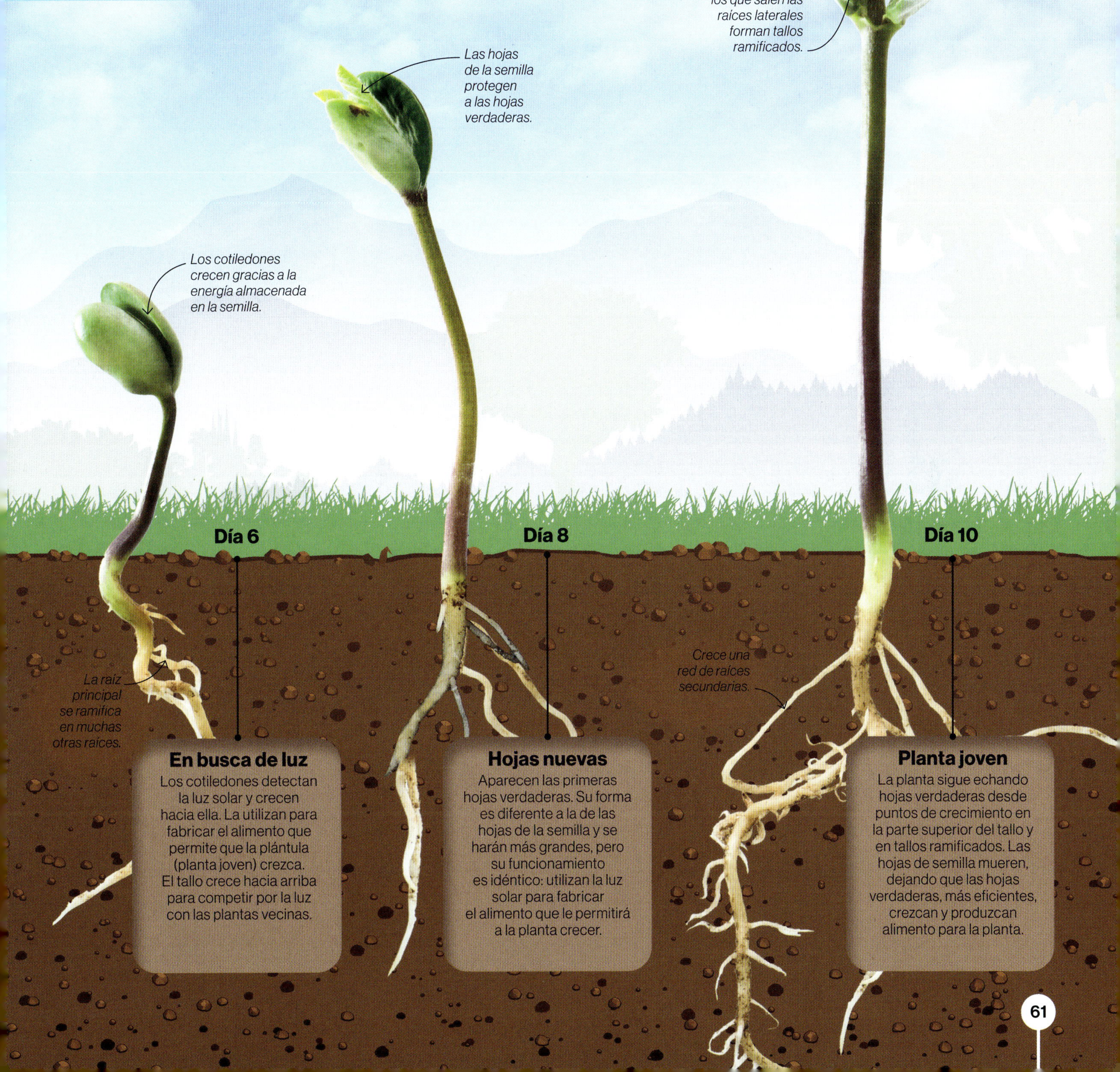

Las hojas verdaderas son más grandes que las de las semillas.

Los puntos de los que salen las raíces laterales forman tallos ramificados.

Las hojas de la semilla protegen a las hojas verdaderas.

Los cotiledones crecen gracias a la energía almacenada en la semilla.

Día 6

Día 8

Día 10

La raíz principal se ramifica en muchas otras raíces.

Crece una red de raíces secundarias.

En busca de luz
Los cotiledones detectan la luz solar y crecen hacia ella. La utilizan para fabricar el alimento que permite que la plántula (planta joven) crezca. El tallo crece hacia arriba para competir por la luz con las plantas vecinas.

Hojas nuevas
Aparecen las primeras hojas verdaderas. Su forma es diferente a la de las hojas de la semilla y se harán más grandes, pero su funcionamiento es idéntico: utilizan la luz solar para fabricar el alimento que le permitirá a la planta crecer.

Planta joven
La planta sigue echando hojas verdaderas desde puntos de crecimiento en la parte superior del tallo y en tallos ramificados. Las hojas de semilla mueren, dejando que las hojas verdaderas, más eficientes, crezcan y produzcan alimento para la planta.

A toda velocidad

Un bosque puede tardar décadas en crecer, excepto si es de bambú. Es la planta con mayor velocidad de crecimiento del mundo y le gustan los climas tropicales y templados. Puede llegar a crecer hasta 1 m al día, es decir, cuatro veces más de lo que mide esta página. Crece tan rápido porque tiene el núcleo hueco y no malgasta energía: la mayoría de sus hojas no brotan hasta que está ya bastante alto.

Plantas anuales

Algunas plantas, como los árboles, viven años. Sin embargo, otras germinan, crecen, florecen y mueren en el transcurso de un año. Al contrario que los árboles, que esparcen semillas en zonas nuevas, las plantas anuales prefieren soltarlas cerca de donde viven, así sus descendientes podrán aprovechar ese terreno al año siguiente, cuando la planta madre haya muerto.

Cada flor del guisante tiene cinco pétalos, algo típico de la familia a la que pertenece.

Los botones florales tienen pétalos verdes claros que se vuelven rosas, púrpuras, rojos o blancos antes de abrirse.

Cada hoja tiene un zarcillo para trepar.

Cada plántula tiene dos hojas de semilla para hacer la fotosíntesis.

La raíz de la semilla sujeta la planta al suelo y recoge nutrientes y agua.

| Marzo-abril | Abril | Mayo-agosto | Junio-septiembre |

Germinación

La semilla redonda del guisante de flor pasa el invierno en el suelo y suele germinar a principios de primavera, cuando empieza a hacer un poco más de calor. Cada semilla contiene un embrión (una planta diminuta) con dos hojas y una raíz. Cuando germina, empieza a crecer rápidamente hacia arriba en busca de la luz solar.

Plántula

El guisante es una planta trepadora y busca una superficie a la que agarrarse. Cuando encuentra algún apoyo, como otra planta, se agarra con zarcillos y crece rápidamente hasta alcanzar una altura de unos 2 m. Trepar y agarrarse a las cosas hace que no malgaste energía desarrollando tallos más robustos.

Botones florales

El objetivo de las plantas anuales es florecer rápidamente para poder producir la siguiente generación de semillas. El guisante de flor solo tarda tres meses en echar flor desde que germina. Los botones florales empiezan a aparecer en mayo o junio y siguen saliendo a lo largo de todo el verano.

Floración

El dulce aroma de las flores del guisante inunda el aire en verano y atrae muchas especies de abejas polinizadoras. Las flores duran apenas unos días, pero la planta puede seguir floreciendo durante muchas semanas si se retiran las flores muertas.

Diferentes formas de floración

Una pista de aterrizaje
Algunas flores de la familia de los guisantes tienen pétalos fusionados (quilla), en los que se posan las abejas. Al empujar la quilla hacia abajo, las abejas se cubren de polen y lo llevan a otras flores.

Una seta falsa
La *Aspidistra elatior* tiene unas flores muy extrañas en forma de medallón, con pinchos que salen en el suelo. Las polinizan los mosquitos que comen hongos porque las confunden con una seta.

El atrapalenguas
Las flores de las orquídeas de Darwin tienen un tubo muy largo que contiene néctar. Las polinizan las polillas esfinge, que tienen una lengua de hasta 30 cm de longitud.

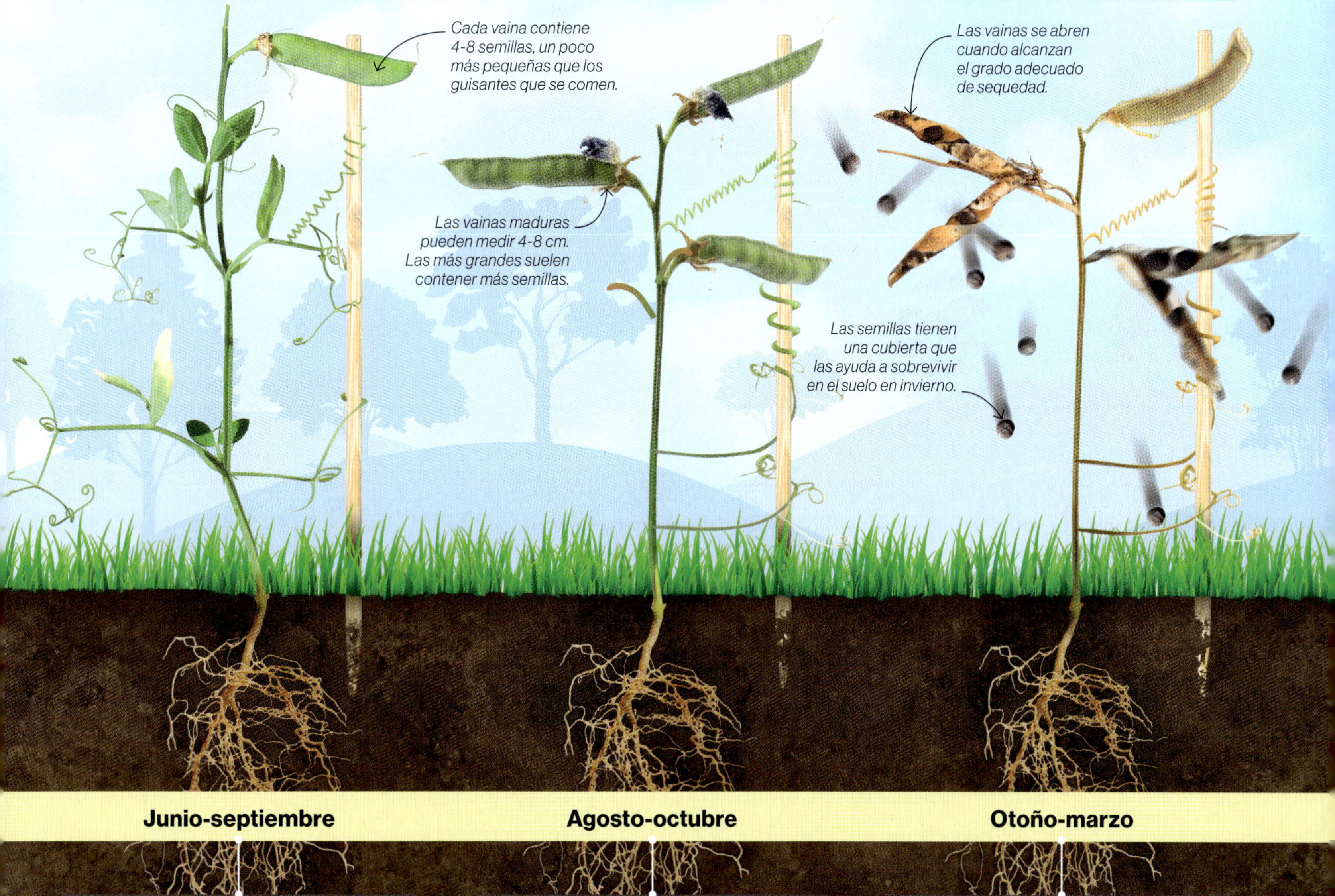

Cada vaina contiene 4-8 semillas, un poco más pequeñas que los guisantes que se comen.

Las vainas se abren cuando alcanzan el grado adecuado de sequedad.

Las vainas maduras pueden medir 4-8 cm. Las más grandes suelen contener más semillas.

Las semillas tienen una cubierta que las ayuda a sobrevivir en el suelo en invierno.

Junio-septiembre

Agosto-octubre

Otoño-marzo

Vainas de semillas
Las flores polinizadas producen rápidamente vainas, que contienen las semillas de la siguiente generación de plantas. Cuando una vaina madura, la planta sabe que la floración ha tenido éxito y que ya puede parar de echar flores. Sin embargo, si se retiran las vainas, la planta seguirá floreciendo y produciendo más vainas.

Vainas maduras
Las vainas del guisante de flor tardan entre tres y seis semanas en madurar. A medida que las semillas crecen, las vainas se van hinchando. Después se secan y se quedan marrones y quebradizas. La planta madre muere al final de la temporada de cultivo, pero proporciona a sus descendientes un lugar donde crecer al año siguiente.

Eclosión de las vainas
El interior de la vaina se seca más rápido que el exterior. La pared de la vaina acaba explotando y esparciendo las semillas en múltiples direcciones para que la siguiente generación no tenga que competir por la luz, el agua y los nutrientes. Los restos de la planta muerta se pudren durante el invierno, devolviendo los nutrientes a la tierra. Las semillas permanecen dormidas en el suelo hasta la primavera siguiente.

El murciélago introduce la lengua en la flor acampanada para libar el néctar.

Como la flor está boca abajo, el murciélago tiene que introducir la lengua hacia arriba. El polen cae y se le pega a la garganta.

Murciélago de lengua larga de Underwood

Los polinizadores nocturnos

Los insectos son los polinizadores más habituales. Para atraerlos, las plantas echan flores de colores que se abren de día y se cierran de noche. Sin embargo, unas pocas, como la *Merinthopodium neuranthum*, han evolucionado para que puedan polinizarlas los murciélagos (animales nocturnos que no distinguen los colores). Suelen tener forma de campana y ser pálidas, y se abren por la noche. Los murciélagos pueden transportar mucho polen de una sola vez y volar más que los insectos, así que polinizan zonas más extensas

Día 1

Semillas

Las naranjas contienen semillas de forma natural, aunque existen variedades modificadas que no tienen. Cada semilla contiene una planta minúscula (embrión) y el alimento que necesita para crecer. Una semilla necesita agua y calor durante varias semanas para germinar.

De la semilla al fruto

Las plantas producen frutos para proteger y esparcir sus semillas. Suelen ser sabrosos y de colores vivos para que los animales se los coman y dispersen sus semillas. Un fruto se desarrolla a partir de una flor polinizada, es decir, una flor que contiene una semilla fecundada. Las plantas suelen tardar un tiempo en dar frutos, incluso años, como les ocurre a los naranjos.

De la flor del cerezo al fruto

Al igual que las naranjas, las cerezas salen de las flores. Cuando el estigma (la parte femenina) de una flor recibe polen de la antera (la parte masculina) de otra flor, se produce la polinización y crece un embrión en la semilla. El ovario que rodea a la semilla será la pulpa comestible del fruto.

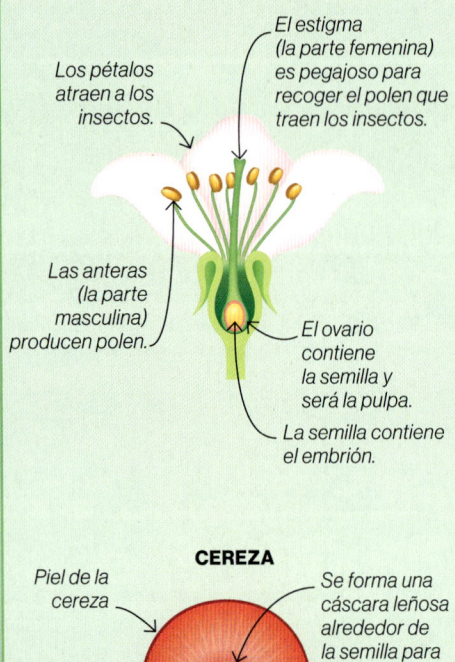

FLOR DEL CEREZO

El estigma (la parte femenina) es pegajoso para recoger el polen que traen los insectos.

Los pétalos atraen a los insectos.

Las anteras (la parte masculina) producen polen.

El ovario contiene la semilla y será la pulpa.

La semilla contiene el embrión.

CEREZA

Piel de la cereza

Se forma una cáscara leñosa alrededor de la semilla para protegerla.

El ovario crece y se convierte en la pulpa.

La semilla ha crecido.

2 meses tras la floración

Aparecen los frutos

Cuando una flor polinizada se marchita, su ovario fecundado (una parte del órgano reproductor femenino) permanece en la rama y se convierte en un fruto. Al cabo de dos meses, mide unos 3,5 cm de diámetro. Es duro y verde, y no está lo bastante dulce para atraer a los animales. En su interior, empiezan a formarse nuevas semillas.

El fruto crece

Los frutos, en este caso naranjas, crecen todo lo que pueden mientras las semillas se siguen desarrollando. Ya están un poco más dulces, pero todavía tienen un sabor ácido que ahuyenta a los animales. El árbol necesita mucha agua; si no tiene suficiente, deja caer los frutos para mantenerse con vida.

5 meses tras la floración

Plantón

Las hojas de la semilla proporcionan alimento a la planta para que crezca hasta que aparezcan las primeras hojas verdaderas. Cuando salen de la tierra, el brote se convierte en un plantón. Las hojas del naranjo son perennes y necesitan mucha luz solar para que la planta crezca hasta medir 1,5 m el primer año.

Años 1-3

Árbol joven

Cuando un plantón crece más de 1 m, se considera un árbol joven. Sigue creciendo con el tiempo y desarrolla rasgos más parecidos a los de los árboles: su corteza gris protege los brotes verdes y desarrolla espinas afiladas.

Primera floración

Una década después de la germinación, más o menos, el árbol ya es adulto y empieza a florecer. Las flores atraen insectos que se llevan consigo su polen pegajoso y lo transportan a otras flores para polinizarlas.

Las flores blancas del naranjo desprenden un aroma dulce que atrae a las abejas, su principal polinizador.

10-15 años después

Cambio de color

En climas fríos, las naranjas se comportan como las hojas de los árboles en otoño y se vuelven naranjas al perder la clorofila (el pigmento que las hace verdes). En climas tropicales, las temperaturas hacen que las naranjas (y las hojas) sigan siendo verdes, porque conservan la clorofila.

6 meses tras la floración

Fruta madura

Cuando una naranja madura, su piel se vuelve más dura para poder separarse fácilmente de la pulpa azucarada de su interior, un manjar para muchas aves y mamíferos. Cuando el animal expulse las semillas con sus excrementos, crecerán lejos del árbol madre para no competir con él por la luz y el agua.

7 meses tras la floración

Otoño-invierno

Botón latente
Los botones florales empiezan a formarse en otoño. Como el resto de la planta, quedan latentes (inactivos) durante el invierno, cuando baja la temperatura.

Un botón floral es una yema diminuta en desarrollo.

Sépalo

Primavera Días 1-10

Día 11

Polen

Receptáculo (se convertirá en la parte roja de la fresa)

Día 16

El botón crece
A medida que los días se hacen más largos y cálidos, los botones florales empiezan a abrirse y crecer. Los sépalos verdes, parecidos a hojas, los protegen. Dentro está desarrollándose una flor, así que el botón va aumentando de tamaño.

Granos de polen
El botón sigue creciendo y las partes masculinas de la flor (estambres) empiezan a producir polen, un polvo fino de color amarillo que transporta las células sexuales masculinas de las plantas de una flor a otra, ayudándolas a reproducirse.

La flor crece
Los carpelos (las partes femeninas de la flor) ya están maduros. Cuando las flores se abren, los extremos pegajosos de los pistilos atrapan el polen que los insectos traen de otras flores.

Día 18

Día 20

Se abre la flor
El aroma de la flor de la fresa atrae a muchos insectos, como abejas, moscas de las flores y mariposas. Al traer polen de otras plantas, los insectos ayudan a fecundar la flor.

La flor muere
Una vez polinizada, los estambres y los pétalos de la flor mueren. Los carpelos empiezan a producir semillas y la base de la flor (receptáculo) comienza a hincharse. Acabará convirtiéndose en la parte dulce y comestible de la fresa.

La vida de una fresa

Las fresas son frutos de color rojo con forma de corazón que tienen una textura jugosa y un sabor dulce. Es lógico pensar que el fruto es la parte carnosa roja, conocida como receptáculo, pero en realidad lo son las diminutas semillas marrones que cubren toda la superficie. En una sola fresa puede haber hasta 400 semillas. La planta de la fresa es pequeña y da fruto durante los cálidos meses de verano.

Día 25

Fresa pequeña de color verde

El receptáculo sigue creciendo. En él hay semillas en desarrollo. Los sépalos, que formaban la envoltura protectora que originalmente cubría el botón floral, siguen unidos a la fresa.

Día 30

Fresa grande de color verde

La clorofila, el pigmento verde de la fresa, absorbe la luz solar y la utiliza para producir energía y desarrollarse. Las semillas del exterior de la fresa siguen creciendo.

Día 33

Fresa pequeña de color verde claro

La clorofila empieza a descomponerse y la fresa pierde su color. En este momento tiene un sabor ácido y está dura.

Día 35

Fresa grande de color verde claro

A medida que la fresa se acerca a su tamaño final, se vuelve más dulce y las semillas ya casi han crecido del todo. Sin embargo, todavía no tiene su característico color rojo.

Día 37

Fresa roja

La fresa empieza a producir un pigmento rojo llamado antocianina. El verde va desapareciendo y el rojo empieza a hacerse visible en la punta. Ahora está mucho más dulce.

Día 44

Fresa madura

Una fresa madura es de color rojo chillón y su dulce sabor atrae a los animales. Cuando se la comen, esparcen las semillas con sus excrementos.

Cómo crece el moho

Si dejamos una pieza de fruta en un ambiente cálido y húmedo durante unos días, enseguida aparecerá una pelusilla de color grisáceo. Es el moho, un tipo de hongo (un organismo que se reproduce por esporas y se alimenta de materia vegetal o animal). El moho tiene un aspecto poco apetitoso y en ningún caso deberías comértelo, pero desempeña un papel fundamental en la naturaleza. Descompone las plantas y animales muertos o en descomposición y ayuda a reciclar sus nutrientes.

La piel de la fresa empieza a colapsar hacia el interior.

Tipos de moho

Existen miles de tipos de moho. Algunos se emplean para fabricar medicinas o alimentos, como el queso, pero otros pueden ser perjudiciales si se dejan crecer sin control. El moho también puede ser un problema para los agricultores, ya que algunos se propagan con rapidez y pueden arrasar campos enteros de cultivo.

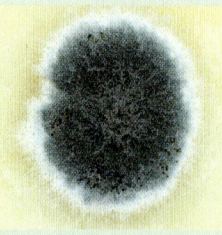

Penicillium
Este tipo de moho puede matar bacterias. Produce la penicilina, un antibiótico que ha salvado millones de vidas.

Moho negro
Crece en entornos muy diferentes. De aspecto parecido al hollín, es de color verde oscuro o negro. Suele aparecer en los alimentos, como la cebolla.

Moho negro del pan
Crece muy rápido en los espacios interiores y los alimentos, como el pan o la fruta. Es blanco al principio, pero se vuelve negro al desarrollarse las esporas.

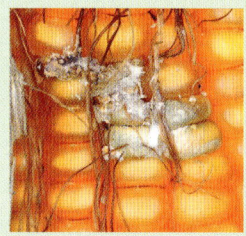

Moho del maíz
Este hongo contamina las mazorcas con toxinas, por lo que su consumo es peligroso para animales y personas. Se propaga muy rápido por los campos de cultivo.

La fresa tiene la piel muy fina y ofrece poca resistencia a las esporas de moho que flotan en el aire.

Día 1

Fruta fresca
Las esporas de moho (células reproductoras) son de tamaño microscópico y se desplazan por el aire. Cuando se posan sobre un alimento húmedo, como esta fresa, germinan y establecen una colonia. Las esporas penetran en el interior de la fresa a través de su delicada piel, generalmente a través de las zonas que han recibido un golpe o están dañadas.

Día 2

Primeros signos de moho
Como la piel de la fresa es muy frágil, a las esporas de moho les resulta fácil entrar. La fruta se empieza a reblandecer, se humedece y ya no parece apetitosa.

Los sépalos (las hojas verdes) se descomponen más despacio que la carne del fruto, que es más blanda.

Esta fresa está cubierta por un moho llamado Botrytis cinerea.

Esporangios con esporas en su interior

La fresa ha perdido su forma y su color rojo.

Día 3

Comienza la reproducción

Las hifas, unos filamentos muy finos que forman la estructura del moho, se introducen por el interior de la fruta y liberan sustancias químicas digestivas que descomponen los azúcares y los nutrientes de la fresa. Estos nutrientes permiten que el moho crezca.

Día 4

Fabricación de esporas

La superficie de la fresa se cubre de unas hebras finas de color gris que confieren al moho un aspecto esponjoso. Al final de cada filamento se encuentra el esporangio, una cavidad donde se originan y guardan las esporas.

Día 5

Liberación de esporas

El moho ya se ha comido la mayor parte de la fresa. Cuando las esporas están listas, los esporangios se abren y basta una brisa ligera para que salgan volando en busca de otro lugar que les sirva de alimento. Si allí donde caen las condiciones son las adecuadas, se desarrollarán nuevas colonias de moho.

73

Día 1

La semilla germina

Muchas criaturas, incluidos los monos, murciélagos y pájaros, comen la pulpa dulce que hay dentro de las vainas de cacao. Las semillas son amargas, así que las tiran al suelo, donde empiezan a geminar.

Día 10

Crece la planta

Las plantas jóvenes crecen a la sombra de otros árboles (a menudo caucho, plátanos o palmeras), que las protegen del sol y del viento. Necesitan lluvias regulares y suelos ricos en nutrientes y bien drenados para salir adelante.

Años 4-5

El árbol madura

Un árbol maduro mide unos 8 m de altura y sus hojas tienen hasta 50 cm de largo. A los cuatro o cinco años, el árbol empieza a florecer y a producir vainas.

Años 8-10

Floración

Los árboles alcanzan su máxima productividad a los 8-10 años y entonces florecen todo el año. A diferencia de la mayoría de las plantas, las flores salen directamente del tronco y las ramas del árbol, y no de brotes nuevos.

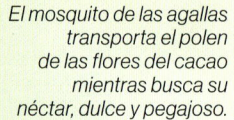

1 mes tras la floración

Polinización

Cada flor mide 2 cm y es de color crema o rosa pálido. Tardan 30 días en desarrollarse y las polinizan las moscas. De las 100 000 flores que produce un árbol al año, solo el 0,1% madura y forma una vaina de cacao.

El mosquito de las agallas transporta el polen de las flores del cacao mientras busca su néctar, dulce y pegajoso.

Del cacao al chocolate

El ser humano lleva miles de años cultivando el cacao por sus preciadas semillas. Los aztecas, que vivían donde ahora está México, lo consideraban tan valioso que lo utilizaban como moneda de cambio. El árbol del cacao crece en climas tropicales, como en zonas de Sudamérica, Asia y África. Aunque sus granos son amargos cuando se cosechan, se pueden transformar en uno de los ingrediente que más pasiones despiertan: ¡el chocolate!

Cómo se elabora el chocolate

El cacao se recoge a mano; las vainas se cortan con un machete o un cuchillo. Los granos se extraen y se dejan al sol para que fermenten durante una semana antes de secarlos. A continuación, se tuestan y se les retira la cáscara para después molerlos y calentarlos hasta obtener una pasta. La pasta, que se puede mezclar con azúcar, leche o aromatizantes, se vierte en moldes para hacer tabletas u otras elaboraciones.

La maduración

Las vainas maduran durante unos meses y cambian de color: del verde al amarillo, naranja o rojo. Ahora miden unos 25 cm de largo, y cada una contiene unas 20-40 semillas.

4-5 meses tras la floración

La cosecha

No todas las vainas están maduras; para saber si lo están, hay que mirar la pulpa que contienen: si es amarilla, están listas. Los árboles producen frutos todo el año, así que la cosecha es continua.

6 meses tras la floración

Las semillas están rodeadas de una pulpa blanca y dulce que les encanta a algunos animales.

Flor blanca
Al amanecer, se abre una flor blanca de 6 cm. Las flores pueden polinizarse a sí mismas, pero producen mucho más algodón si las poliniza una abeja o una mariposa. La polinización ocurre en solo unas horas. La flor se cierra al anochecer.

Flor polinizada
La flor cerrada se vuelve rosa al día siguiente de la polinización y púrpura el día después. Las fibras ya han empezado a salir en la base, que se convertirá en la cápsula de algodón.

El botón floral contiene pétalos y las partes masculinas y femeninas listas para la floración.

Días 22-23

La flor está lista
El botón casi ha crecido del todo y parece la llama de una vela. Empieza a asomar entre las brácteas. Los días siguientes crece rápido. Se prepara para la floración.

Día 21

Nace la flor
El botón floral crece con forma de cabeza de cerilla. Está rodeado por una pirámide de tres estructuras parecidas a las hojas que lo protegen (brácteas). En la imagen, se han retirado dos brácteas para que se vea.

Día 16

Día 6

Botones florales
A los 35 días, aparecen diminutos botones florales triangulares que miden unos 3 mm de largo. Cada planta florecerá durante 4-6 semanas.

Día 1

La flor más suave

El hilo de algodón se hace con las fibras esponjosas que rodean las semillas de la planta del algodón. Cada vaina contiene dos tipos de fibras: las más largas se usan para hacer el hilo con el que se fabrican la ropa y los juguetes, mientras que las más cortas se utilizan para hacer tejidos de menor calidad, como las vendas, o para fabricar papel.

Muere la flor

La flor se seca y muere. Al caer, deja al descubierto la cápsula de algodón. Las fibras de algodón crecen alrededor de las semillas. Son lo bastante grandes para que se vean al abrir la cápsula.

Día 28

Crece la cápsula

Las fibras de algodón siguen alargándose, por lo que la cápsula crece también, alcanzando su tamaño máximo unos 20 días después de la polinización.

Día 41

Fibras más fuertes

Las fibras empiezan a engordar y a hacerse más fuertes. Este proceso es esencial para la calidad final del algodón, así como para el valor de la cosecha.

Días 42-62

La cápsula madura

Las semillas y las fibras ya están maduras y la cápsula ha terminado de crecer. A medida que se seca, su envoltura se empieza a encoger y a separarse poco a poco.

Días 63-70

Se abre la cápsula

Siete semanas después de la polinización, la cápsula se abre. Dentro hay varias bolas de fibras de algodón. En estado salvaje, ayudarían a las semillas a esparcirse con el viento.

Día 70

CÁPSULA DE ALGODÓN MADURA

El algodón está listo para la cosecha; se transformará en hilo, que se puede usar para hacer tejidos.

La fibra de la ceiba

Al igual que el algodón, las semillas de la ceiba tropical están cubiertas de fibras esponjosas, que se utilizan para rellenar cojines y colchones.

10 días
Boerhavia repens

En el desierto del Sáhara no abunda el agua, así que algunas plantas, como la *Boerhavia repens*, aprovechan las escasas lluvias para germinar y florecer en solo unos días. Sus semillas pueden sobrevivir durante años en un suelo seco.

6 semanas
Arabidopsis thaliana

Esta pequeña planta tiene un ciclo vital muy corto y crece con facilidad, por lo que se ha utilizado en muchos estudios sobre la salud de las plantas y los cultivos. Sabemos muchísimas cosas sobre ella.

Hasta 1 año
Girasol

Los girasoles son plantas anuales. Sus semillas germinan en primavera con el calor, florecen en verano y esparcen sus semillas en otoño. Después mueren y dejan el terreno a la siguiente generación.

2500 años
Baobab

Los baobabs son árboles milenarios. La mayoría viven de 1000 a 2500 años, pero el cambio climático está alterando los niveles de lluvias de África y haciendo que mueran antes de tiempo.

2300 años
La higuera sagrada

Jaya Sri Maha Bodhi se plantó en el año 288 a. C. Es el árbol plantado por el ser humano más antiguo que se conoce. Es sagrado para los budistas, que recorren largas distancias para visitarlo.

Más de 2000 años
Jōmon Sugi

Este árbol antiquísimo crece en un lugar remoto de la isla japonesa de Yakushima. Otras coníferas de la misma especie, *Cryptomeria*, se introdujeron en China hace más de mil años. Algunas han sobrevivido hasta nuestros días.

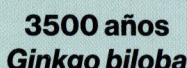

3500 años
Ginkgo biloba

Al contrario que la mayoría de las plantas, los ginkgos no envejecen ni se vuelven más débiles al alcanzar la madurez. De hecho, rara vez enferman.

4500 años
Posidonia australis

En 2022, se descubrió que un enorme bosque de algas de 200 km² junto a la costa de Australia era, en realidad, una única planta que llevaba miles de años propagándose a través de una gigantesca red de raíces.

Más de 5000 años
Pino Bristlecone

El árbol más viejo del mundo es un pino longevo y se llama Matusalén. Las duras condiciones de las Montañas Blancas de California (EE. UU.) hacen que crezca despacio y tenga una madera muy dura que lo protege de plagas y enfermedades.

2 años
Dedalera

El primer año desarrollan una espiral de hojas y dedican el invierno a descansar. Al año siguiente, producen un tallo alto con muchas flores que tienen forma de campana y mueren.

5 años
Pata de canguro

Esta insólita planta perenne del suroeste de Australia florece en primavera y verano. Después, las hojas mueren hasta formar una raíz en forma de tallo (rizoma) que almacena alimento durante el frío invierno.

Más de 50 años
Hortensia

Como la mayoría de las plantas perennes, suelen morir por sequía, daños o infecciones más que de viejas. En condiciones ideales, viven más de 50 años, aunque se debilitan con el tiempo.

2000 años
Welwitschia mirabilis

Esta planta solo produce dos hojas, que se dividen en cintas cuando soplan vientos fuertes. En el desierto de Namibia, en el sur de África, no llueve mucho, así que crece muy despacio.

300 años
Acebo

Muchos árboles son perennes y viven mucho tiempo, como el acebo. Crecen más despacio que las plantas anuales, pero sus ramas vuelven a crecer si se dañan. Sobreviven así a tormentas o plagas.

150 años
Glicinia de Ashikaga

La glicinia más antigua está en el Parque Floral de Ashikaga (Japón). Cada año, miles de personas la visitan para admirar sus 80 000 flores de color púrpura.

9550 años
El viejo Tjikko

Esta antigua pícea europea empezó a crecer en las montañas Fulufjället de Suecia al final de la última glaciación. El árbol en sí no tiene 9550 años, pero su sistema de raíces sí.

La vida de una planta

Las plantas pueden vivir unas pocas semanas o miles de años, según el grupo al que pertenezcan. Las anuales viven un año: suelen germinar en primavera y morir a finales de verano. Las bienales, dos: durante el primero desarrollan las hojas y florecen y mueren al final del segundo. Las perennes crecen durante décadas o siglos, y suelen morir por infecciones, sequía o por falta de nutrientes más que por viejas.

Un año en el bosque

Los hayedos europeos están habitados por miles de animales, plantas y hongos. En primavera y verano hay mucha comida, y el bosque está lleno de vida. En otoño los días se enfrían y acortan, y las hojas de los árboles se caen. En invierno algunos animales tienen que recorrer largas distancias en busca de alimento, mientras que otros hibernan hasta la primavera.

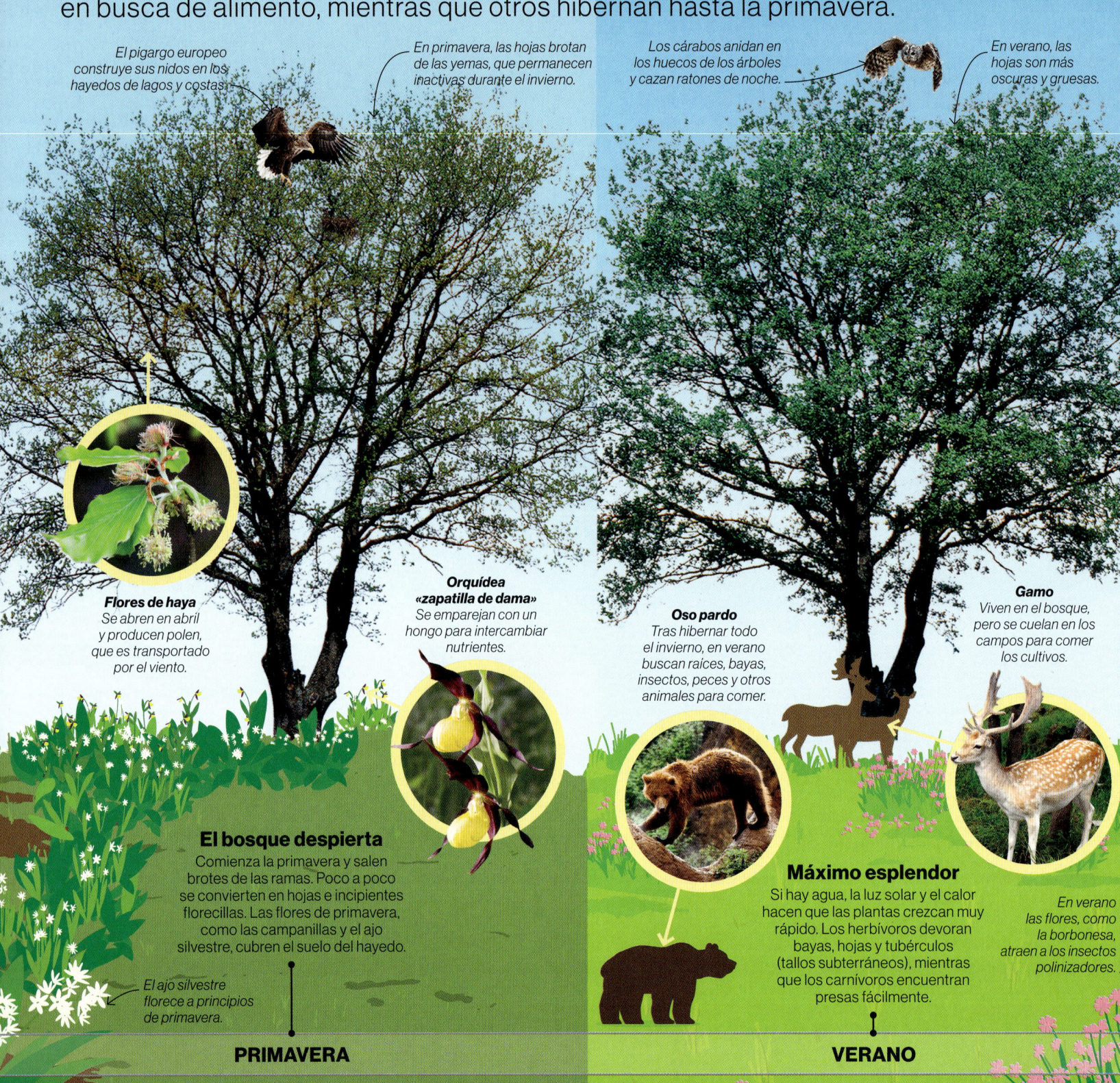

El pigargo europeo construye sus nidos en los hayedos de lagos y costas.

En primavera, las hojas brotan de las yemas, que permanecen inactivas durante el invierno.

Los cárabos anidan en los huecos de los árboles y cazan ratones de noche.

En verano, las hojas son más oscuras y gruesas.

Flores de haya
Se abren en abril y producen polen, que es transportado por el viento.

Orquídea «zapatilla de dama»
Se emparejan con un hongo para intercambiar nutrientes.

Oso pardo
Tras hibernar todo el invierno, en verano buscan raíces, bayas, insectos, peces y otros animales para comer.

Gamo
Viven en el bosque, pero se cuelan en los campos para comer los cultivos.

El bosque despierta
Comienza la primavera y salen brotes de las ramas. Poco a poco se convierten en hojas e incipientes florecillas. Las flores de primavera, como las campanillas y el ajo silvestre, cubren el suelo del hayedo.

El ajo silvestre florece a principios de primavera.

Máximo esplendor
Si hay agua, la luz solar y el calor hacen que las plantas crezcan muy rápido. Los herbívoros devoran bayas, hojas y tubérculos (tallos subterráneos), mientras que los carnívoros encuentran presas fácilmente.

En verano las flores, como la borbonesa, atraen a los insectos polinizadores.

PRIMAVERA

VERANO

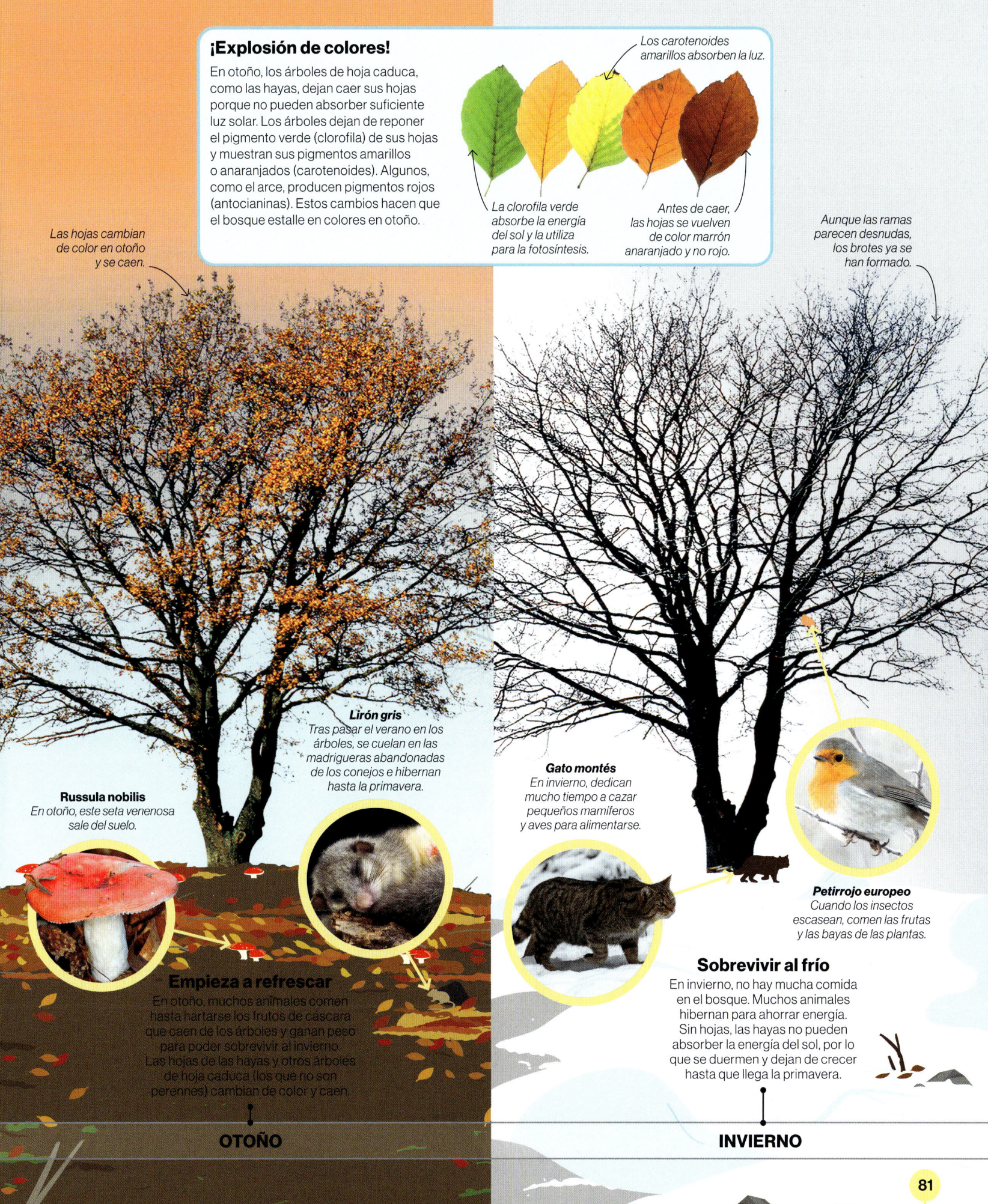

¡Explosión de colores!

En otoño, los árboles de hoja caduca, como las hayas, dejan caer sus hojas porque no pueden absorber suficiente luz solar. Los árboles dejan de reponer el pigmento verde (clorofila) de sus hojas y muestran sus pigmentos amarillos o anaranjados (carotenoides). Algunos, como el arce, producen pigmentos rojos (antocianinas). Estos cambios hacen que el bosque estalle en colores en otoño.

Los carotenoides amarillos absorben la luz.

La clorofila verde absorbe la energía del sol y la utiliza para la fotosíntesis.

Antes de caer, las hojas se vuelven de color marrón anaranjado y no rojo.

Las hojas cambian de color en otoño y se caen.

Aunque las ramas parecen desnudas, los brotes ya se han formado.

Lirón gris
Tras pasar el verano en los árboles, se cuelan en las madrigueras abandonadas de los conejos e hibernan hasta la primavera.

Gato montés
En invierno, dedican mucho tiempo a cazar pequeños mamíferos y aves para alimentarse.

Russula nobilis
En otoño, este seta venenosa sale del suelo.

Petirrojo europeo
Cuando los insectos escasean, comen las frutas y las bayas de las plantas.

Empieza a refrescar

En otoño, muchos animales comen hasta hartarse los frutos de cáscara que caen de los árboles y ganan peso para poder sobrevivir al invierno. Las hojas de las hayas y otros árboles de hoja caduca (los que no son perennes) cambian de color y caen.

Sobrevivir al frío

En invierno, no hay mucha comida en el bosque. Muchos animales hibernan para ahorrar energía. Sin hojas, las hayas no pueden absorber la energía del sol, por lo que se duermen y dejan de crecer hasta que llega la primavera.

OTOÑO

INVIERNO

Álamos temblones

En otoño, los álamos temblones de la cordillera Wasatch de Utah (EE. UU.) ofrecen un maravilloso espectáculo de color y sonido. Sus hojas, planas y anchas, se mecen con la suave brisa y hacen que los árboles tiemblen delicadamente, de ahí su nombre. Los álamos de esta colonia forman parte de un solo organismo, conocido como Pando. Todos los árboles brotan de un mismo sistema de raíces, por lo que son clones genéticamente idénticos. Cada uno puede vivir cientos de años, pero el sistema de raíces del que nacen tiene decenas de miles de años.

La vida de un roble

El roble común, con sus características hojas y sus bellotas, es uno de los árboles más fáciles de reconocer. Crece en Europa, Norteamérica, el norte de África y el oeste de Asia, y puede vivir hasta 2000 años. En él habitan muchos animales, hongos e incluso otras plantas. Además, a menudo aparece en leyendas populares y mitos. Su madera se utilizaba antiguamente para construir edificios y barcos.

¡Crecen las bellotas!

Las flores masculinas del roble forman largas tiras colgantes (amentos). En primavera, el viento lleva el polen a las diminutas flores femeninas de color rosa de otro roble. Ya polinizadas, las flores femeninas producirán bellotas, que, si no sirven de alimento para arrendajos, ardillas y tejones, se convertirán en nuevos robles.

Flores masculinas
Cada bultito verde de un amento colgante es una flor masculina y produce polen.

Un solo arrendajo puede enterrar hasta 3000 bellotas al mes.

Agallas de roble

Las agallas son unos curiosos bultos en forma de bola que crecen en los robles. Las avispas gallícolas ponen sus huevos en los brotes de las hojas. Cuando eclosionan, las larvas liberan sustancias químicas que hacen que al roble le salgan estas bolas. Dentro viven las larvas, que se van comiendo el tejido de las agallas.

Dentro de la bellota hay una semilla.

Otoño	Primavera	2 meses	10 años	50 años

La bellota cae
Cuando las bellotas caen del roble al suelo, a veces las recogen pequeños mamíferos, como las ardillas, y aves, como el arrendajo, que las entierran para tener provisiones durante el invierno. De vez en cuando se les olvida dónde las dejaron.

Germinación
En primavera, la semilla que hay dentro de la bellota absorbe agua y germina. La raíz crece hacia el suelo y las primeras hojas emergen aproximadamente una semana después.

Plantón
Las hojas del pequeño roble, blandas y jóvenes, absorben la luz solar, dándole al árbol la energía necesaria para crecer 30-50 cm al año. Sus hojas son fáciles de reconocer por sus lóbulos redondeados en forma de nube.

Árbol joven
Cada año, el joven roble tiene un tronco más grueso. Cuando alcanza 2,5 cm de diámetro a 1,4 m del suelo, ya se considera un árbol joven, aunque todavía no produce bellotas.

Crecen bellotas
El roble sigue creciendo sin cesar y empieza a producir flores y bellotas. Durante su larga vida, llegará a generar miles de bellotas. Cada una de ellas podría convertirse en un árbol.

Bellotas jóvenes
Las bellotas jóvenes tienen una capa que las protege. Solo les cubre la parte de arriba.

Final del verano
Las bellotas están verdes en verano. En otoño, se endurecen, se vuelven marrones y caen al suelo.

Los robles pueden medir hasta 40 m de alto.

Las ramas mueren por daños o sequía.

En un año de montanera, un roble puede producir hasta 10 000 bellotas.

La circunferencia de un roble puede alcanzar más de 6 m en la vejez.

150 años

700 años

1000 años o más

Máximo esplendor
El árbol ha alcanzado la madurez y produce bellotas todos los veranos. Cada 5-10 años, utiliza la energía que le sobra para producir más bellotas de lo habitual (año de montanera). Con tantos frutos, es más probable que los animales no se las coman todas y salgan nuevos árboles.

Vejez
El árbol llega a la vejez. Los hongos van carcomiendo la madera muerta del tronco. Se forma un hueco rodeado de madera viva cubierta de corteza. Los pájaros y los murciélagos lo utilizan como refugio. Los erizos lo usan para hibernar y las serpientes ponen sus huevos dentro, en la hojarasca (restos de plantas).

Muerte
El roble anciano empieza a morir. Su tronco hueco, muy debilitado, ya no puede sostener sus pesadas ramas. Algunos robles viven 2000 años. El Major Oak es el roble común más grande del Reino Unido. Tiene unos mil años y pesa 23 toneladas.

El ciclo de las hojas

Los árboles caducifolios crecen en climas templados y mudan sus hojas cada año. Este es uno de los principales signos de los cambios de estación. Todo empieza en primavera, cuando las hojas verdes anuncian el final del invierno. Las hojas crecen hasta el verano, cuando el denso follaje de los árboles proporciona sombra y refugio. Al llegar el otoño, se van marchitando y anuncian que el invierno está otra vez a la vuelta de la esquina.

Dentro de una yema

Los árboles de hoja caduca utilizan la energía del verano para fabricar hojas nuevas antes del otoño. Para sobrevivir al invierno, quedan protegidas en yemas, que están a su vez recubiertas de unas hojas gruesas, las escamas.

Las delicadas hojas jóvenes no se desarrollan hasta que salen a la luz en primavera.

Las escamas protegen las diminutas hojas de las plagas, las enfermedades y el frío.

Algunos árboles cubren las yemas de savia pegajosa para ahuyentar a los herbívoros.

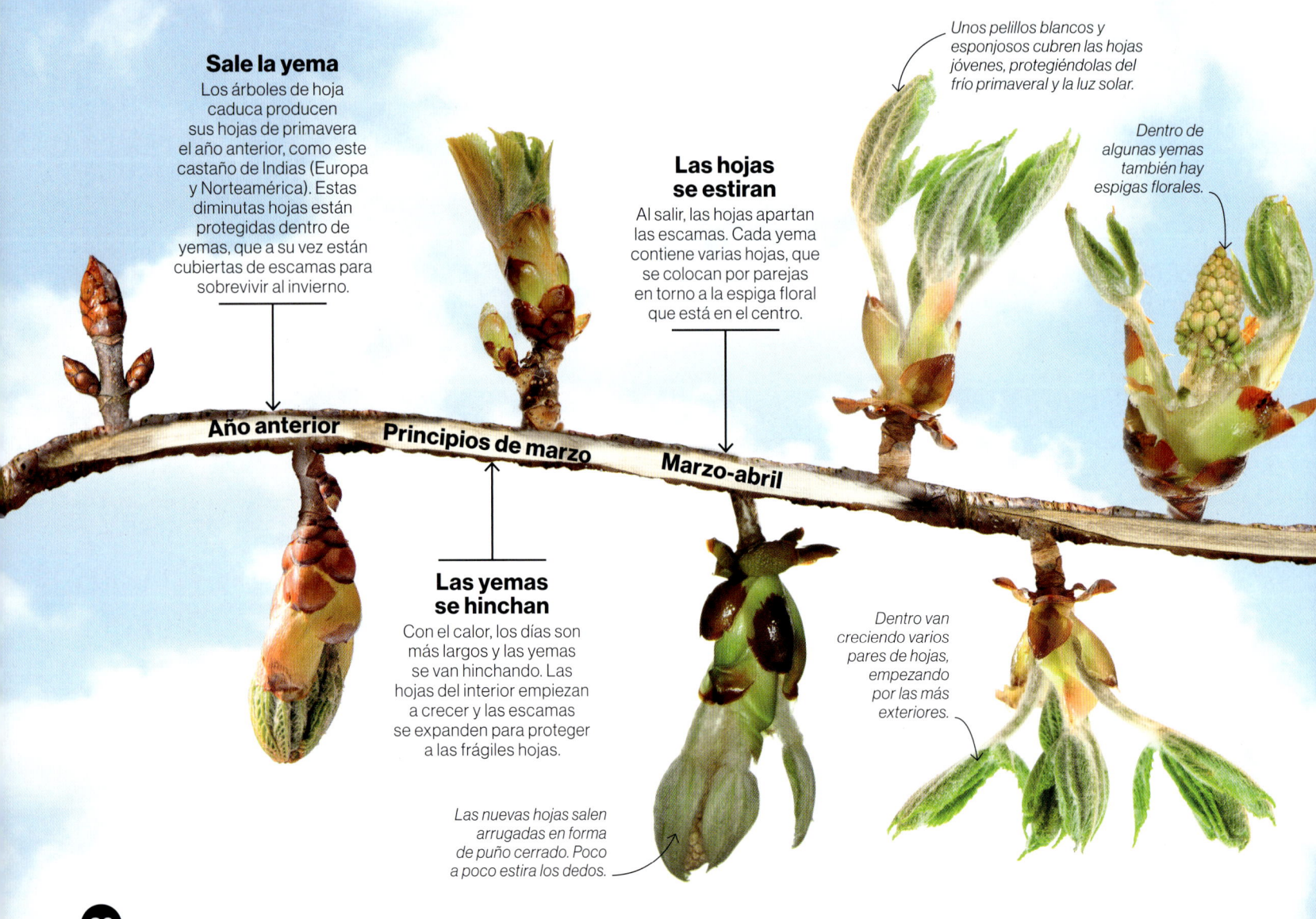

Sale la yema

Los árboles de hoja caduca producen sus hojas de primavera el año anterior, como este castaño de Indias (Europa y Norteamérica). Estas diminutas hojas están protegidas dentro de yemas, que a su vez están cubiertas de escamas para sobrevivir al invierno.

Las hojas se estiran

Al salir, las hojas apartan las escamas. Cada yema contiene varias hojas, que se colocan por parejas en torno a la espiga floral que está en el centro.

Unos pelillos blancos y esponjosos cubren las hojas jóvenes, protegiéndolas del frío primaveral y la luz solar.

Dentro de algunas yemas también hay espigas florales.

Año anterior

Principios de marzo

Marzo-abril

Las yemas se hinchan

Con el calor, los días son más largos y las yemas se van hinchando. Las hojas del interior empiezan a crecer y las escamas se expanden para proteger a las frágiles hojas.

Dentro van creciendo varios pares de hojas, empezando por las más exteriores.

Las nuevas hojas salen arrugadas en forma de puño cerrado. Poco a poco estira los dedos.

Las hojas caen

Las hojas muertas caen del árbol arrastradas por los fuertes vientos otoñales. Las ramas suelen quedar desnudas a principios de noviembre. Solo quedan las yemas de las hojas del año siguiente.

Las hojas mueren

Cuando los árboles han extraído todos los nutrientes y el agua de las hojas, estas ya no pueden absorber la luz solar y mueren. Se vuelven marrones y se secan.

Las hojas caídas se descomponen con la ayuda de hongos y otros microbios o se las comen los gusanos y las cochinillas.

Invierno · **Octubre** · **Finales de septiembre**

Cicatriz foliar

En otoño, los árboles forman una capa protectora (cicatriz foliar) entre la hoja y la rama. Cuando la hoja cae, esta capa impide que el agua y las enfermedades penetren en la rama.

Las cicatrices foliares tienen forma de herradura con clavos. Cada «clavo» es el extremo de la vena que alimentaba a la hoja.

Las hojas se vuelven amarillas y anaranjadas en otoño porque la clorofila se descompone y deja ver sus pigmentos amarillos carotenoides.

Las hojas contienen un pigmento verde (clorofila) que absorbe energía de la luz solar y permite que la planta crezca.

De color verde a naranja

Las hojas del castaño de Indias cambian de color por sí solas en septiembre, pero las plagas de insectos pueden acelerar el proceso.

Septiembre · **Agosto**

Esta hoja tiene siete folíolos.

Colores de otoño

Los primeros signos del otoño aparecen cuando los días se acortan y la temperatura refresca. Las venas de las hojas se llevan los nutrientes a otras partes del árbol, empezando por los bordes exteriores de la hoja.

Los bordes de las hojas cambian de color a medida que los nutrientes que contienen se transportan a otras partes del árbol.

Mayo

Las hojas se abren

Las hojas abiertas miden hasta 30 cm de diámetro, algo menos que un plato. Cada hoja tiene 5-7 folíolos (hojuelas) alrededor del tallo, que es verde y no marrón.

En la yema, las hojas están dobladas sobre las venas. Luego se despliegan.

Cuando la hoja madura, se vuelve más recia y adquiere un tono verde más oscuro.

Pinos adultos

Un bosque de *Pinus contorta* cubre una amplia zona de las Montañas Rocosas de Norteamérica. A los diez años, estos árboles han alcanzado la madurez y producen piñas.

Cada piña tiene dentro hasta 45 semillas resistentes al fuego.

PIÑAS JÓVENES

Crecen las piñas

En las zonas propensas a incendios, los *Pinus contorta* producen una piña con una capa protectora de resina. Solo el calor abrasador de un incendio puede derretirla y liberar sus semillas.

Bosque maduro

Año 1

El ciclo del fuego

Los incendios forestales ocurren de forma natural desde hace millones de años. A su paso, destruyen gran parte de la flora y la fauna. Algunas plantas y árboles han evolucionado para adaptarse al fuego. Las piñas del *Pinus contorta*, que vive en las Montañas Rocosas, que se extienden desde Canadá hasta Nuevo México por la costa oeste norteamericana, solo liberan sus semillas con el calor de los incendios.

El bosque arde

Los incendios forestales pueden durar de semanas a meses. Terminan cuando se les acaba el combustible, es decir, cuando no queda nada más que quemar, cuando llueve o cuando los apagan los bomberos.

Semanas o meses

Incendios controlados

Los incendios forestales pueden ser destructivos, pero también son vitales para la reproducción de algunas plantas. Los guardas forestales del Parque Nacional de Yellowstone (EE. UU.) encienden fuegos controlados para que estas especies puedan propagarse. Sin embargo, el fuego quema madera seca que podría provocar incendios peligrosos.

Empieza la recuperación

Tras el incendio, el suelo del bosque está carbonizado y vacío. Las piñas se han abierto con las llamas y han liberado sus semillas, que brotan enseguida. Como no hay plantas que les hagan sombra, reciben toda la luz que necesitan. La ceniza, rica en nutrientes, les ayuda a crecer muy rápido.

SEMILLAS DE *PINUS CONTORTA*

Días o semanas tras el incendio

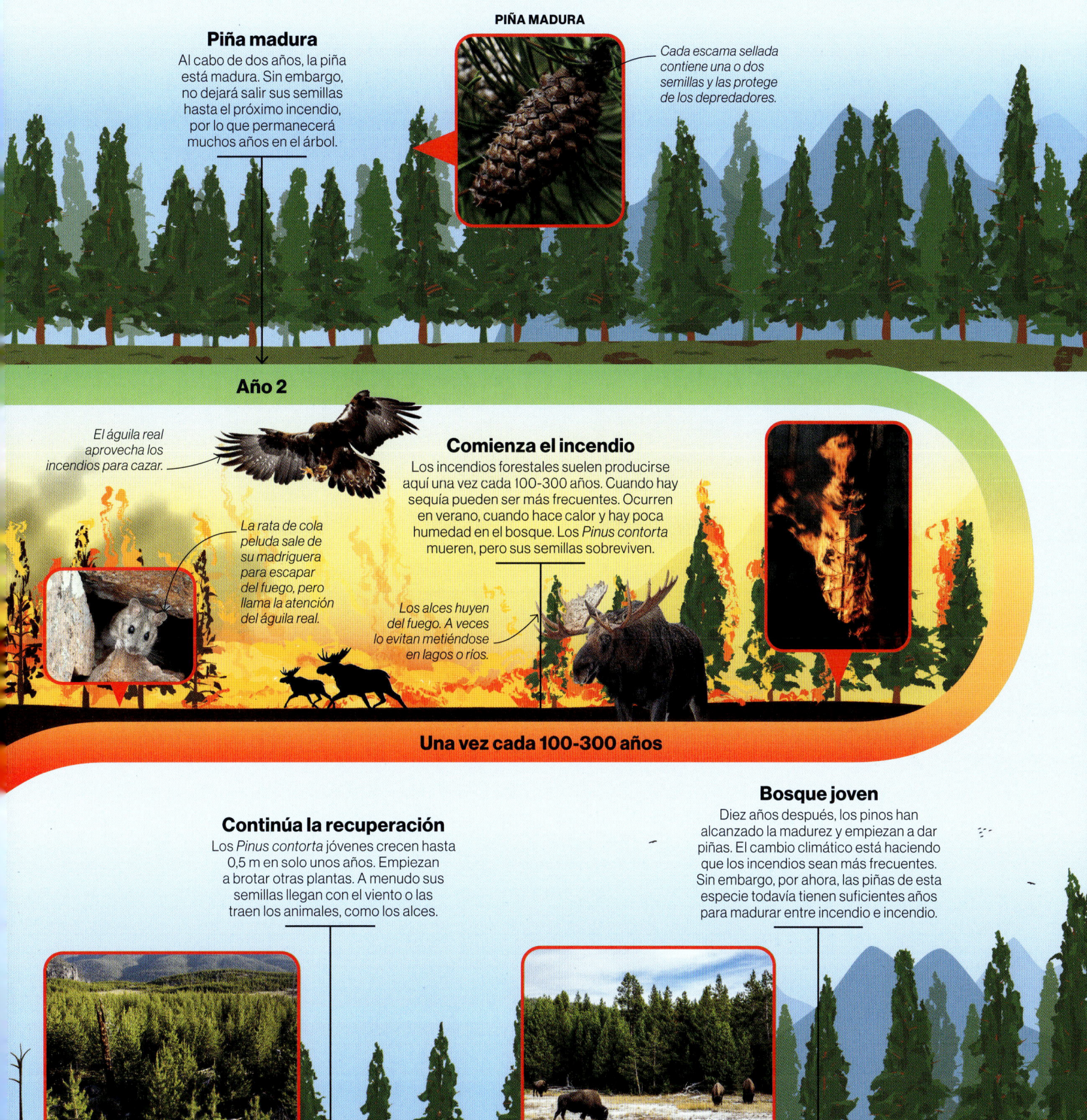

Piña madura

Al cabo de dos años, la piña está madura. Sin embargo, no dejará salir sus semillas hasta el próximo incendio, por lo que permanecerá muchos años en el árbol.

PIÑA MADURA

Cada escama sellada contiene una o dos semillas y las protege de los depredadores.

Año 2

El águila real aprovecha los incendios para cazar.

La rata de cola peluda sale de su madriguera para escapar del fuego, pero llama la atención del águila real.

Comienza el incendio

Los incendios forestales suelen producirse aquí una vez cada 100-300 años. Cuando hay sequía pueden ser más frecuentes. Ocurren en verano, cuando hace calor y hay poca humedad en el bosque. Los *Pinus contorta* mueren, pero sus semillas sobreviven.

Los alces huyen del fuego. A veces lo evitan metiéndose en lagos o ríos.

Una vez cada 100-300 años

Continúa la recuperación

Los *Pinus contorta* jóvenes crecen hasta 0,5 m en solo unos años. Empiezan a brotar otras plantas. A menudo sus semillas llegan con el viento o las traen los animales, como los alces.

Bosque joven

Diez años después, los pinos han alcanzado la madurez y empiezan a dar piñas. El cambio climático está haciendo que los incendios sean más frecuentes. Sin embargo, por ahora, las piñas de esta especie todavía tienen suficientes años para madurar entre incendio e incendio.

2-3 años tras el incendio

10 años después

Héroes del desierto

La vida en el desierto es dura. El calor extremo y las escasas lluvias acaban con casi cualquier planta, pero algunas se han adaptado. Las plantas pierden mucha agua por las hojas, así que los cactus, como el saguaro, las han sustituido por espinas. Aunque las suculentas tienen un sistema radicular ancho y superficial, el saguaro es una excepción: sus raíces le permiten buscar agua a gran profundidad. Además, su tallo se ocupa de la fotosíntesis y almacena agua, un valioso recurso que le permite sobrevivir.

Las esponjas del desierto

Muchas de las especies vegetales que habitan el desierto son suculentas, un tipo de plantas que almacenan agua en sus gruesos tallos y hojas. Cuando llueve, sus raíces, que se extienden justo debajo de la superficie, recogen el agua antes de que se evapore. En los saguaro, el agua se traslada al tallo, que se estira para almacenar la mayor cantidad posible.

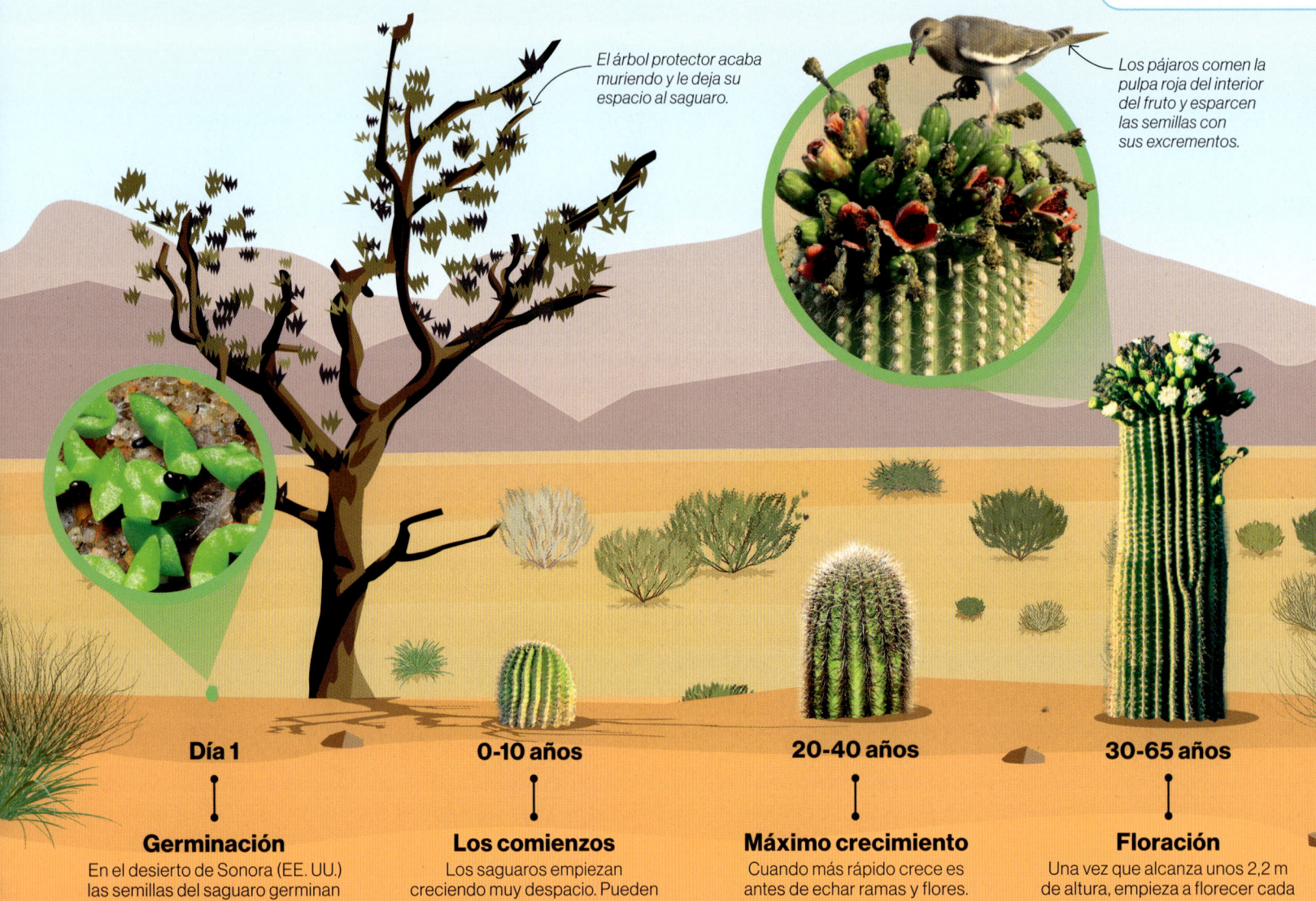

El árbol protector acaba muriendo y le deja su espacio al saguaro.

Los pájaros comen la pulpa roja del interior del fruto y esparcen las semillas con sus excrementos.

Día 1

Germinación
En el desierto de Sonora (EE. UU.) las semillas del saguaro germinan con las lluvias de finales del verano. Las plantas jóvenes sobreviven mejor si crecen bajo árboles viejos (nodrizas), que las protegen del calor extremo y la deshidratación.

0-10 años

Los comienzos
Los saguaros empiezan creciendo muy despacio. Pueden tardar diez años en alcanzar 2,5 cm de altura. Muchos no sobreviven debido a la sequía, las heladas nocturnas o a los depredadores, que se los comen.

20-40 años

Máximo crecimiento
Cuando más rápido crece es antes de echar ramas y flores. En función de las lluvias, puede crecer hasta 20 cm en un año.

30-65 años

Floración
Una vez que alcanza unos 2,2 m de altura, empieza a florecer cada año de abril a junio. Sus flores blancas se abren justo después de la puesta de sol y su dulce aroma atrae a los murciélagos, que las polinizan.

Si el tallo tiene poca agua, se divide en pliegues, como un acordeón.

Cuando llueve, los pliegues se alisan y el tallo sigue creciendo.

Muchos animales encuentran refugio en su tallo y sus brazos.

Los tallos están llenos de agua y cubiertos de espinas, que los protegen de los depredadores.

50-70 años

Primer brazo

Un saguaro tarda más de medio siglo en formar sus característicos brazos. Las flores salen en la parte superior del tallo principal y de cada brazo. Cuantos más brazos haya, más semillas y descendientes tendrá.

70-150 años

Máximo esplendor

El cactus sigue creciendo y ramificándose. De hecho, se han encontrado ejemplares con hasta 78 brazos. El tallo principal suele alcanzar los 13 m de altura, aunque el saguaro más alto que se ha registrado medía 23 m.

150-300 años

Muerte

La mayoría de los saguaros vive de 150 a 175 años, aunque el ejemplar más viejo, «El Abuelo», tenía unos 300 años cuando murió. A lo largo de su vida, un saguaro produce unos 40 millones de semillas.

Un desierto muy florido

Este mar de flores púrpuras es un espectáculo inusual en el desierto de Atacama (Chile), habitualmente muy seco. Las semillas de algunas flores silvestres sobreviven en el suelo durante cinco años o más, y florecen de repente cuando llueve. Esta flor en concreto, *Cistanthe grandiflora*, es una de las 200 especies que crecen tras las lluvias.

Cistanthe grandiflora

El gigante acuático

En las aguas de la cuenca del Amazonas, en Sudaméria, vive la *Victoria amazonica*, uno de los mayores nenúfares del mundo. Sus enormes hojas pueden crecer hasta 3 m de ancho en una semana, acaparando la superficie del agua y privando a otras plantas de espacio y luz solar.

Sus pinchos la protegen de los peces, que podrían mordisquearla desde el agua.

Cada hoja tiene una cresta que impide que crezcan unas encima de otras.

La yema de la hoja gira en círculos, apartando a otras plantas cercanas.

Días 1-2

Germinan las semillas

Una semilla de nenúfar gigante germina en el fondo del río, donde echa raíces fuertes para anclarse en el barro.

Día 10

La yema se abre camino

La yema de la hoja está enrollada con fuerza y crece hacia la superficie del agua sobre un grueso tallo de hasta 8 m. Cada yema está recubierta de espinas gruesas y afiladas que le ayudan a despejar el camino, apartando a otras plantas.

Semana 2

Se abre la hoja

La yema se despliega cuando alcanza la superficie del agua. Crece más de 20 cm al día. Su espinosa capa exterior va aplastando o perforando las plantas que se encuentra, eliminando a la competencia. Al cabo de una semana, ha terminado de desplegarse y forma una sola hoja gigantesca.

Mes 4

La planta madura

Una planta adulta de nenúfar gigante produce hasta 10 hojas al mes. Cada una mide hasta 3 m de diámetro, lo mismo que una cama elástica. Las hojas empiezan a cubrir toda la superficie del agua, impidiendo que la luz del sol llegue a las plantas que están debajo.

Polinización

Los escarabajos se introducen dentro de la enorme flor para alimentarse. Cuando se cierra por la noche, quedan atrapados en su interior y se recubren del polen del estambre (la parte masculina). Cuando la flor vuelve a abrirse al día siguiente, el escarabajo sale volando y transporta el polen al estigma (la parte femenina) de otra flor.

El escarabajo se queda encerrado por la noche.

Vista aérea de un nenúfar gigante. Sus hojas cubren la superficie del agua.

Mes 5

Salen las flores

Tras llevar varios meses creciendo, el nenúfar empieza a echar flores de pétalos blancos. Las flores se sostienen sobre un grueso tallo que está sujeto al fondo del río gracias a las fuertes raíces de la planta. Su delicioso aroma atrae a los escarabajos, que las polinizan.

1 día después

¡Atrapados!

Cuando una flor se desarrolla por completo, se abre al atardecer y emana un fuerte aroma afrutado. Los escarabajos se introducen en su interior para alimentarse y se quedan atrapados cuando se cierra al atardecer. Mientras esperan a que la flor vuelva a abrirse, la polinizan con el polen que traen de otras plantas.

2 días después

Las flores mueren

Una vez polinizada, la flor se muere. Sus pétalos se vuelven de color rosa oscuro y pierden su dulce aroma, por lo que los escarabajos pierden el interés. La flor se hunde en el agua. Allí se transformará en un fruto durante los siguientes 2-3 meses.

Mes 8

El fruto madura

Una vez maduro, el fruto se pudre debajo del agua y libera cientos de semillas. El agua las arrastra y algunas se quedan ancladas en el fondo. Allí germinarán y se convertirán en nuevos nenúfares gigantes, dispuestos a dominar las aguas del Amazonas una vez más.

Supervivientes salados

En algunas zonas costeras, en la frontera entre la tierra y el mar, crecen unos árboles muy especiales que pueden vivir con las raíces sumergidas en agua salada: los mangles. Forman bosques (manglares) que protegen la costa del viento y del oleaje e impiden que la arena y la tierra del río se pierdan en el mar. También dan cobijo a una enorme variedad de especies, como peces, cangrejos y cocodrilos. Los manglares se encuentran a lo largo de las costas de los países tropicales y subtropicales, como Panamá, donde se tomó esta impresionante fotografía.

Siniestros supervivientes

Las plantas y los árboles de las selvas tropicales compiten por el espacio y la luz solar para sobrevivir. Algunos crecen más alto para alcanzar los rayos del sol, pero otros han desarrollado formas más inusuales de superar a la competencia, como la higuera estranguladora de Florida, que va enroscando sus raíces alrededor de otro árbol (huésped) hasta que lo mata.

Los monos aulladores negros tiran las semillas del higo al suelo o las dispersan con sus excrementos.

Los higos son verdes, pero se vuelven amarillos y luego rojos al madurar.

La joven higuera estranguladora queda encajada entre las ramas del árbol huésped gracias a sus raíces.

Las raíces de la higuera estranguladora crecen alrededor del tronco del árbol huésped.

Distribución de semillas

Algunos animales, como los monos y los pájaros, se comen el fruto de la higuera y dispersan las semillas con sus excrementos. A veces caen en los huecos de las ramas de otro árbol.

Día 1

Plantón

La semilla de la higuera estranguladora germina entre las ramas del árbol huésped. Algunas de sus raíces salen hacia afuera y se deslizan por la corteza en busca de agua y nutrientes. Otras van hacia abajo hasta llegar al suelo; crecen unos 5 m al año.

Años 0-1

Crecen las raíces

En lo alto del árbol huésped, las raíces colgantes de la higuera se ramifican para absorber la mayor cantidad posible de agua y nutrientes. Poco a poco van descendiendo nuevas raíces, que se vuelven gruesas cuando llegan al suelo.

Año 1

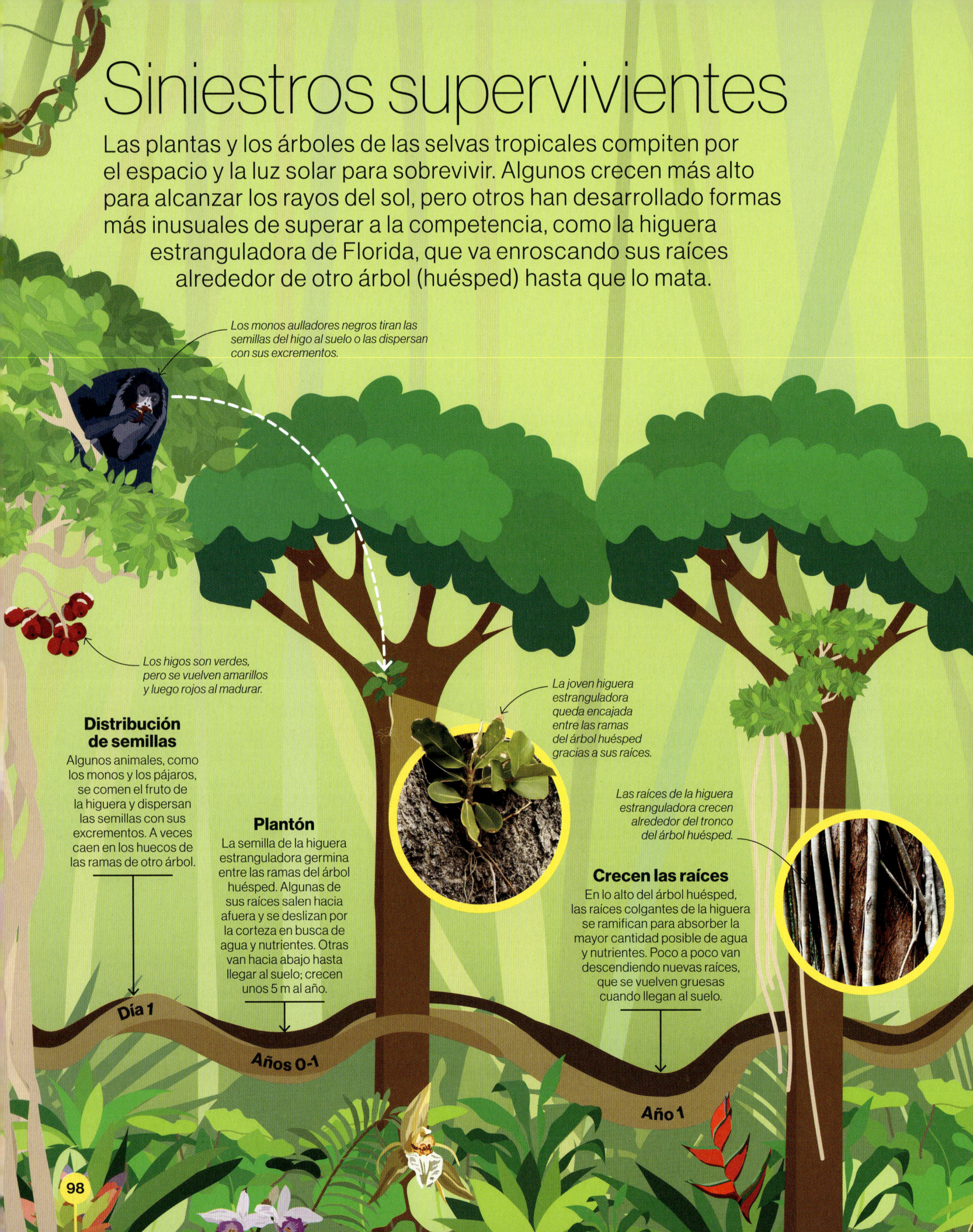

Avispas polinizadoras

Solo hay un insecto capaz de polinizar el fruto de la higuera estranguladora de Florida. Se trata de una avispa de la especie *Pegoscapus mexicanus*, que hace un túnel para introducirse en el higo y poner sus huevos dentro. Cada especie de higuera es polinizada por un tipo de avispa (o un número muy reducido). La avispa y la higuera dependen la una de la otra para sobrevivir. Esta relación se llama mutualismo.

2 *Las flores polinizadas producen semillas. Las larvas crecen.*

3 *Las avispas macho no tienen alas y eclosionan antes que las hembras. Buscan hembras para aparearse y cavan túneles para que las hembras puedan salir.*

1 *La avispa hembra, cubierta del polen de otras flores, entra en el higo para depositar sus huevos y polinizar las flores.*

4 *Las hembras alcanzan la madurez y salen del higo. Recogen el polen al pasar junto a la flor.*

En los huecos de la red de raíces viven insectos y otros animales pequeños.

Se fusionan las raíces

Las raíces de la higuera estranguladora se fusionan para formar una fuerte red alrededor del tronco del árbol huésped. Se vuelven cada vez más gruesas hasta que tienen la fuerza suficiente para soportar el peso de la higuera.

Años 1-5

Muere el árbol huésped

La higuera tapa por completo al árbol huésped, que no recibe la luz solar, y estrangula su tronco, robándole el agua y los nutrientes. Incapaz de sobrevivir, el árbol huésped muere y se pudre. Solo queda en pie el tronco hueco de la higuera.

Años 10-200

Plantas asesinas

Una avispa despistada se posa en una venus atrapamoscas dispuesta a darse un festín de néctar. Pero, de repente, las hojas articuladas de esta planta carnívora la atrapan. Aunque suele alimentarse de moscas, arañas, escarabajos y hormigas, no le hace ascos a una deliciosa avispa. Más que comerse a su presa, la convierte en papilla con la ayuda de sus jugos digestivos para extraer los nutrientes que no encuentra en el suelo.

Cuando un insecto toca dos veces los diminutos pelos de la planta, sus hojas se cierran de golpe.

El color rojo brillante de las hojas y el olor a néctar atraen a los insectos.

Sus dientes encajan perfectamente y forman una jaula, que atrapa a la presa. Si esta forcejea, la jaula se cierra aún más.

Los jugos digestivos segregados dentro de la hoja tardan unas dos semanas en descomponer a su presa.

Pelillos sensibles al tacto

Flores apestosas

¡No todas las flores huelen bien! En la selva tropical de Sumatra crece una flor que apesta. Se conoce como la flor cadáver porque desprende un olor fétido a carne o pescado podridos. Este hedor procede de su enorme espiga floral (inflorescencia), que puede medir hasta 3 m de altura y es la flor no ramificada más alta del mundo. Su olor atrae a las moscas y los escarabajos, que polinizan la flores que viven en la base de la espiga.

La espiga floral es casi el doble de alta que una persona adulta.

Mes 1

Mes 2

Día 1 de floración

El bulbo
Durante cuatro o cinco años, la planta echa una sola hoja gigante, pero no produce flores. Mientras, una parte del tallo (bulbo) crece bajo tierra. Cada año es más grande porque se ocupa de almacenar alimento.

Nace la flor
Cuando el bulbo pesa unos 20 kg, ha acumulado suficiente energía para desarrollar una espiga floral. Esta espiga (inflorescencia) está oculta en un envoltorio en forma de pétalo (espata).

Crece muy rápido
La espiga floral crece muy deprisa, unos 15 cm al día. Cuando mide unos 3 m, la parte superior de la espiga empieza a asomar por el extremo de la espata.

Se despliega
La espata se abre hacia fuera y forma una especie de pétalo de color púrpura que puede medir hasta 1,5 m de ancho. Ahora ya se ve la espiga floral, que contiene cientos de flores masculinas y femeninas. La flor empieza a oler a carne podrida, de ahí que se le llame «flor cadáver».

El ciclo de las hojas

Aunque la parte verde de la flor cadáver parece un árbol, no es más que una hoja gigantesca y puede medir hasta 6 m de altura. Cada año nace solo una, que almacena energía para hacer crecer el bulbo subterráneo. Al cabo de 12-18 meses, la hoja muere. El bulbo descansa durante cuatro meses antes de echar otra hoja o, si está listo, una espiga floral.

Las flores masculinas maduran primero.

Las flores femeninas maduran más tarde.

Algunas aves, como los cálaos rinoceronte, se comen los frutos (y dispersan sus semillas).

El color púrpura recuerda a la carne podrida y atrae a los polinizadores.

| Noche 1 de floración | Día siguiente | 5 días después | 5-6 meses después |

Se abre
La espiga floral se calienta hasta alcanzar la temperatura del cuerpo humano, lo que le permite liberar su repugnante olor, que se puede oler a casi 1 km de distancia y atrae a los polinizadores, como los escarabajos y las moscas. Los insectos se cuelan dentro de la flor y se impregnan del polen al rozar las flores de la base.

Se marchita
La flor florece (y desprende su olor) solo durante 24-36 horas. Luego empieza a marchitarse. Las flores femeninas polinizadas comienzan a convertirse despacio en frutos.

Se derrumba
La espiga floral colapsa una semana después de la floración. Su tallo verde se mantiene en pie. Empiezan a salir frutos en las flores polinizadas. Cuando maduren, dentro de unos 5-6 meses, los restos de la flor casi se habrán descompuesto por completo.

El fruto madura
La flor produce cientos de frutos rojos. Cada uno contiene 1-2 semillas en su interior. Tras la floración, el bulbo descansa unos meses antes de formar nuevas hojas o desarrollar una nueva espiga floral.

Liberación de las esporas
Las células reproductoras de la seta (basidios) liberan las esporas, que acaban en el suelo, el agua o en otras plantas.

Las laminillas sujetan el sombrero y producen las esporas.

Seta adulta
A medida que la seta madura, su sombrero se va aplanando. En la parte de abajo tiene cientos de laminillas, que producen las esporas.

Semanas 2-3

Sobre el día 7

Días 1-7

Más y más rojo
Aunque el sombrero sigue creciendo, las escamas blancas no lo hacen. De hecho, a medida que crece, el sombrero se vuelve más rojo y cambia de forma.

La parte superior de la seta se llama sombrero.

La vida de las setas

Aunque salen de la tierra, las setas no son plantas sino que forman parte de un reino distinto: los hongos. Las setas son el cuerpo fructífero de los hongos, igual que la manzana es el fruto del manzano. La mayor parte de un hongo vive bajo tierra, cerca de las raíces de los árboles o en la madera muerta, y está formado por unos filamentos llamados hifas. Las hifas se juntan para formar una red (micelio) que absorbe el agua y los nutrientes que necesita el hongo. Cuando un hongo está maduro, como esta seta matamoscas, se reproduce y libera millones de minúsculas partículas, las esporas.

El viento arrastra las esporas.

Esporas supervivientes

El viento arrastra las esporas como si fueran semillas. Muchas acaban en superficies secas y duras donde no hay agua ni alimento y mueren. Las que caen en suelo húmedo, en cambio, sobreviven.

La seta muere

El rojo brillante del sombrero empieza a decolorarse. Cuando la seta termina de reproducirse (libera las esporas), se pudre. Al descomponerse, devuelve algunos nutrientes al suelo.

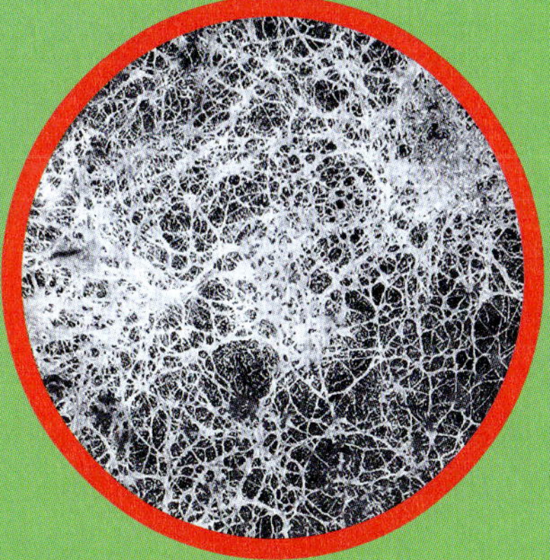

En unos días

Semana 3

Días o años después

Crecen las hifas

Si la temperatura y las lluvias lo permiten, las esporas empiezan a desarrollar unas estructuras delgadas en forma de hilo (hifas), que forman una red subterránea, llamada micelio.

Días o años después

Los primordios

La mayoría de las hifas crecen, pero las que se quedan atrás, se convierten en primordios (hongos jóvenes) y las ramillas de las setas adultas, por lo que les tienen el pie y el sombrero les destina energía.

Día 1 de la nueva seta

Escamas blancas

Cuando el cuerpo fructífero de la seta emerge por primera vez, está cubierto por restos blancas. Son los restos del velo que protege a la seta hasta que madura.

Surtido de setas

Las setas presentan una variedad asombrosa de colores y formas. Pueden ser blancas, amarillas, marrones, naranjas, rojas, moradas o azules. Algunas tienen el sombrero plano y otras parecen un nido de pájaro. Las hay con forma de pelota, de jaula o de estrella. Algunas son venenosas.

Hongo nido de pájaro

Seta pie azul

Seta velo de novia

Comunicación subterránea

Una compleja red subterránea de raíces, hongos y bacterias («el internet de los bosques») ayuda a conectar las plantas y los hongos. A través de ella, pueden intercambiar información, compartir nutrientes y trasladar minerales, como carbono, nitrógeno y fósforo, a las plantas que más los necesitan.

Los hongos utilizan los nutrientes de los árboles para producir setas.

Los nutrientes se trasladan a los hongos.

105

La putrefacción

Desde el momento en que una rama o un árbol entero se caen al suelo del bosque, empiezan a pudrirse. Este proceso puede durar años según el tamaño del tronco, el tipo de árbol y los organismos vivos del bosque que intervengan. Este tronco de abeto de Douglas tardará unos 115 años en descomponerse en el suelo de un bosque norteamericano; por el contrario, la madera muerta de la selva amazónica de Sudamérica, más cálida y húmeda, puede hacerlo en apenas 30 años.

La descomposición

Las ramas de los árboles suelen empezar a romperse mucho antes de partirse y caer al suelo. Una rama dañada puede sufrir infecciones de hongos o bacterias, que destruyen los tejidos vivos del árbol y lo debilitan. El hongo de esta imagen provoca una enfermedad en las coníferas llamada podredumbre roja. Este hongo es el más común en Norteamérica.

Cae la rama

Cuando muere una rama de abeto de Douglas, por enfermedad o por sequía, una ráfaga de viento fuerte puede hacer que se parta y caiga al suelo.

Las babosas banana del Pacífico recorren el suelo en busca de hongos o plantas muertas para comer.

Día 1

Hogar de insectos

Los insectos hacen agujeros en el tronco para poner sus huevos en un lugar seguro. Esto permite la entrada de los hongos, que descomponen poco a poco el tronco.

Cuando los aserradores adultos salen del tronco, ya no comen madera, sino agujas de conífera.

Año 1

Garras de oso

Los osos usan sus garras para abrir el tronco en busca de invertebrados, como larvas u hormigas. Los huecos permiten que los hongos y otros descomponedores entren en la madera.

Los pequeños depredadores, como esta araña cangrejo, exploran el tronco.

Año 2

Las larvas del escarabajo aserrador de manchas blancas van comiéndose el tronco durante uno o dos años.

Los osos negros americanos tienen muy buen olfato y pueden detectar las larvas de los troncos.

La corteza protege a los árboles de las plagas y los hongos.

Este saliente es el cuerpo fructífero del hongo que causa la podredumbre roja.

El carpintero peludo

Muchos carnívoros, como este carpintero peludo, se alimentan de las larvas y otros insectos que habitan en los troncos podridos. Como los túneles de las larvas y los arañazos de los osos, los agujeros que hacen aceleran la descomposición.

Hongos fructíferos

Muchos tipos de hongos colonizan los troncos caídos (se apoderan de ellos) y descomponen la madera para extraer sus nutrientes. Al cabo de unos años, algunos hongos producen cuerpos fructíferos, como las setas.

Se rompe

El tronco empieza a deshacerse por la descomposición. En invierno se hiela, con lo que se agrieta y se rompe aún más.

Un ciempiés de manchas amarillas busca agujas de abeto caídas.

Se deshace

El tronco se deshace en fragmentos húmedos. Los invertebrados se comen los restos, antes fuera de su alcance, y dispersan los nutrientes por el suelo con sus excrementos.

Año 5

En las zonas húmedas crecen helechos y musgo.

Año 20

Casi suelo

El tronco se ha descompuesto hasta convertirse en un compost fino que nutre a las plantas. Les aporta nutrientes y las ayuda a retener el agua del suelo.

Las cochinillas comen plantas en descomposición y hongos.

Año 80

Año 115

Esta salamandra gigante del Pacífico se esconde en el tronco durante el día.

Los hongos producen esporas (partículas diminutas parecidas a las semillas) en las laminillas que tienen en la parte inferior del sombrero.

Cuando las lombrices excavan la tierra, aceleran la descomposición de la materia vegetal y la liberación de nutrientes.

Las hojas podridas, las agujas de las coníferas y los troncos son la base de los suelos de los bosques.

ANIMALES

Los animales son la forma de vida más diversa de nuestro planeta. Se calcula que existen unos 7,7 millones de especies, aunque la cifra es aún mayor si se incluyen las que se han extinguido o las que quedan por descubrir. Los animales han desarrollado formas asombrosas de vivir en casi todos los hábitats. Algunos tienen habilidades increíbles, como regenerar miembros o cambiar de color o textura para camuflarse; otros son capaces de resistir temperaturas extremas o soportar migraciones agotadoras para encontrar comida o pareja. Cuanto más sabemos sobre el reino animal, más fascinación nos despierta.

Herrerasaurus

Este depredador, de 6 m de largo, fue uno de los primeros dinosaurios. Vivía en la actual Argentina. Corría muy rápido gracias a sus poderosas patas traseras, tenía ojos grandes, una mandíbula flexible, dientes afilados y dedos con garras para cazar y capturar a sus presas.

c. 228 MA

Plateosaurus

Fue un dinosaurio muy común en Europa. Medía 10 m de largo y vivía en manadas. Tenía la cabeza pequeña y el cuello largo, y utilizaba sus manos, de cinco dedos y con grandes garras prensiles, para agarrar plantas.

c. 210 MA

Barapasaurus

Esta especie, uno de los primeros dinosaurios gigantes, vivió en lo que hoy es la India. Medía 14 m de largo y tenía los rasgos típicos de los dinosaurios gigantes herbívoros: un cuello largo, una enorme cola y un cuerpo ancho y corto sostenido por cuatro poderosas patas, parecidas a las de los elefantes.

c. 185 MA

¿Qué es un dinosaurio?

Los dinosaurios fueron un grupo de reptiles que aparecieron durante el Triásico. Su nombre proviene del griego y significa «lagarto terrible», aunque no eran exactamente lagartos. Todos vivían en tierra y ponían huevos; muchos tenían largas colas para mantener el equilibrio. Sin embargo, tenían las patas en vertical debajo del cuerpo y no a los lados, como los lagartos, los cocodrilos y otros reptiles actuales.

Lagartos
Caminan con las rodillas y los codos en ángulo recto con el cuerpo.

Cocodrilos
Cuando se ponen de pie, rodillas y codos están un poco flexionados.

Dinosaurios
Las patas de los dinosaurios eran perpendiculares a su cuerpo, así que erguían el tronco.

Los dinosaurios

Los dinosaurios aparecieron en la Tierra hace unos 240 millones de años, solo 12 millones de años después de que una extinción masiva acabara con más del 70 % de la vida del planeta. A principios del Triásico eran muy pequeños y correteaban en busca de comida y cobijo. Pero durante el Triásico Superior, el Jurásico y el Cretácico crecieron y adoptaron formas muy variadas. Esta asombrosa capacidad de adaptación les permitió dominar el planeta durante millones de años.

Patagotitan

El patagotitán vivía en lo que hoy es Argentina. Era uno de los animales más grandes de la Tierra, con 37 m de largo. Su enorme cuello le permitía comer hojas de los árboles. Para no perder el equilibrio, tenía también una cola gigantesca.

c. 101 MA

Spinosaurus

El espinosaurio fue el mayor carnívoro del norte de África de la época. Medía 15 m de largo y tenía una enorme cresta en la espalda. Era como un cocodrilo gigante: usaba su cola para nadar y sus mandíbulas para pescar.

c. 99-94 MA

Corythosaurus

Este dinosaurio, también llamado hadrosaurio, medía 9 m de largo y tenía la boca plana, como los patos. Se alimentaba de frutos, semillas y agujas de pino de los bosques de Norteamérica. Tenía una cresta ósea espectacular.

c. 75-71 MA

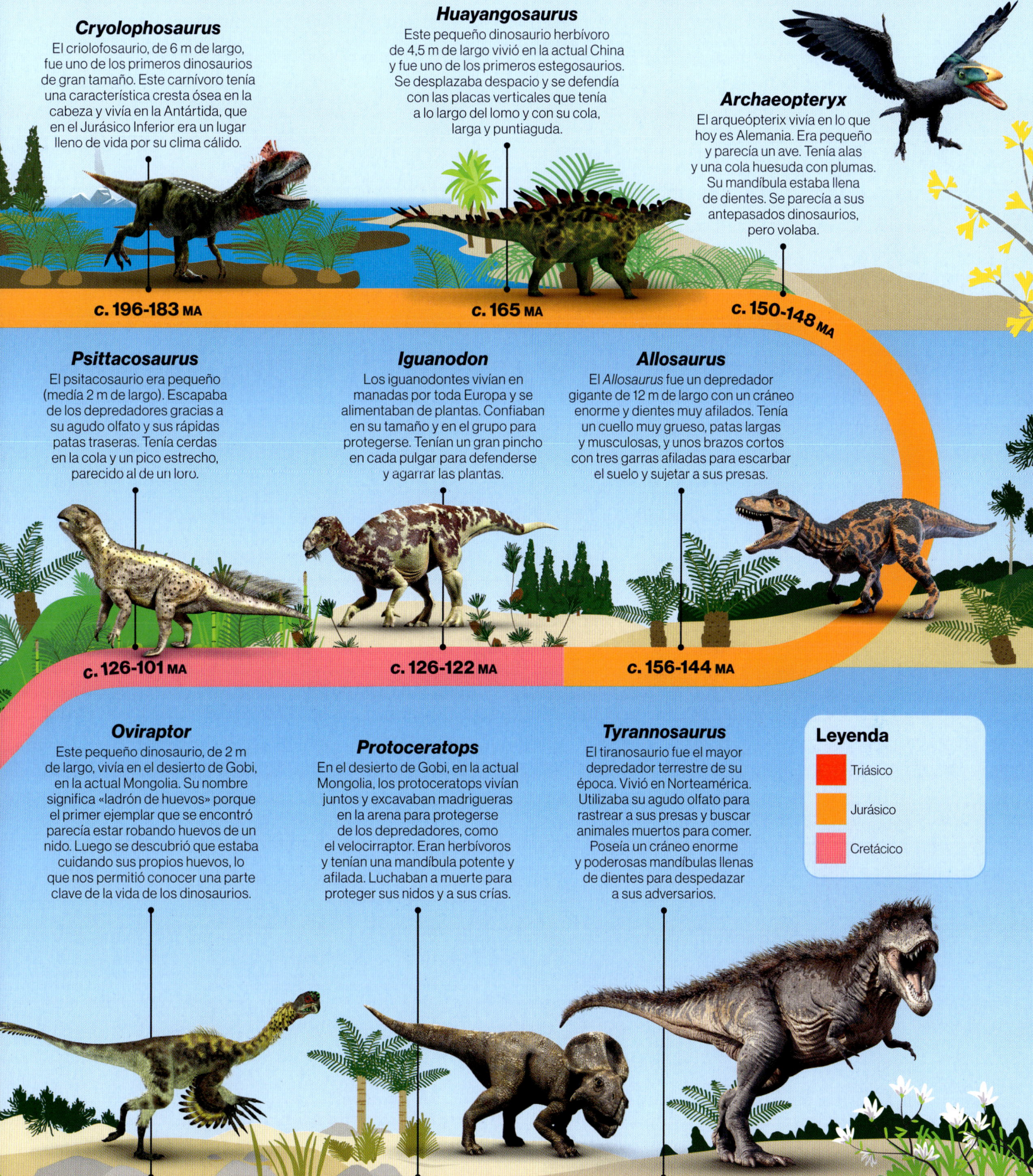

Cryolophosaurus

El criolofosaurio, de 6 m de largo, fue uno de los primeros dinosaurios de gran tamaño. Este carnívoro tenía una característica cresta ósea en la cabeza y vivía en la Antártida, que en el Jurásico Inferior era un lugar lleno de vida por su clima cálido.

c. 196-183 MA

Huayangosaurus

Este pequeño dinosaurio herbívoro de 4,5 m de largo vivió en la actual China y fue uno de los primeros estegosaurios. Se desplazaba despacio y se defendía con las placas verticales que tenía a lo largo del lomo y con su cola, larga y puntiaguda.

c. 165 MA

Archaeopteryx

El arqueópterix vivía en lo que hoy es Alemania. Era pequeño y parecía un ave. Tenía alas y una cola huesuda con plumas. Su mandíbula estaba llena de dientes. Se parecía a sus antepasados dinosaurios, pero volaba.

c. 150-148 MA

Psittacosaurus

El psitacosaurio era pequeño (medía 2 m de largo). Escapaba de los depredadores gracias a su agudo olfato y sus rápidas patas traseras. Tenía cerdas en la cola y un pico estrecho, parecido al de un loro.

c. 126-101 MA

Iguanodon

Los iguanodontes vivían en manadas por toda Europa y se alimentaban de plantas. Confiaban en su tamaño y en el grupo para protegerse. Tenían un gran pincho en cada pulgar para defenderse y agarrar las plantas.

c. 126-122 MA

Allosaurus

El *Allosaurus* fue un depredador gigante de 12 m de largo con un cráneo enorme y dientes muy afilados. Tenía un cuello muy grueso, patas largas y musculosas, y unos brazos cortos con tres garras afiladas para escarbar el suelo y sujetar a sus presas.

c. 156-144 MA

Oviraptor

Este pequeño dinosaurio, de 2 m de largo, vivía en el desierto de Gobi, en la actual Mongolia. Su nombre significa «ladrón de huevos» porque el primer ejemplar que se encontró parecía estar robando huevos de un nido. Luego se descubrió que estaba cuidando sus propios huevos, lo que nos permitió conocer una parte clave de la vida de los dinosaurios.

c. 76-74 MA

Protoceratops

En el desierto de Gobi, en la actual Mongolia, los protoceratops vivían juntos y excavaban madrigueras en la arena para protegerse de los depredadores, como el velocirraptor. Eran herbívoros y tenían una mandíbula potente y afilada. Luchaban a muerte para proteger sus nidos y a sus crías.

c. 74-70 MA

Tyrannosaurus

El tiranosaurio fue el mayor depredador terrestre de su época. Vivió en Norteamérica. Utilizaba su agudo olfato para rastrear a sus presas y buscar animales muertos para comer. Poseía un cráneo enorme y poderosas mandíbulas llenas de dientes para despedazar a sus adversarios.

c. 68-66 MA

Leyenda

- Triásico
- Jurásico
- Cretácico

La evolución del vuelo

A lo largo de la historia, solo cuatro grupos de animales han llegado a volar: los insectos, las aves (incluidos los dinosaurios aviarios), los murciélagos y unos reptiles extintos: los pterosaurios. Los animales que vuelan baten las alas para crear una fuerza de sustentación que les impide caer y los impulsa hacia arriba.

Pterosaurios

Estos «lagartos con alas» evolucionaron a partir de pequeños reptiles que trepaban por los árboles. Se extinguieron al mismo tiempo que sus parientes, los dinosaurios no aviarios, hace unos 66 millones de años.

Alas con garras

El *Confuciusornis* es un ave del tamaño de un cuervo. Vuela muy bien gracias a sus cortas alas cuadradas. De cada ala le salen tres dedos con garras, quizá para trepar por los árboles o para pelear.

Dinosaurios voladores

Al igual que un dinosaurio, el *Archaeopteryx* tiene dientes y una cola ósea, pero puede volar. El descubrimiento de fósiles con plumas es uno de los primeros indicios de que las aves evolucionaron de los dinosaurios.

Primeros voladores

El *Mazothairos* es uno de los primeros voladores conocidos. Tiene músculos de vuelo simples, cuatro alas que probablemente se mantenían planas, como las de la libélula, y un par de aletas pequeñas detrás de la cabeza.

El pez volador

Los primeros peces voladores evolucionan en el Triásico. No vuelan, pero sí planean con sus poderosas colas para salir disparados del agua y escapar de otros peces más grandes que trataban de comérselos.

Primeros insectos

Se han identificado rasgos en la *Rhyniella praecursor* que más tarde evolucionarían en alas. La *Rhyniella* se aleja dando saltos cuando se siente amenazada.

C. 360 MA   C. 330 MA   C. 240 MA   C. 225 MA   C. 147 MA   C. 127 MA

Primeros vuelos

Las aves actuales descienden de pequeños dinosaurios con plumas que encontraron la forma de volar. Los dinosaurios desarrollaron las plumas para conservar el calor, camuflarse o, posiblemente, cortejarse. Existen diferentes teorías sobre cómo llegaron a ser capaces de surcar los cielos.

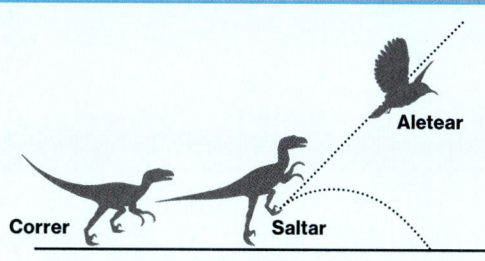

Correr y saltar
Puede que el vuelo sea una evolución de los dinosaurios con plumas que corrían y saltaban, sin una fase intermedia en la que planearon.

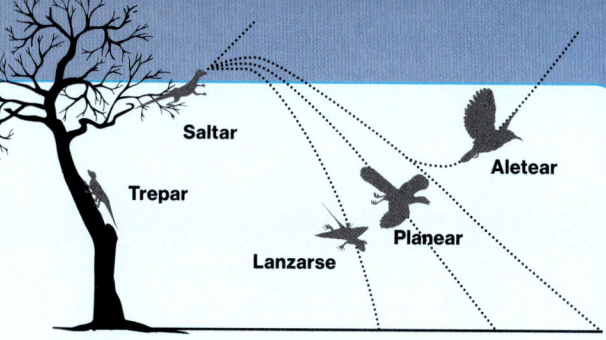

Saltar y planear
Puede que los dinosaurios con plumas utilizaran dedos con garras en las alas para trepar a los árboles. Desde allí, podían saltar y planear, o aletear aún más alto.

Cuatro alas

El *Microraptor*, primo lejano del *Archaeopteryx*, es un dinosaurio con cuatro alas emplumadas, una en cada extremidad. Se cree que era capaz de volar batiendo las alas para ganar altura, en lugar de solo planear.

Los murciélagos

Son los únicos mamíferos que vuelan. Sus alas están formadas por piel flexible que se estira sobre sus largos dedos. La mayoría vuelan por la noche.

Halcón peregrino

El halcón peregrino evolucionó de otros halcones de la época. Es la rapaz de tamaño medio más rápida que ha existido. Caza otras aves voladoras en pleno vuelo, lanzándose en picado a una velocidad de hasta 320 km/h.

Lagarto planeador

Hay muchos tipos de «lagartos voladores». Este reptil no desarrolla alas en las patas delanteras o traseras, sino que tiene unas alas anchas y aerodinámicas formadas por largas costillas que salen de su cuerpo.

Vuelo controlado

El *Eoalulavis* fue una de las primeras aves en tener álula (hueso flexible en forma de pulgar en mitad del ala), que suavizaba el flujo de aire a baja velocidad. Las aves actuales la utilizan para controlar el vuelo.

El paracaídas

Este marsupial australiano desarrolla un colgajo peludo de piel (*patagio*) que frena el descenso al lanzarse desde los árboles. Otros mamíferos arbóreas, como las ardillas voladoras, también lo desarrollan en otras partes del mundo.

c. **125** MA   c. **122** MA   c. **115** MA   c. **52** MA   c. **5** MA   c. **2,1** MA

El final de los dinosaurios

Los dinosaurios dominaron la superficie terrestre 165 millones de años. Algunos eran herbívoros, como el *Edmontosaurus*, el *Triceratops* y el *Microceratus*; otros, como el *Tyrannosaurus*, eran carnívoros y devoraban a los herbívoros. El cielo estaba lleno de reptiles voladores (pterosaurios), mientras que en los océanos vivían gigantescos mosasaurios y plesiosaurios. El reinado de los dinosaurios terminó hace unos 66 millones de años, al final del Cretácico, cuando un enorme meteorito chocó contra la Tierra y aniquiló a más de la mitad de los seres vivos, incluidos la mayoría de estos fascinantes reptiles.

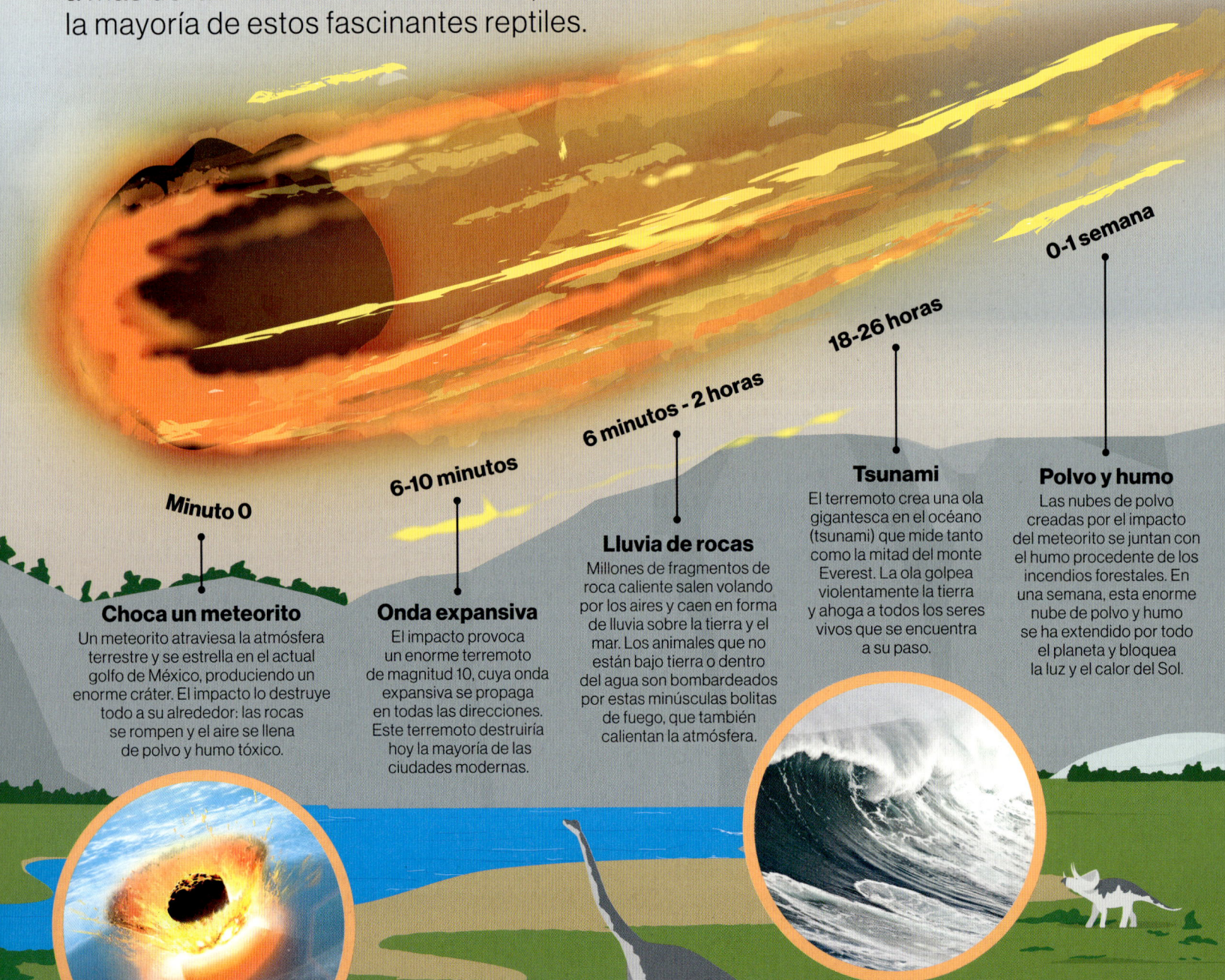

Minuto 0

6-10 minutos

6 minutos - 2 horas

18-26 horas

0-1 semana

Choca un meteorito

Un meteorito atraviesa la atmósfera terrestre y se estrella en el actual golfo de México, produciendo un enorme cráter. El impacto lo destruye todo a su alrededor: las rocas se rompen y el aire se llena de polvo y humo tóxico.

Onda expansiva

El impacto provoca un enorme terremoto de magnitud 10, cuya onda expansiva se propaga en todas las direcciones. Este terremoto destruiría hoy la mayoría de las ciudades modernas.

Lluvia de rocas

Millones de fragmentos de roca caliente salen volando por los aires y caen en forma de lluvia sobre la tierra y el mar. Los animales que no están bajo tierra o dentro del agua son bombardeados por estas minúsculas bolitas de fuego, que también calientan la atmósfera.

Tsunami

El terremoto crea una ola gigantesca en el océano (tsunami) que mide tanto como la mitad del monte Everest. La ola golpea violentamente la tierra y ahoga a todos los seres vivos que se encuentra a su paso.

Polvo y humo

Las nubes de polvo creadas por el impacto del meteorito se juntan con el humo procedente de los incendios forestales. En una semana, esta enorme nube de polvo y humo se ha extendido por todo el planeta y bloquea la luz y el calor del Sol.

0-3 meses

Incendios

Las rocas calientan la atmósfera y acaban con los animales, que no pueden refugiarse en cuevas, madrigueras o en el agua. El calor provoca incendios que se propagan por el planeta y destruyen el 70 % de los bosques.

1 semana-20 años

Oscuridad

El humo de los incendios sigue contaminando la atmósfera y bloqueando la luz solar. Sin Sol, las plantas no pueden crecer, por lo que los animales que dependen de ellas mueren de hambre. Los animales de sangre fría, como los dinosaurios, no pueden sobrevivir tampoco, porque dependen de la temperatura del entorno para moverse.

1 semana-20 años

Heladas

La temperatura en los trópicos baja un 80 % y acaba con los dinosaurios, pero es una buena noticia para los carroñeros, que se alimentan de sus cuerpos putrefactos.

El Phenacodus *era un mamífero pequeño que evolucionó hace unos 55 MA.*

Más de 20 años después

Nueva vida

El meteorito y sus consecuencias arrasaron la Tierra y acabaron con los dinosaurios. Sin embargo, el cielo acabó despejándose, brotaron de nuevo las plantas y los animales que sobrevivieron por su tamaño o porque se adaptaron (las aves y los mamíferos) volvieron a prosperar.

Los pájaros alzan el vuelo

En realidad, los dinosaurios no se extinguieron del todo. Algunos sobrevivieron y evolucionaron en las aves modernas, que se consideran dinosaurios aviarios. La primera ave conocida, el *Archaeopteryx*, era un dinosaurio con plumas, con la diferencia de que podía volar. Igual que él, muchos dinosaurios aviarios evolucionaron antes del meteorito.

Muerte y descomposición

Cuando un animal o una planta muere, su cuerpo se convierte en alimento para otros organismos. Durante días o meses, su carne es devorada por carroñeros o empieza a descomponerse. Si el animal o la planta mueren en el agua y quedan cubiertos por sedimentos (arena o barro) antes de descomponerse por completo, empieza la fosilización.

Sedimentación

A lo largo de miles de años, los restos de plantas y animales muertos que caen al fondo de mares, ríos, lagos y pantanos se van cubriendo de capas de sedimentos blandos. A veces esto ocurre porque el nivel del agua sube y cubre zonas que antes eran tierra firme.

Comienzo

Miles de años

El animal muerto enseguida quedará cubierto de capas de sedimentos.

Los tejidos blandos se han descompuesto o servido de alimento a otros organismos. Las partes duras se convierten en piedra.

Las capas de sedimentos se amontonan y endurecen hasta convertirse en roca sólida.

¿Qué es un fósil?

Los fósiles son restos de animales, plantas y otros seres vivos que se conservan en las rocas. Esto puede ocurrir de varias formas, pero el proceso más habitual es el que se explica arriba: un ser vivo muere, queda cubierto de arena y barro y se convierte en piedra con el tiempo. Por lo general, solo las partes duras (caparazones, huesos, dientes o madera) logran sobrevivir a la fosilización.

Fosilización

Las capas blandas de sedimentos se acumulan durante millones de años y se comprimen hasta convertirse en roca dura. El fósil puede aplanarse debido a la presión, disolverse o ser sustituido por los minerales que contiene el agua. Las partes duras (huesos y caparazones) acaban convirtiéndose en piedra.

Millones de años

Tipos de fósiles

Muchos fósiles se forman cuando los restos de un animal o un vegetal se convierten en piedra, pero existen otros tipos:

Fósiles corporales
Partes duras de una planta o animal (madera, hueso, dientes o caparazón) conservadas en su forma original, una vez que la carne se ha descompuesto o ha sido devorada por otros animales.

Rastros fósiles
Se conservan los rastros de los animales, como sus huellas, madrigueras, huevos y estiércol (en la imagen), pero no el animal en sí.

Moldes
Si el fósil se disuelve cuando el sedimento se ha convertido en roca, deja un hueco con su forma (molde). Si el molde se rellena de minerales, puede producirse una réplica natural del fósil.

En climas fríos, los animales pueden congelarse en el hielo. Esta fosilización conserva las partes blandas del cuerpo, como el pelaje y la piel.

Hallazgos

Millones de años después, los movimientos de la corteza terrestre o la erosión del viento y el agua pueden sacar a la superficie las capas con fósiles. Los fósiles son muy frágiles, por lo que es difícil desenterrarlos sin dañarlos.

Cientos de millones de años

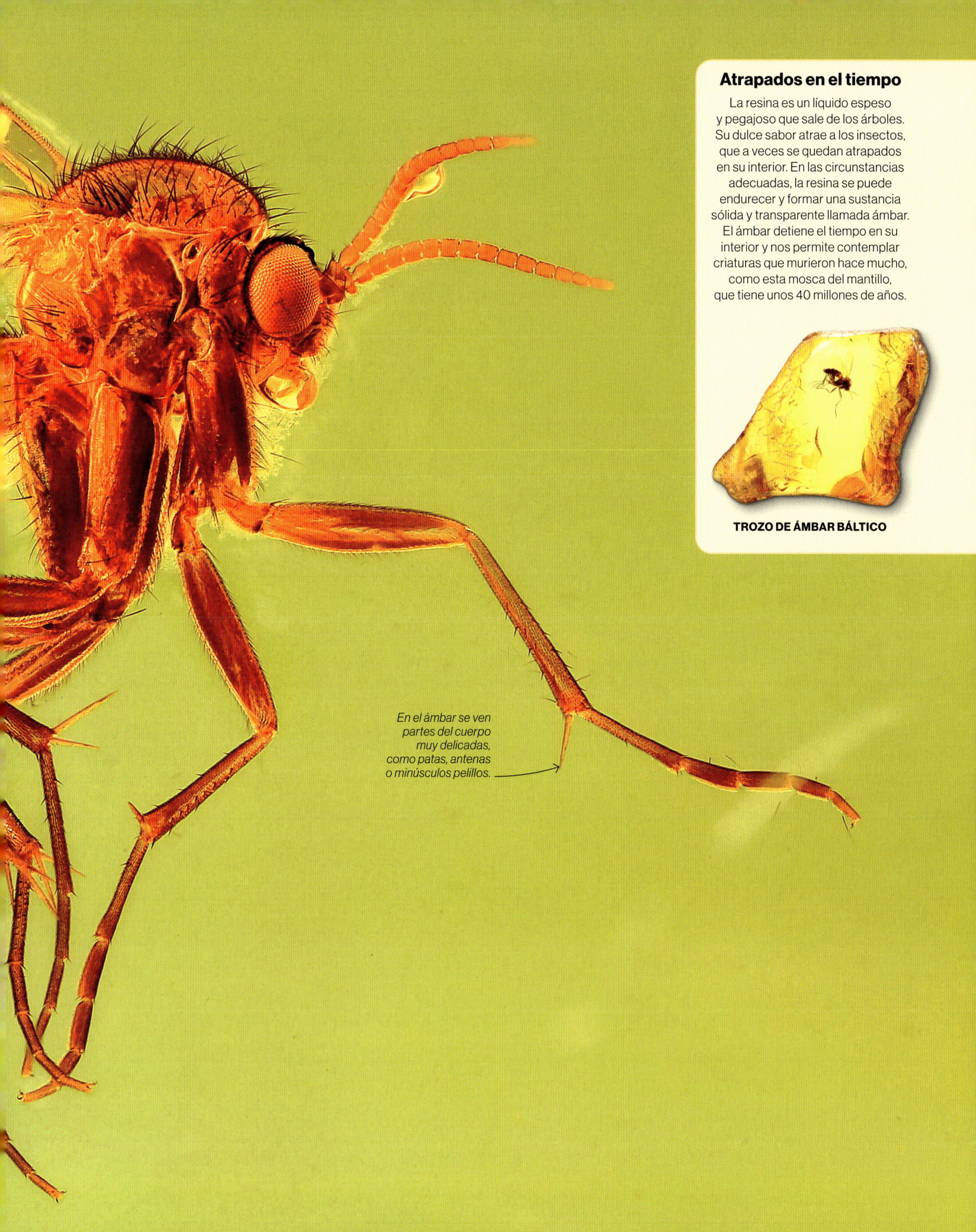

Atrapados en el tiempo

La resina es un líquido espeso y pegajoso que sale de los árboles. Su dulce sabor atrae a los insectos, que a veces se quedan atrapados en su interior. En las circunstancias adecuadas, la resina se puede endurecer y formar una sustancia sólida y transparente llamada ámbar. El ámbar detiene el tiempo en su interior y nos permite contemplar criaturas que murieron hace mucho, como esta mosca del mantillo, que tiene unos 40 millones de años.

TROZO DE ÁMBAR BÁLTICO

En el ámbar se ven partes del cuerpo muy delicadas, como patas, antenas o minúsculos pelillos.

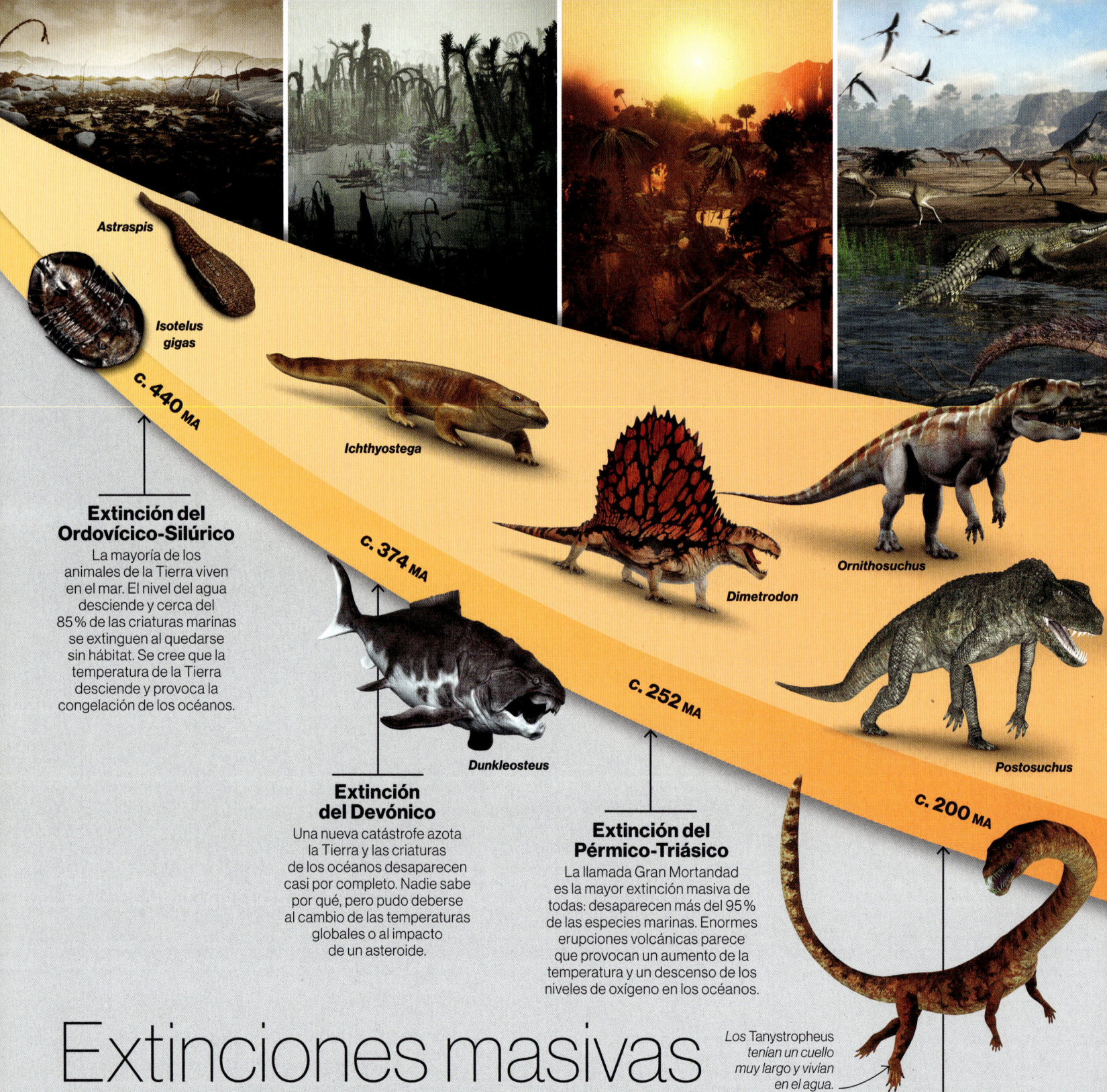

Astraspis

Isotelus gigas

c. 440 MA

Ichthyostega

Extinción del Ordovícico-Silúrico

La mayoría de los animales de la Tierra viven en el mar. El nivel del agua desciende y cerca del 85 % de las criaturas marinas se extinguen al quedarse sin hábitat. Se cree que la temperatura de la Tierra desciende y provoca la congelación de los océanos.

c. 374 MA

Dimetrodon

Ornithosuchus

Dunkleosteus

Extinción del Devónico

Una nueva catástrofe azota la Tierra y las criaturas de los océanos desaparecen casi por completo. Nadie sabe por qué, pero pudo deberse al cambio de las temperaturas globales o al impacto de un asteroide.

c. 252 MA

Extinción del Pérmico-Triásico

La llamada Gran Mortandad es la mayor extinción masiva de todas: desaparecen más del 95 % de las especies marinas. Enormes erupciones volcánicas parece que provocan un aumento de la temperatura y un descenso de los niveles de oxígeno en los océanos.

Postosuchus

c. 200 MA

Extinciones masivas

De todas las especies animales que han existido en la Tierra, se cree que el 98 % están extintas. La mayoría desaparecieron en acontecimientos catastróficos, como la alteración del clima provocada por las erupciones volcánicas. En las últimas décadas numerosas especies están en peligro de extinción por la actividad humana. Cuando muchas especies mueren en un corto periodo de tiempo, hablamos de una extinción masiva.

Los Tanystropheus tenían un cuello muy largo y vivían en el agua.

Extinción del Triásico-Jurásico

Gigantescos volcanes escupen lava y gases y provocan un calentamiento global. Los gases reducen los niveles de oxígeno de la atmósfera y los océanos y matan al 80 % de las especies de la Tierra.

Compsognathus

Tyrannosaurus rex

Utahraptor

Tigre del Caspio
(década de 1970)

Alca gigante
(1844)

Dodo
(finales del siglo XVII)

Guacamayo cubano
(década de 1860)

c. 66 MA

Hace 11 700 años-actualidad

El Metriorhynchus se parecía a un cocodrilo, pero tenía una aleta en la cola y pies palmeados para nadar.

La vaca marina de Steller vivía en las aguas del Ártico. Los humanos la cazaron hasta su extinción, en 1768.

Extinción del Cretácico-Paleógeno

Un asteroide de 12 km de diámetro choca contra la Tierra. El aire se llena de polvo, humo y escombros, bloqueando la luz solar y haciendo que bajen las temperaturas. Se acaba más de la mitad de la vida en la Tierra, incluidos los dinosaurios no aviarios.

Extinción del Holoceno

A medida que los seres humanos dominan la Tierra, la existencia de otros animales y plantas se ve amenazada. El tigre del Caspio y el dodo se extinguieron por la actividad humana. La subida de las temperaturas, la contaminación y la pérdida de hábitats ponen en peligro de extinción a más de 1 millón de especies.

Primeros roedores

Los multituberculados, parecidos a los roedores, son el grupo de mamíferos más extendido de la Tierra. Algunos tenían el tamaño de los castores actuales; otros eran tan pequeños como los ratones.

c. 65 MA

Pingüino primitivo

El *Waimanu* tiene el tamaño del pingüino emperador. Seguramente no volaba, pero tenía alas para impulsarse por el agua y un pico para capturar peces.

c. 62 MA

Después de los dinosaurios

Mucho antes de la era moderna, cuando los dinosaurios ya se habían extinguido, la Tierra estuvo habitada por mamíferos, aves y otros reptiles prehistóricos. Con el tiempo fueron apareciendo nuevas especies, incluidos algunos de los animales más grandes que jamás han existido.

Un ave que no vuela

El *Gastornis* tiene el cuello largo, unas patas musculosas y un pico gigantesco. Se cree que se comía plantas duras y no sabía volar. La más alta de estas aves llegó a medir 2 m de altura, más que la mayoría de los humanos.

c. 52-56 MA

A diferencia de los murciélagos modernos, los dedos tenían garras.

Los fósiles indican que el Palaeophis *pudo llegar a medir 12 m de largo.*

Serpientes del pasado

Aunque las *Palaeophis* se parecían a las serpientes actuales, debieron de ser acuáticas, ya que sus fósiles se han encontrado en sedimentos de antiguos océanos de Norteamérica, Europa y África.

c. 48-56 MA

El murciélago primigenio

El *Onychonycteris* medía unos 25 cm de largo e incluso el doble con las alas abiertas. Sabemos que volaba, pero no está claro si se orientaba por ecolocalización (con el eco), como los murciélagos modernos, o por la vista.

c. 52,5 MA

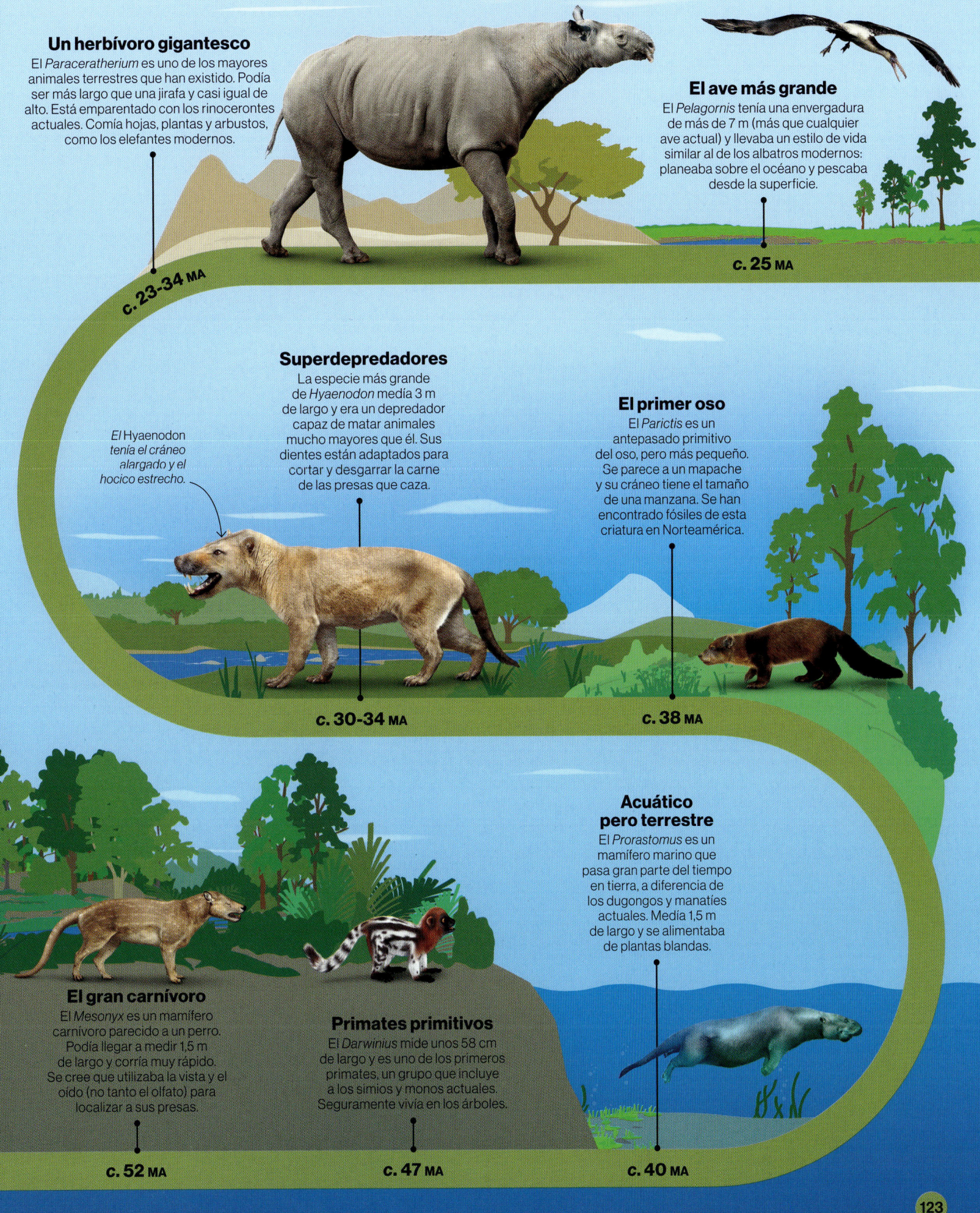

Un herbívoro gigantesco

El *Paraceratherium* es uno de los mayores animales terrestres que han existido. Podía ser más largo que una jirafa y casi igual de alto. Está emparentado con los rinocerontes actuales. Comía hojas, plantas y arbustos, como los elefantes modernos.

c. 23-34 MA

El ave más grande

El *Pelagornis* tenía una envergadura de más de 7 m (más que cualquier ave actual) y llevaba un estilo de vida similar al de los albatros modernos: planeaba sobre el océano y pescaba desde la superficie.

c. 25 MA

Superdepredadores

La especie más grande de *Hyaenodon* medía 3 m de largo y era un depredador capaz de matar animales mucho mayores que él. Sus dientes están adaptados para cortar y desgarrar la carne de las presas que caza.

El Hyaenodon *tenía el cráneo alargado y el hocico estrecho.*

c. 30-34 MA

El primer oso

El *Parictis* es un antepasado primitivo del oso, pero más pequeño. Se parece a un mapache y su cráneo tiene el tamaño de una manzana. Se han encontrado fósiles de esta criatura en Norteamérica.

c. 38 MA

Acuático pero terrestre

El *Prorastomus* es un mamífero marino que pasa gran parte del tiempo en tierra, a diferencia de los dugongos y manatíes actuales. Medía 1,5 m de largo y se alimentaba de plantas blandas.

c. 40 MA

El gran carnívoro

El *Mesonyx* es un mamífero carnívoro parecido a un perro. Podía llegar a medir 1,5 m de largo y corría muy rápido. Se cree que utilizaba la vista y el oído (no tanto el olfato) para localizar a sus presas.

c. 52 MA

Primates primitivos

El *Darwinius* mide unos 58 cm de largo y es uno de los primeros primates, un grupo que incluye a los simios y monos actuales. Seguramente vivía en los árboles.

c. 47 MA

Pakicetus

El *Pakicetus* es un mamífero del tamaño de un lobo con pezuñas, huesos y oídos parecidos a los de los cetáceos. Vive en tierra o en charcas, donde come peces y pequeños animales con sus afilados dientes de carnívoro.

Indohyus

El pequeño *Indohyus*, parecido a un ciervo, puede ser un antepasado de la ballena por la estructura de su oído interno. Vive junto a lagos y ríos. Tiene huesos densos que le permiten sumergirse en el agua para huir de sus depredadores o buscar comida.

c. 45 MA

c. 47 MA

Sus patas palmeadas lo impulsan en el agua.

c. 47 MA

c. 50 MA

Las patas en forma de aleta eran perfectas para chapotear en aguas poco profundas y repletas de comida.

Rodhocetus

El *Rodhocetus*, de 2,5 m de largo, tiene las patas traseras más largas que las delanteras, con pies grandes y palmeados. Se alimenta de peces y se desenvuelve bien en mar abierto, aunque también puede desplazarse por tierra.

Ambulocetus

El *Ambulocetus* mide casi 4 m de largo y tiene patas cortas, pies palmeados y una cola musculosa. Caza como un cocodrilo. Prefiere vivir en aguas costeras saladas y poco profundas en vez de en tierra firme.

Ballenas con historia

Las ballenas son cetáceos: mamíferos de sangre caliente que respiran aire y viven en el agua. Hace 50 millones de años, sus antepasados no vivían en el mar, sino en la tierra. Caminaban sobre cuatro patas y eran parientes lejanos de los hipopótamos. Pero empezaron a alimentarse en el agua, sus cuerpos cambiaron y acabaron en el mar para siempre.

c. 43-37 MA

Dorudon

El *Dorudon* puede alcanzar 5 m de largo. Tiene unas aletas traseras diminutas y vive en el mar. Oye bajo el agua, lo que le ayuda a capturar peces, y tiene dientes muy afilados como sus antepasados mamíferos, aunque no tiene pelo.

c. 34 MA

Odontocetos

Los odontocetos son uno de los dos grupos de cetáceos que existen en la actualidad e incluye a los delfines, cachalotes y marsopas. Son hábiles depredadores que cazan y se comunican por ecolocalización (emiten ondas sonoras que rebotan para localizar a sus presas).

c. 34 MA

Misticetos

El otro grupo de cetáceos son los misticetos (ballenas barbadas). Filtran el agua con las barbas de la boca en busca de diminutas criaturas submarinas. Un ejemplo es la ballena azul, el animal más grande de todos los tiempos.

Sus orificios nasales estaban entre el hocico y la coronilla.

Las aletas sustituyeron a las patas traseras.

Tenía aletas en vez de patas delanteras.

A lo largo de millones de años, las aletas se hicieron más largas y potentes.

A diferencia de sus antepasados, las ballenas y los delfines no tienen pelo, pero conservan el calor gracias a una gruesa capa de tejido adiposo (grasa) que tienen debajo de la piel.

Evolución del espiráculo

Los cetáceos son mamíferos, lo que significa que necesitan salir a la superficie para respirar. Lo hacen a través de unas gigantescas fosas nasales que tienen en la coronilla (espiráculos). Con el tiempo, los cetáceos se han adaptado a la vida submarina. Al principio, tenían fosas nasales en el hocico, pero estos orificios se fueron desplazando hacia arriba hasta convertirse en espiráculos.

c. 56-47,8 MA
Phosphatherium
Mide 60 cm de largo, casi nada comparado con sus enormes descendientes, y no tiene trompa. Vive cerca de los ríos y come las plantas que crecen en la orilla.

c. 41-28 MA
Barytherium
Su nombre significa «bestia pesada» y es el primer proboscidio de gran tamaño, de unos 3 m de largo. Tiene un hocico corto y flexible y ocho pequeños colmillos para cortar los tallos de las plantas.

c. 37-30 MA
Phiomia
El *Phiomia* es uno de los primeros parientes con trompa, aunque es bastante corta, como un hocico. Utiliza sus colmillos superiores para roer la corteza de las plantas, y quizá para pelear.

c. 36-35 MA
Palaeomastodon
Este elefante primitivo tiene una trompa corta y flexible, y sus colmillos pueden arrancar plantas del agua. Puede medir hasta 1,8 m de alto y pesa 2 t.

c. 23-5 MA
Gomphotherium
Tiene cuatro colmillos de 2 m de largo. Los utiliza para desenterrar alimentos, como las raíces, una habilidad muy útil en una época en la que la temperatura de la Tierra está subiendo y el suelo está muy seco.

c. 7-5 MA
Primelephas
Aunque su nombre significa «primer elefante», se cree que está más emparentado con los mamuts lanudos que con los elefantes actuales. Sus cuatro colmillos le sirven para excavar o rascar superficies.

Su enorme mandíbula lo ayudaba a triturar las plantas duras.

Evolución del elefante

Los elefantes son los animales terrestres más grandes que existen hoy en día. Su característica trompa, que les sirve para agarrar la comida y beber agua, es el signo identitario de los proboscidios, el grupo de animales al que pertenecen y del que ya solo queda el elefante. Sus primeros antepasados no eran muy grandes y algunos ni siquiera tenían trompa. Este apéndice lo desarrollaron con el tiempo.

c. 7 MA-130 000 años
Anancus

Tiene dos enormes colmillos rectos de hasta 3 m de largo. Aunque su tamaño es similar al de los elefantes modernos, no es su antepasado directo, sino que desciende del *Gomphotherium*.

c. 5 MA-11 000 años
Mastodonte americano

Durante la Edad de Hielo, desarrolla un pelaje abundante para sobrevivir al frío. Es un primo lejano de los elefantes actuales y usa sus colmillos para derribar ramas.

c. 2,6 MA-4000 años
Mamut lanudo

El mamut lanudo es otro habitante de la Edad de Hielo. Tiene una capa doble de pelo para conservar el calor. Vive en Norteamérica, Europa y el norte de Asia. Llega a coincidir con los primeros humanos, que lo cazan.

La capa de pelo superior tenía pelos largos.

Actualidad
Elefante asiático

Este elefante, el segundo animal terrestre más grande que existe hoy, vive en los bosques del sur y el este de Asia, donde se alimenta de hierba, hojas y brotes. Forma pequeños grupos familiares liderados por una hembra.

Actualidad
Elefante africano de sabana

Mide 3,5 m de alto y pesa 5,5 t. Es el animal terrestre más grande que existe. Los machos mayores suelen vivir solos, mientras que las hembras y sus crías permanecen en grandes manadas familiares.

Seguramente utilizaba los colmillos para pelear.

La punta de la trompa tiene dos «dedos» flexibles que utilizan para agarrar y sujetar cosas.

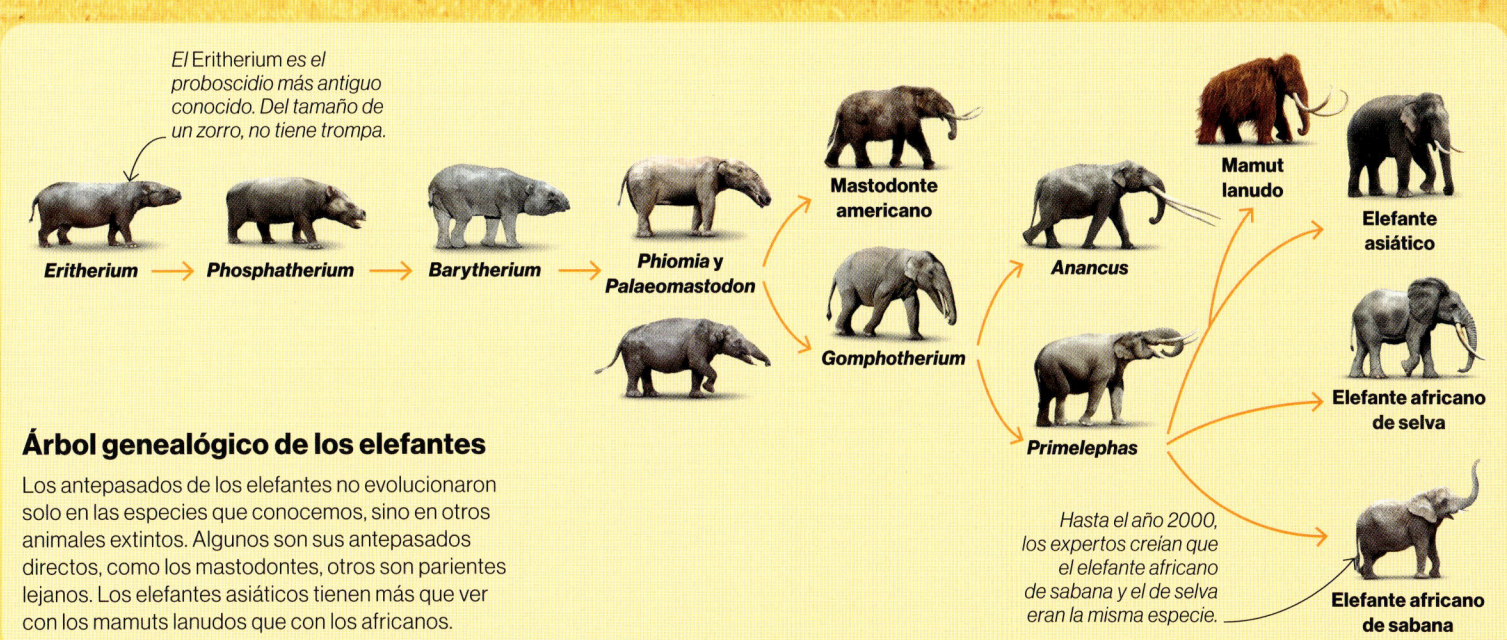

El Eritherium *es el proboscidio más antiguo conocido. Del tamaño de un zorro, no tiene trompa.*

Eritherium → **Phosphatherium** → **Barytherium** → **Phiomia y Palaeomastodon**

Mastodonte americano

Gomphotherium

Anancus

Primelephas

Mamut lanudo

Elefante asiático

Elefante africano de selva

Elefante africano de sabana

Árbol genealógico de los elefantes

Los antepasados de los elefantes no evolucionaron solo en las especies que conocemos, sino en otros animales extintos. Algunos son sus antepasados directos, como los mastodontes, otros son parientes lejanos. Los elefantes asiáticos tienen más que ver con los mamuts lanudos que con los africanos.

Hasta el año 2000, los expertos creían que el elefante africano de sabana y el de selva eran la misma especie.

c. 55-45 MA

Pezuñas individuales

El *Hyracotherium* es un caballo primitivo del tamaño de un perro. Vive en los bosques de Europa y Norteamérica. Sus patas delanteras tienen cuatro dedos con pezuñas y las traseras tres.

Cada dedo terminaba en una pequeña pezuña.

c. 37-32 MA

Devorador de frutas

Su tamaño y su peso, de 45 kg, permiten al *Mesohippus* moverse entre los árboles densos y la maleza. Algunos fósiles de dientes muestran que tenía una dieta variada de frutas y hojas, y quizá algo de hierba.

El Mesohippus tenía varios dedos con pezuñas: uno grande en el centro y otros pequeños a los lados.

c. 17-11 MA

Caballo de los bosques

El *Hypohippus* es del tamaño de un poni, con las patas cortas. Está adaptado a la vida de los bosques norteamericanos. Se alimenta de arbustos y arbolillos.

Repartía su peso sobre tres dedos en cada pata.

Evolución del caballo

Hace unos 66 millones de años, la extinción que acabó con los dinosaurios permitió que los mamíferos camparan a sus anchas por la Tierra. Los caballos evolucionaron hace unos 50 millones de años. Al principio no disponían de cascos, sino de dedos. Sus antepasados tenían el tamaño de los perros y correteaban por los bosques. Varias especies salieron a pastar a las praderas abiertas, donde era más fácil escapar de los depredadores.

La capa de pelo ayuda a los caballos a regular su temperatura.

c. 13-5 MA

Descansar de pie

El *Dinohippus* pesa unos 200 kg, mucho menos que los caballos modernos. Es el primero con patas adaptadas para permanecer de pie y sin moverse para ahorrar energía.

Algunos fósiles de Dinohippus *incluyen un dedo, mientras que otros tienen tres.*

c. 12-1 MA

Entre continentes

Más de 60 especies de *Hipparion* se extienden de Norteamérica a Europa, pasando por Asia. Es uno de los caballos más extendidos. Un solo dedo con pezuña soporta su peso.

El Hipparion *tenía restos de otros dedos, pero no llegaban al suelo.*

c. 5 MA-Actualidad

Caballos modernos

Todos los caballos, burros y cebras actuales pertenecen al género *Equus* (équidos). La especie *Equus caballus* es el único miembro que queda de la familia de los caballos, aunque hay muchos tipos.

La pezuña del caballo moderno le permite correr rápido y durante mucho tiempo.

¡Menudos dientes!

En los últimos 50 millones de años, el clima de la Tierra se hizo más seco y la dentadura de los caballos se adaptó a pastos más duros. Sus dientes laterales tienen crestas afiladas para triturar el alimento y crecen durante toda la vida para que no se desgasten.

Los dientes delanteros son fuertes y tienen raíces profundas para arrancar las hojas.

Hoy

Homo sapiens
(*c.* 300 000 años-Actualidad)
Ubicación: evolucionó en África y pobló el mundo
Es la especie humana que más éxito ha tenido en la Tierra. Utiliza sus habilidades físicas y sociales para adaptarse a la mayoría de los entornos.

AQUÍ ESTÁS TÚ

Denisovans
(*c.* 200 000-50 000 años)
Ubicación: Europa y Asia
No se sabe mucho de ellos. Se los conoce sobre todo por los restos de ADN hallados en dientes y huesos.

Homo heidelbergensis
(*c.* 700 000-200 000 años)
Ubicación: Europa; posiblemente Asia; África oriental y meridional
Tenían cerebros tan grandes como el del *Homo sapiens* y cuerpos musculosos. Fabricaban herramientas (como lanzas), cazaban, construían refugios y utilizaban el fuego.

Hace 1 MA

Homo erectus
(*c.* 1,89 MA-110 000 años)
Ubicación: norte, este y sur de África; oeste de Asia (Dmanisi, Georgia); este de Asia (China e Indonesia)
Su cuerpo era parecido al del *Homo sapiens*, sin mucho pelo y una complexión similar. Era capaz de recorrer grandes distancias. El *Homo erectus* («hombre erguido») utilizaba bifaces de piedra. Se extendió de África a Asia.

Homo habilis
(*c.* 2,4-1,4 MA)
Ubicación: África oriental y meridional
Se cree que el *Homo habilis* («hombre hábil») tenía el tamaño de un chimpancé. Fue uno de los primeros homininos en fabricar herramientas de piedra. Su dieta incluía carne de animales muertos, que despedazaba con estas herramientas.

Hace 2 MA

Australopithecus africanus
(*c.* 3,3-2,1 MA)
Ubicación: Sudáfrica
Es una de las diez especies conocidas de *Australopithecus* y el primer hominino primitivo que se descubrió, en 1924. Demuestra que los seres humanos evolucionaron en África. Tenía el cerebro pequeño, pero iba de pie.

Australopithecus afarensis
(*c.* 3,85-2,95 MA)
Ubicación: África Oriental (Etiopía, Kenia y Tanzania)
Existen restos de más de 300 individuos. Se considera la especie humana primitiva de la que más se sabe. Tenían un cerebro mayor que el de los chimpancés, caminaban erguidos y fabricaban herramientas sencillas, aunque todavía pasaban tiempo en los árboles.

Hace 3 MA

Hace 4 MA

Evolución humana

El ser humano tiene más de 7 millones de años y 20 parientes conocidos, hoy en día extintos. Los humanos modernos somos *Homo sapiens*. Esta especie evolucionó en África, donde los primeros homininos vivían en los árboles. Poco a poco empezaron a caminar erguidos y a explorar nuevos horizontes, para acabar asentándose por todo el mundo.

Hace 5 MA

Hace 6 MA

Raíces antiguas

Sabemos mucho sobre nuestros antepasados gracias a los fósiles. Según sus rasgos, los homininos pueden clasificarse en grupos que engloban varias especies. El grupo *Homo* evolucionó del *Australopithecus*, el homínido más antiguo, parecido a un simio.

Homo
Hace unos 2,4 millones de años, la especie *Homo* apareció en África y con el tiempo se extendió por todo el mundo. Todas las especies del grupo se extinguieron, salvo el *Homo sapiens*.

Paranthropus
Este grupo engloba varias especies africanas que tenían cráneos muy fuertes y enormes mandíbulas y dientes, con los que masticaban plantas duras.

Ardipithecus
Fue el primer grupo de simios africanos que desarrolló rasgos humanos, como la postura erguida al andar, aunque todavía se parecía mucho a los chimpancés.

Australopithecus
El *Australopithecus* es la especie de homínido africano más conocida. Tenía piernas largas para caminar erguido y brazos para trepar a los árboles. Parece que comía sobre todo fruta.

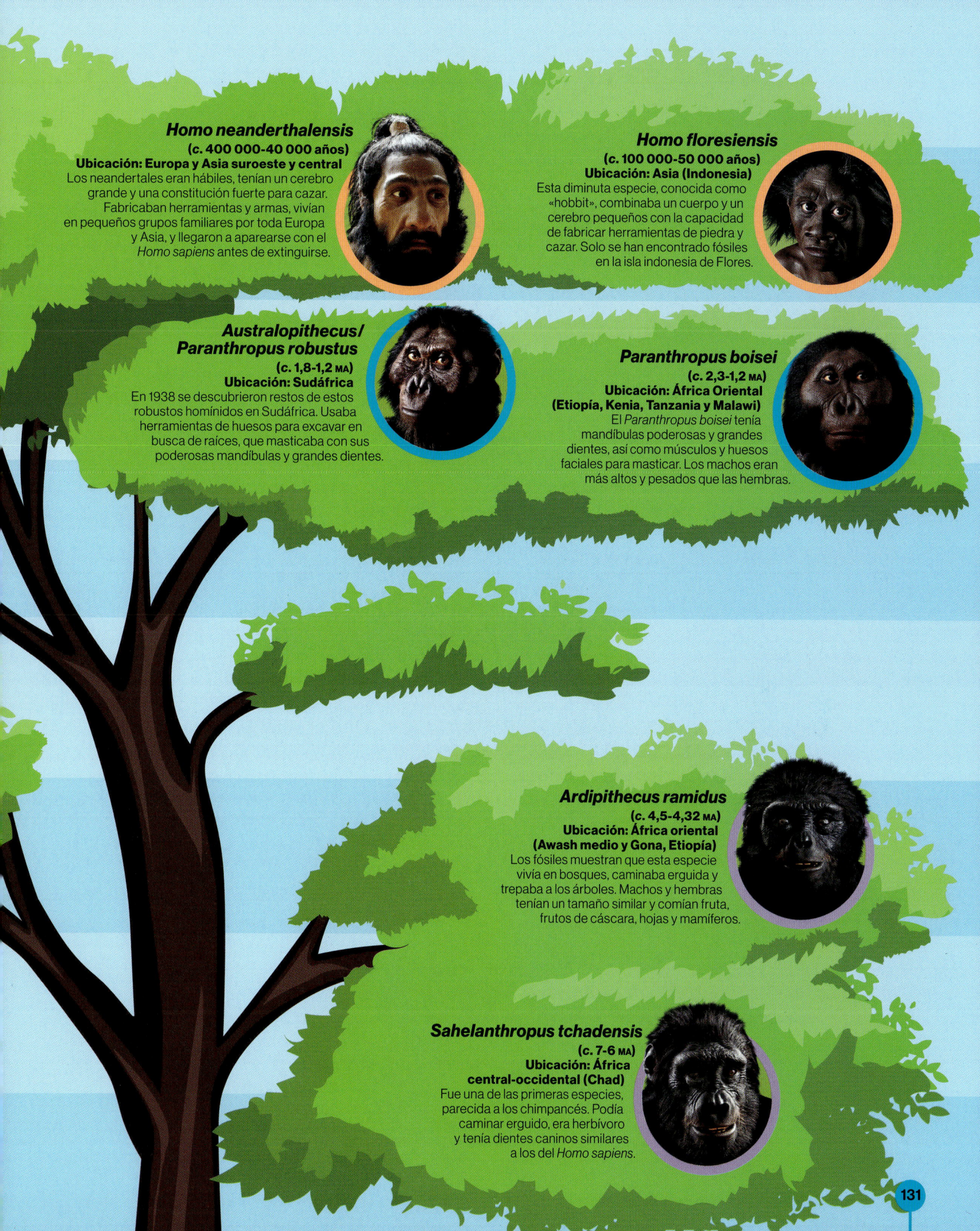

Homo neanderthalensis
(c. 400 000-40 000 años)
Ubicación: Europa y Asia suroeste y central
Los neandertales eran hábiles, tenían un cerebro grande y una constitución fuerte para cazar. Fabricaban herramientas y armas, vivían en pequeños grupos familiares por toda Europa y Asia, y llegaron a aparearse con el *Homo sapiens* antes de extinguirse.

Homo floresiensis
(c. 100 000-50 000 años)
Ubicación: Asia (Indonesia)
Esta diminuta especie, conocida como «hobbit», combinaba un cuerpo y un cerebro pequeños con la capacidad de fabricar herramientas de piedra y cazar. Solo se han encontrado fósiles en la isla indonesia de Flores.

Australopithecus/ Paranthropus robustus
(c. 1,8-1,2 MA)
Ubicación: Sudáfrica
En 1938 se descubrieron restos de estos robustos homínidos en Sudáfrica. Usaba herramientas de huesos para excavar en busca de raíces, que masticaba con sus poderosas mandíbulas y grandes dientes.

Paranthropus boisei
(c. 2,3-1,2 MA)
Ubicación: África Oriental (Etiopía, Kenia, Tanzania y Malawi)
El *Paranthropus boisei* tenía mandíbulas poderosas y grandes dientes, así como músculos y huesos faciales para masticar. Los machos eran más altos y pesados que las hembras.

Ardipithecus ramidus
(c. 4,5-4,32 MA)
Ubicación: África oriental (Awash medio y Gona, Etiopía)
Los fósiles muestran que esta especie vivía en bosques, caminaba erguida y trepaba a los árboles. Machos y hembras tenían un tamaño similar y comían fruta, frutos de cáscara, hojas y mamíferos.

Sahelanthropus tchadensis
(c. 7-6 MA)
Ubicación: África central-occidental (Chad)
Fue una de las primeras especies, parecida a los chimpancés. Podía caminar erguido, era herbívoro y tenía dientes caninos similares a los del *Homo sapiens*.

30 días
Mosquito

Los mosquitos tardan 7-10 días en madurar: primero son huevos, luego larvas y, finalmente, adultos. Los machos solo viven una semana como adultos; las hembras pueden aguantar hasta un mes.

5 meses
Killi africano

Los killis del norte de África viven en charcos que se forman durante la estación de lluvias. Tardan 14 días en hacerse adultos desde que salen del huevo. Entonces buscan pareja y ponen sus huevos antes de que el charco se seque.

1 año y 30 minutos
Mariposa efímera

Las efímeras viven en el sudeste de EE. UU. Pasan un año en forma de larva dentro de un arroyo. En primavera, se hacen adultas y viven el tiempo necesario para aparearse y para que las hembras pongan huevos (5-30 minutos).

Más de 200 años
Ballena de Groenlandia

Esta ballena del Ártico es uno de los mamíferos más longevos del mundo y tiene la boca más grande de todos: ¡un tercio de la longitud de su cuerpo! Que viva en aguas muy frías podría explicar su asombrosa longevidad.

Más de 150 años
Tortuga gigante
de las Galápagos

Este longevo reptil vive en las islas Galápagos. Pueden pesar hasta 400 kg (casi tanto como un caballo) y vivir más de 150 años.

Más de 100 años
Bogavante americano

Se cree que estos bogavantes de la costa atlántica de Norteamérica viven cien años o más. A diferencia de muchos otros animales, siguen creciendo hasta el día de su muerte.

Más de 400 años
Tiburón boreal

El tiburón boreal nada tranquilo por las aguas heladas del Atlántico norte y el Ártico. Su metabolismo es muy lento, por eso envejece despacio.

Más de 500 años
Almeja de Islandia

Los anillos del caparazón de una almeja de Islandia indican su edad, que puede superar los 500 años. Estas almejas viven en el Atlántico norte y se recolectan como alimento.

Más de 4000 años
Coral negro

Los corales son colonias formadas por diminutos animales vivos (pólipos). Los científicos han descubierto antiguos corales negros en las profundidades marinas. Hay una colonia en Hawái de más de 4000 años.

14 años
Guepardo

Estos depredadores viven una media de 14 años en estado salvaje, aunque pueden alcanzar los 20 años en cautividad. Los machos no viven tanto porque a menudo mueren al defender su territorio.

25 años
Salamandra gigante americana

La *hellbender* es la salamandra más grande de América. Vive hasta 25 años en ríos y arroyos de caudal rápido en el este de EE. UU. Es un depredador de emboscada: permanece inmóvil hasta que pasa una presa para atraparla.

30 años
Pitón de Birmania

Esta poderosa pitón suele cazar a sus presas cerca de pueblos o ciudades en el sudeste asiático, India y China. Alcanza longitudes de hasta 6,7 m y puede vivir hasta 30 años en estado salvaje.

Más de 50 años
Albatros

Este enorme pájaro marino de 3,7 m de envergadura es el ave que más tiempo vive en estado salvaje, generalmente en los mares del hemisferio sur. Empiezan a criar más tarde que otras aves, a los 10 años, y suelen tener la misma pareja toda la vida.

40 años
Araña trampilla

Estas arañas cubren su madriguera con una trampilla de tierra y seda y esperan a que llegue su presa para abalanzarse. Se han encontrado ejemplares de 40 años. Lo habitual es que vivan 5-20 años.

35 años
Chimpancé

Nuestros parientes vivos más cercanos viven en grupos familiares de unos 30 miembros. Se sabe que algunos viven más de 60 años en libertad.

11 000 años
Esponja marina

Es difícil identificar la edad de una esponja marina, pero sabemos que viven mucho. Se calcula que una esponja recogida en el mar de la China Oriental tenía 11 000 años, milenio arriba o abajo.

Esperanza de vida

En el reino animal, la vida puede ser muy corta o muy larga. La longevidad de un animal está escrita en el código genético de la especie a la que pertenece. Sin embargo, si las condiciones son favorables, los animales pueden vivir más de lo previsto y por eso son más longevos en cautividad que en estado salvaje. Esto también ocurre con los humanos: antiguamente, rara vez vivíamos más de 40 años, pero con la medicina moderna, el agua potable y la alimentación saludable, la esperanza media de vida supera hoy los 70 años.

La evolución

La mariposa de los abedules es el mejor ejemplo de cómo funciona la selección natural. Todo empezó en Inglaterra a finales del siglo XVIII, cuando la Revolución Industrial impulsada por el carbón provocó enormes cambios en el medio ambiente. Gracias a su capacidad natural de camuflaje, esta polilla se adaptó a los cambios de su hábitat y se salvó de la extinción.

Estas mariposas cazan de noche y descansan en los árboles de día.

Década de 1800

Alas moteadas

Coleccionar insectos es una afición muy popular. La mariposa de los abedules tiene las alas claras con motas oscuras. Esto le permite camuflarse en los árboles cubiertos de liquen, donde descansa.

Las motas encajan perfectamente con el aspecto del liquen.

1838

Ramas ennegrecidas

La contaminación atmosférica de Londres y otras ciudades se ha duplicado desde 1700. Esto ha provocado la muerte de los líquenes y que los árboles se cubran de hollín.

1848

Nueva variedad

Cerca del centro de Mánchester, el naturalista inglés R. S. Edleston encuentra una mariposa de los abedules casi negra. Por sus formas oscuras la llama *carbonaria*.

La carbonaria se camufla bien en los árboles de la ciudad, ennegrecidos por el hollín.

1895-1896

Cambio de color

En las ciudades industriales, el 98 % de las mariposas de los abedules son *carbonarias*. El científico inglés J. W. Tutt, experto en mariposas y polillas, sugiere que se camuflan mejor en los árboles renegridos. Así escapan de los pájaros, viven más y tienen más tiempo para reproducirse.

La selección natural

Charles Darwin y Alfred Russel Wallace propusieron la teoría de la selección natural a mediados del siglo XIX. Según estos naturalistas, los animales que se adaptan mejor a su entorno tienen más posibilidades de sobrevivir el tiempo suficiente para reproducirse y transmitir sus rasgos a la siguiente generación. Con el tiempo, estos rasgos se vuelven los más comunes de su especie.

Los pájaros detectan más fácilmente las polillas de color oscuro en las ramas de los árboles sanas, cubiertas de líquenes.

1953-1955

Experimentos

El insectólogo inglés Bernard Kettlewell realiza experimentos para probar la teoría de que el cambio de color de esta polilla es un ejemplo de selección natural. En su estudio, descubre que los pájaros comen más polillas de color claro, ya que son más fáciles de detectar.

La Ley de Aire Limpio se promulgó cuatro años después de La Gran Niebla, un periodo de contaminación que mató a unas 4000 personas en Londres. Consiguió que el aire de la ciudad fuera más saludable.

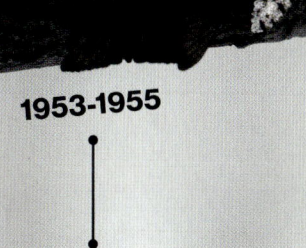

1956

Limpieza del aire

Se emiten leyes para reducir la contaminación provocada por el humo y el hollín. Empiezan a brotar líquenes de nuevo y los árboles pierden su corteza renegrida.

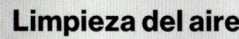

1970

Vuelta a las motas

Las zonas industriales están cada vez más limpias y verdes. Empiezan a verse mariposas de los abedules moteadas de nuevo. Muchos experimentos apoyan las conclusiones de Kettlewell de que el cambio de color de las polillas explica su diferente tasa de supervivencia.

1972

Soporte digital

Por primera vez se utiliza una simulación por ordenador para probar la teoría de Tutt de que se trata de un caso de selección natural. Los resultados coinciden con las observaciones de los primeros naturalistas.

2001-2009

Presión selectiva

El genetista inglés Mike Majerus realiza experimentos con 4864 mariposas de los abedules. Sus resultados muestran que, en los árboles no contaminados, las aves cazan más polillas *carbonarias*, ya que no se camuflan tan bien como las moteadas, más claras.

2016

Huella genética

Los científicos descubren el gen responsable de la coloración de la polilla *carbonaria*. Otro equipo calcula que el cambio de este gen se produjo por casualidad en 1819 y se propagó debido a las ventajas que proporcionaba en el entorno cambiante.

Vidas trepidantes

Las efímeras son insectos con una vida intensa:
su fase adulta es de las más cortas del mundo
de los insectos, pero les da tiempo para todo.
En la primera etapa de su vida se llaman
ninfas: nacen en estanques o ríos poco
profundos y pasan ahí hasta dos años
alimentándose y creciendo. Cuando salen
del agua ya son adultas y solo tienen uno
o dos días para echar a volar, aparearse
y reproducirse antes de morir.

*Una efímera tiene dos
pares de alas: uno grande
y triangular, y otro más
pequeño y redondeado.*

Puesta de huevos

Las efímeras hembra
pueden producir miles
de huevos. Algunas los
ponen en las plantas que
sobresalen del agua y otras
los dejan caer al agua para
que se hundan. La vida
de la efímera está
a punto de empezar.

Eclosión

Las efímeras recién
eclosionadas se llaman
ninfas. Son muy pequeñas,
del tamaño de un grano
de arena, tienen seis patas,
pero no alas, y unas
branquias a lo largo del
lomo que les permiten
respirar bajo el agua.

Muda

A medida que las ninfas
crecen, su exoesqueleto
se queda pequeño, así que
se desprenden de él y lo
sustituyen por otro (muda).
Una ninfa de efímera muda
de 14 a 50 veces en su vida,
aumentando de tamaño
cada vez.

Casi adulta

La ninfa mide ahora unos
2 cm y está casi lista para
transformarse en adulta. Nada
hasta la superficie del agua por
penúltima vez para convertirse
en subimago, la última fase
antes de hacerse adulta.

Día 1 **Semana 2** **Semana 4** **Meses 11-24**

EFÍMERA ADULTA

Apareamiento
Los machos sobrevuelan el agua y atraen a las hembras. Al ir en grupos grandes, tienen más posibilidades de reproducirse con éxito. Se aparean en el aire, mientras vuelan.

Minutos extra
Los machos viven unos días más que las hembras, pero no duran mucho porque no pueden alimentarse. Con la energía que les queda, vuelven al enjambre y tratan de aparearse de nuevo. Agotados, se posan sobre una planta y mueren.

Unos días después

Unas horas más tarde

Al día siguiente

Efímera adulta
El exoesqueleto del subimago se abre y sale la efímera adulta (imago). Las efímeras no comen porque no tienen boca, así que dependen de las reservas de energía que han acumulado en su fase de ninfa para sobrevivir el tiempo suficiente para reproducirse.

Unos minutos después

Muerte sobre el agua
Poco después del apareamiento, la hembra pone sus diminutos huevos, que pronto eclosionarán. La hembra queda agotada y se desploma sobre la superficie del agua para morir.

Las efímeras muertas flotan en el agua. Son una valiosa fuente de alimento para los peces.

Sincronización

Las cigarras no tienen fama de ser muy discretas, pero lo cierto es que solo cantan de adultas. Como muchos insectos, empiezan siendo ninfas y tardan bastante en madurar. Existen unas 3000 especies y suelen vivir solas o en grupos pequeños, excepto las cigarras periódicas de Estados Unidos. Cada 13 o 17 años, millones de ejemplares adultos salen al mismo tiempo a la superficie. Las aves no pueden comérselas todas, así que la mayoría sobrevive y logra reproducirse.

Minutos después

Muda final
La ninfa sube a la primera superficie vertical que ve y se despoja de su exoesqueleto por última vez. La cigarra adulta que sale a la luz es frágil y pálida, pero enseguida se endurece y adquiere un color más oscuro.

En cada pata tiene un gancho para agarrarse a la corteza de los árboles.

Las ninfas emergen
Al cabo de 13-17 años, cuando la temperatura del suelo es de unos 18 °C, la ninfa repta hasta la superficie y sale a la luz.

Año 17

Las larvas pasan gran parte de su vida siendo ninfas en la oscuridad.

El estirón
Las ninfas mudan (cambian de exoesqueleto) cada pocos años para que su cuerpo crezca. Con cada muda, el cuerpo de la ninfa se acerca más a su forma adulta.

Semana 8-Año 17

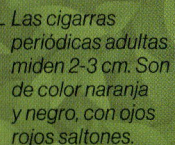

1 hora después

Vida en los árboles

Las cigarras adultas viven menos de dos meses. Los machos se suben a los árboles y cantan a voz en grito para atraer a las hembras. Tienen un parche de piel a cada lado del abdomen (timbal) que retumba como un tambor. Vibran cientos de veces por segundo, emitiendo un rápido chasquido.

Las cigarras periódicas adultas miden 2-3 cm. Son de color naranja y negro, con ojos rojos saltones.

Durante su vida, las cigarras adultas comen muy poco.

Semanas 6-8

Semanas 2-6

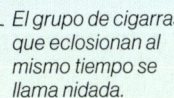

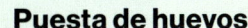

El grupo de cigarras que eclosionan al mismo tiempo se llama nidada.

Puesta de huevos

Después de aparearse, las hembras utilizan una parte afilada de su abdomen para hacer surcos en las ramas o los tallos blandos y poner cientos de huevos. Terminada la tarea, mueren.

Eclosión de los huevos

Las ninfas recién nacidas se arrastran o caen al suelo, donde excavan en la tierra blanda. Todas las cigarras periódicas de la zona comienzan su vida bajo tierra más o menos a la vez.

¿Cómo miden el tiempo?

Todavía es un misterio cómo pueden saber miles de millones de cigarras periódicas que han pasado 13-17 años y emerger todas a la vez. Puede que detecten los cambios que sufre la savia de las plantas a medida que pasan las estaciones.

A la rica savia

Una ninfa de cigarra periódica pasa 13-17 años bajo tierra, según la especie. Las ninfas se arrastran por el suelo con sus poderosas patas delanteras y se alimentan de la savia que extraen de las raíces de las plantas.

Semana 8-Año 17

139

Día 10

Día 15

Día 16

Días 16-26

El crecimiento

La oruga se dedica a comer y crece muy rápido. Cuando el exoesqueleto se le queda pequeño, se desprende de él. Debajo tiene otro más elástico que le permite seguir creciendo.

La oruga adulta

La oruga sigue creciendo y se desprende de su exoesqueleto hasta cinco veces (cada dos o tres días) hasta que alcanza su tamaño final. Cuando termina de crecer, repta hasta encontrar una hoja a la que aferrarse.

Crisálida

La oruga crea una sujeción de seda sobre una hoja y se cuelga de ella hasta quedar boca abajo. Después se desprende otra vez de su exoesqueleto y muestra una cobertura verde llamada crisálida.

La metamorfosis

Dentro de la crisálida, la oruga experimenta un cambio extraordinario: descompone su propio cuerpo en un líquido y lo recompone en forma de mariposa.

La oruga recién nacida se come primero la cáscara del huevo y luego la hoja.

La eclosión

Cuatro o seis días después de la puesta, el huevo eclosiona y sale una oruga. Tiene mucha hambre y se pone a comer. Empieza comiéndose la cáscara del huevo y continúa con la planta del algodoncillo.

Día 5

El huevo se pega a la parte de abajo de una hoja de algodoncillo.

El huevo

En marzo y abril, la hembra pone los huevos en las plantas de algodoncillo. Al cabo de tres o cuatro días, los huevos se vuelven grises a medida que crece la oruga que llevan dentro.

Día 1

Día 26

Día 27

Día 30

Casi lista

La crisálida se va oscureciendo a medida que la piel de la mariposa se vuelve negra. El día antes de que emerja la mariposa adulta, se puede ver incluso el patrón naranja y negro de sus alas.

Se abre la crisálida

La crisálida se abre y empieza a salir la mariposa adulta. Sus alas están arrugadas y húmedas, y son pequeñas. Poco a poco, la mariposa bombea hemolinfa (sangre) a las alas y consigue que crezcan. La mariposa debe esperar a que se sequen para poder volar.

¡A volar!

Una hora después, sus alas están secas y fuertes: la mariposa está lista para revolotear hasta las flores y absorber su néctar. En unos días, encontrará una pareja para reproducirse y engendrar otras mariposas monarca.

La vida de la mariposa monarca

La metamorfosis de las mariposas es una de las transformaciones más espectaculares que existen en el mundo natural. Cuando nace una planta o un animal, lo habitual es que sea una versión en miniatura de sus padres. Las mariposas y las polillas, en cambio, empiezan siendo orugas, que no se parecen en nada a las mariposas adultas. Una oruga tiene el cuerpo dividido en anillos y se desprende de su exoesqueleto varias veces para crecer mucho en muy poco tiempo. Después, forma una cubierta dura a su alrededor llamada crisálida, donde se transforma en mariposa o polilla. Cuando sale, está preparada para echar a volar y comenzar su vida adulta.

Planta del algodoncillo

La migración de las monarcas

En otoño, millones de mariposas monarca de Norteamérica acumulan néctar e inician una increíble migración hacia el sur en busca de temperaturas más cálidas. Vuelan unos dos meses seguidos y recorren hasta 4800 km para pasar el invierno en los bosques de coníferas del centro de México y la costa de California. En primavera, inician el viaje de vuelta. Tardarán de cuatro a cinco generaciones en volver a alcanzar las zonas que están más al norte, en el sur de Canadá.

Granjas de hongos

Las hormigas cortadoras de hojas viven en sociedades muy complejas llamadas colonias. Su nombre lo dice todo: cortan trocitos de hojas y se las llevan al hormiguero, donde las utilizan para preparar una especie de compost en el que crece un tipo de hongo único. Con este hongo, alimentan a la reina de la colonia y a las hormigas más jóvenes.

Día 1

Día 18

Días 40-50

Día 60

Puesta de huevos
La reina es la hormiga más grande de la colonia. Su única tarea es poner huevos. A lo largo de su vida, puede poner 150-200 millones de huevos. En esta fase, el resto de las hormigas de la colonia son sus hijas.

La eclosión
Los huevos eclosionan a los 18 días, aunque no todos llegan a hacerlo. Algunos se los comen las hormigas obreras, que también se los dan a las larvas para que sigan creciendo.

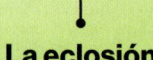

Pupas
Cuando alcanzan cierto tamaño, las larvas se transforman en pupas (fase intermedia entre las hormigas jóvenes y las adultas). Su cuerpo cambia por completo dentro de la pupa. Sufre una metamorfosis parecida a la de las mariposas. Al final del proceso, sale una hormiga obrera hembra que se alimenta del hongo de la colonia y se dedica a cuidar de la reina y las crías.

Vuelo de apareamiento
La mayoría de las hormigas se convierten en obreras no reproductoras, pero algunas se transforman en reproductoras con alas. Salen juntas de la colonia, vuelan alto y se aparean. Cada hembra se aparea con muchos machos.

Granjeras de hongos

Las hormigas cortadoras de hojas cultivan un hongo que alimenta a las larvas. Las obreras llevan al nido trozos de hojas y los mastican hasta crear una especie de compost en el que cultivan un hongo especial. Se ocupan de mantenerlo limpio y segregar sustancias químicas que lo ayudan a crecer. Las hormigas obreras tienen por lo tanto muchos trabajos: encontrar hojas, cortarlas, llevarlas al nido, alimentar el hongo y cuidarlo.

Las obreras menores protegen las plantas de las que se alimentan y la ruta de ida y vuelta a la colonia.

Las obreras medias cortan y transportan las hojas al hormiguero.

Solo unas pocas cuidan del hongo y alimentan a las larvas.

Las hormigas soldado protegen el nido y despejan la ruta.

Mes 2

Cuando vuelven al suelo, las hembras pierden las alas.

Mes 3

Una nueva nidada

Una nueva reina excava un hueco y alimenta con sus huevos al hongo que se ha traído. Si todo sale bien, al cabo de un mes la nueva colonia dispondrá de un almacén de hongos, huevos, larvas y pupas. Cuando las obreras salen de las pupas, se ponen a trabajar.

Mes 4

Las obreras jóvenes se suben a las hojas que llevan otras hormigas.

Una nueva colonia

Las hembras fecundadas vuelan en busca de nuevos lugares donde anidar para fundar una nueva colonia, en la que serán las reinas. Pero muy pocas lo consiguen. Todas se llevan un trocito de hongo para poder cultivarlo en su colonia.

Nuevas generaciones

A medida que la colonia crece, surgen diferentes clases de hormigas. Todas deben colaborar para que la colonia sobreviva. Una colonia puede contener más de mil cámaras y ocupar 0,5 km², una superficie equivalente a tres cuartas partes del parque de Disneyland en California (EE. UU.).

145

La descomposición

La muerte de un animal, por pequeño que sea, es fundamental para la vida de muchos otros seres vivos. En unos minutos se forma un ecosistema en miniatura dentro del cadáver y alrededor. Ese ecosistema incluye muchos tipos de organismos, como bacterias, moscas y escarabajos. Todos ayudan a reciclar los nutrientes que en su día formaron su cuerpo.

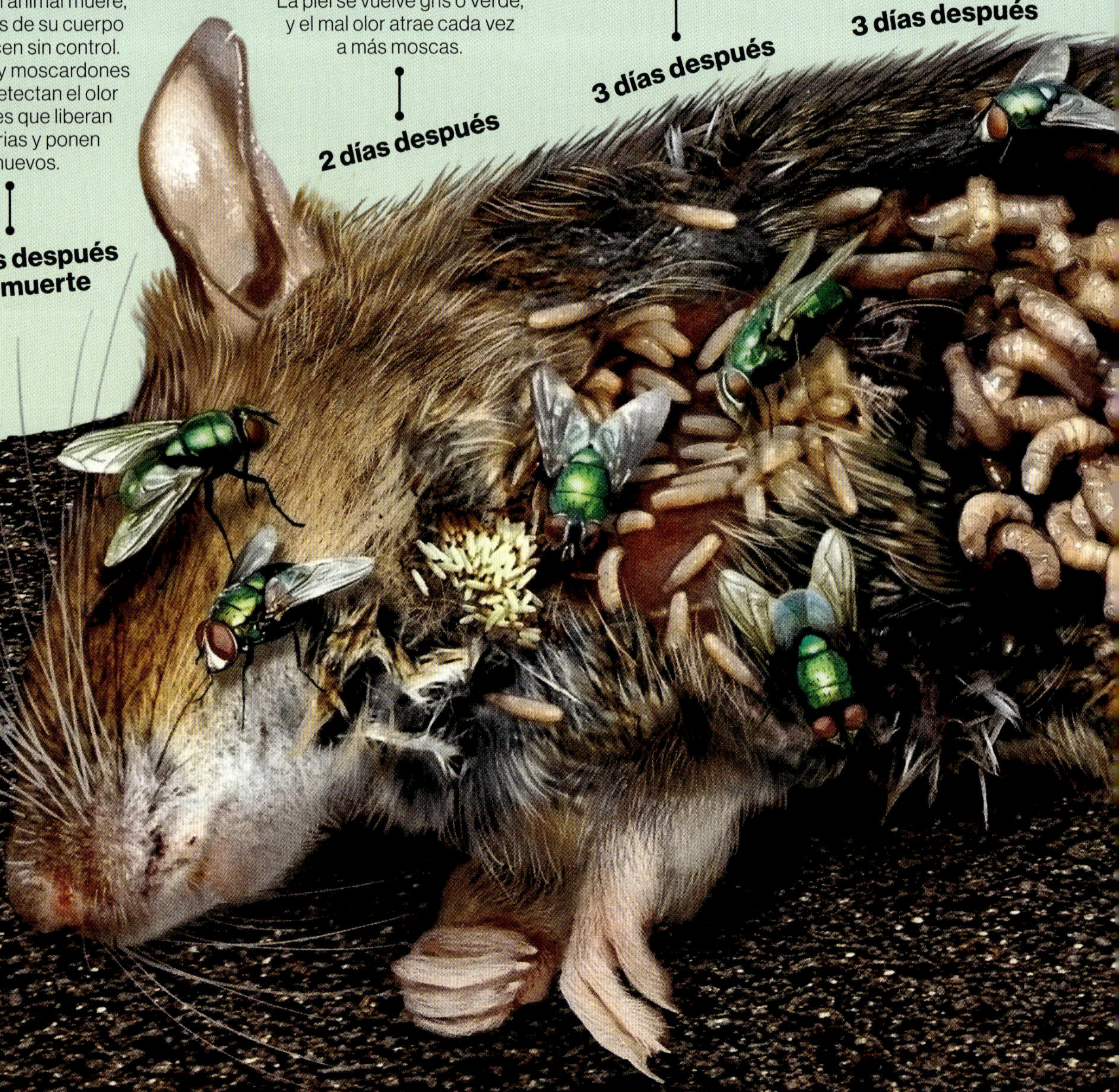

Empieza la descomposición

La piel en descomposición se deshace y el cuerpo se desinfla al liberar los gases malolientes del interior. Las larvas se empiezan a comer los órganos internos del ratón. El fuerte olor de la descomposición atrae a más insectos.

Eclosión de larvas

De los huevos nacen larvas diminutas (cresas). Estos gusanos no pueden atravesar la piel del ratón, por lo que entran en el cuerpo por los ojos, las orejas, la boca o las heridas abiertas.

El cuerpo se hincha

Las bacterias del intestino producen sulfuro de hidrógeno y metano, dos gases que hacen que se hinche el abdomen. La piel se vuelve gris o verde, y el mal olor atrae cada vez a más moscas.

Huevos de mosca

En cuanto un animal muere, los microbios de su cuerpo se reproducen sin control. Las moscas y moscardones cercanos detectan el olor de los gases que liberan las bacterias y ponen sus huevos.

Minutos después de la muerte

La temperatura, el entorno y la humedad determinan la velocidad de descomposición.

2 días después

3 días después

3 días después

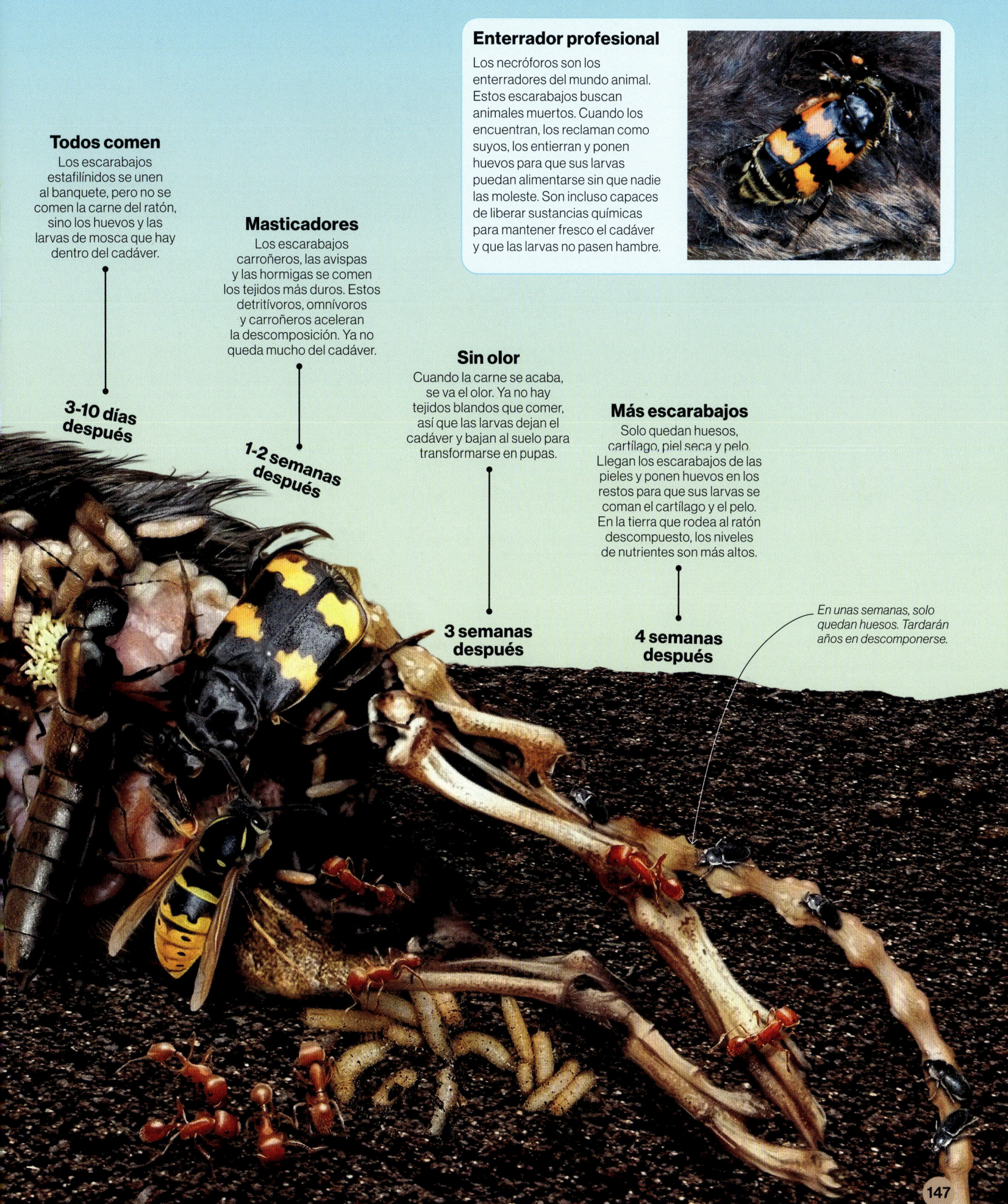

Todos comen

Los escarabajos estafilínidos se unen al banquete, pero no se comen la carne del ratón, sino los huevos y las larvas de mosca que hay dentro del cadáver.

Masticadores

Los escarabajos carroñeros, las avispas y las hormigas se comen los tejidos más duros. Estos detritívoros, omnívoros y carroñeros aceleran la descomposición. Ya no queda mucho del cadáver.

Enterrador profesional

Los necróforos son los enterradores del mundo animal. Estos escarabajos buscan animales muertos. Cuando los encuentran, los reclaman como suyos, los entierran y ponen huevos para que sus larvas puedan alimentarse sin que nadie las moleste. Son incluso capaces de liberar sustancias químicas para mantener fresco el cadáver y que las larvas no pasen hambre.

Sin olor

Cuando la carne se acaba, se va el olor. Ya no hay tejidos blandos que comer, así que las larvas dejan el cadáver y bajan al suelo para transformarse en pupas.

Más escarabajos

Solo quedan huesos, cartílago, piel seca y pelo. Llegan los escarabajos de las pieles y ponen huevos en los restos para que sus larvas se coman el cartílago y el pelo. En la tierra que rodea al ratón descompuesto, los niveles de nutrientes son más altos.

3-10 días después

1-2 semanas después

3 semanas después

4 semanas después

En unas semanas, solo quedan huesos. Tardarán años en descomponerse.

Un año en la colonia

Las abejas son muy ordenadas y trabajan siempre en equipo. La reina es la jefa y pone todos los huevos. Las demás son casi todas obreras y se ocupan de distintas tareas según su edad. El tamaño de la colonia cambia en función de las estaciones: en invierno es más pequeña para que no haya tantas bocas que alimentar, pero crece en verano.

Al fresco

La nueva reina se aparea en pleno vuelo con varias abejas macho (zánganos) y construye la colonia con 50 000 abejas. Las obreras salen a buscar agua y la echan sobre la colmena para mantenerla fresca.

Julio

¡Adiós, zánganos!

Los días son cada vez más cortos y hay menos comida. La colonia no necesita machos durante el invierno, por lo que las obreras los expulsan y no les permiten volver. Mientras la colmena tenga suficiente miel para comer y no haya enfermedades, sobrevivirá al invierno.

Septiembre

Enero

Al calorcito

Dentro de la colmena, las obreras rodean a la reina y a las abejas más jóvenes. Hacen vibrar sus alas y abdómenes para entrar en calor en invierno. La colmena está caliente gracias a las obreras.

Principios de abril

Nacen las larvas

Los huevos eclosionan. Las larvas se alimentan de jalea real, un alimento rico en nutrientes que las ayuda a desarrollarse. Al cabo de tres días, todas pasan a reinas en desarrollo y todas salvo a alimentarse de miel y polen.

Principios de abril

Crece la colonia

En primavera, los días se alargan y salen las flores. La reina pone huevos para que la colonia crezca: en invierno había 20 000 abejas hibernando, pero en verano habrá el doble. Puede poner hasta 2000 huevos al día.

El enjambre

La reina vieja y la mitad de las obreras abandonan la colonia. La reina se posa en una rama y las obreras la rodean para protegerla. Unas cuantas se van a buscar un lugar donde continuar su colonia.

Mitad de junio

Mitad de junio

Una nueva reina

Nace una joven reina en el nido y mata a las demás reinas en desarrollo mientras descansan en sus celdas selladas. Si nace más de una reina, luchan a picotazos. La superviviente se queda el trono.

Superpoblación

La colonia está cada vez más llena. Las obreras alimentan con abundante jalea real a las futuras reinas. A la reina existente le dan menos comida para que pierda peso y pueda volar.

La miel

Las obreras se pasean por encima de las celdas del panal, que están llenas de néctar. Un fluido azucarado que se recoge de las flores. Mueven las alas hasta evaporar el agua del néctar, que se convierte en la miel de la que se alimentará la colonia.

Principios de junio

Final de mayo

El panel

Las colmenas de las abejas están formadas por panales: un conjunto de miles de celdillas hexagonales construidas con la cera que producen las obreras. En el panal se guardan los huevos y la miel con la que se alimenta la colonia durante el invierno.

Colmena en obras

Las obreras ya pueden producir cera, así que cambian de trabajo. Se pasan el día sellando las celdas de los huevos nuevos y construyendo el panal, que sirve para almacenar miel y huevos.

Principios de mayo

Final de abril

Las abejas que construyen panales suelen formar filas, posiblemente para medir el espacio.

Abejas adultas

Las obreras adultas abren a mordiscos el sello de cera que las protegía. De inmediato se convierten en miembros activos de la colonia. Limpian y preparan el nido para que la reina ponga más huevos.

Final de abril

Mitad de abril

La guardería

Las obreras que nacieron hace unos días abandonan las tareas de limpieza para ocuparse de las larvas jóvenes, que necesitan alimentarse, y se aseguran de que la reina está limpia y alimentada.

Larvas maduras

Las larvas son 1500 veces más grandes que cuando eclosionaron y ya están desarrolladas. Las obreras sellan cada celda de cría con cera. Las larvas tejen un capullo a su alrededor y se transforman en pupas (fase intermedia antes de ser adultas).

¡Hoy cenamos estiércol!

Los grandes herbívoros, como los elefantes, no son capaces de digerir las plantas que comen. Sus heces, por lo tanto, están llenas de nutrientes y son el alimento perfecto para muchos insectos, como el escarabajo pelotero de los pastizales, que recicla los nutrientes y dispersa las semillas que se han quedado atrapadas en ellas. Existen tres tipos de escarabajos peloteros: los que hacen bolas de excrementos y las entierran (como en la imagen), los que hacen túneles en el estiércol y los que viven encima de este.

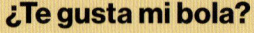

2 semanas-2 meses después

Salen los adultos
Las larvas se han transformado en escarabajos peloteros adultos y salen de la bola. Están hambrientos, de modo que enseguida se ponen a buscar su propio estiércol fresco.

Comida abundante
Los elefantes, las jirafas, los canguros y otros grandes herbívoros defecan varias veces al día. La brisa arrastra el fuerte olor a estiércol fresco.

El escarabajo detecta el olor del estiércol con sus antenas olfativas.

¿Te gusta mi bola?
El macho prepara una bola de estiércol mientras libera sustancias químicas aromáticas (feromonas), que atraen a las hembras. Si a alguna le convence la bola que ha preparado, se juntan para aparearse.

¡Qué bien huele!
Los escarabajos peloteros macho pasan el día volando por las praderas. Cuando sus antenas detectan el aroma de excrementos frescos, van a buscarlos aunque se encuentren a varios kilómetros.

Empieza el festín
Varios machos llegan al montón de estiércol. ¡No hay tiempo que perder! Es importante que las heces estén húmedas para absorber sus jugos nutritivos y poder darles forma de bola.

Comienzo

Unos minutos

10 minutos

15 minutos

La eclosión

Uno o dos días después, los huevos eclosionan y salen larvas diminutas de color crema que se atiborran del estiércol en el que viven.

A medida que crece, la larva se desprende varias veces de su exoesqueleto.

1-2 días después

¡Se acabó!

Los escarabajos vuelven a por más estiércol, pero son muchos. Un montón de estiércol fresco de elefante puede desaparecer en un par de horas.

2 horas después

¡A rodar!

El siguiente reto es mover la bola de estiércol, que puede pesar hasta 50 veces más que el escarabajo. El macho se pone de pie sobre las patas delanteras y camina hacia atrás, empujando y estabilizando la bola con las patas medias y traseras.

Los machos se ponen boca abajo y empujan la bola con las patas de atrás.

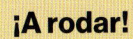

30 minutos

Cavando un túnel

Cuando llegan a un terreno blando, cavan una cámara subterránea e introducen la bola de estiércol. La hembra pone un huevo en su interior.

1 hora después

¡A topos!

Existen unas 6000 especies de mariquitas de diferentes colores y dibujos, pero la más común es la mariquita de siete puntos (*Coccinella septempunctata*). La mayoría viven cerca de un año y están activas durante el verano. Los meses de invierno, prefieren hibernar.

Un lugar seguro

En otoño, las mariquitas adultas buscan un lugar seguro para hibernar y forman colonias. Buscan refugio bajo la corteza de un árbol, entre unas hojas caídas o dentro de un edificio donde haga fresco.

Octubre

¡A cazar!

Durante las primeras semanas, las larvas beben un líquido rico en azúcar que producen los pulgones (melaza). A medida que crecen, empiezan a cazar y a comer cientos de pulgones enteros al día.

Los pulgones producen melaza porque comen la savia vegetal que circula por las plantas.

La larva es negra con manchas de color y no tiene alas.

4 semanas después

Junio

Muda

El exoesqueleto de la larva se va quedando pequeño, así que se desprende de él (muda). El exoesqueleto viejo se abre y la larva sale arrastrándose con un nuevo exoesqueleto más adecuado a su tamaño. Mudará tres veces más hasta que esté preparada para hacerse adulta.

Fase 1
Fase 2
Fase 3
Fase 4

Pupas

La larva ya desarrollada se convierte en pupa (fase anterior a la edad adulta). Desarrolla un capullo a su alrededor y se queda pegada a una hoja o una corteza. Su cuerpo pierde su forma larvaria (sin alas) y se hace adulta.

Cambio de color

La mariquita tarda de una a dos semanas en completar la fase de pupa. Después se abre el capullo y sale la mariquita adulta. Al principio tiene el cuerpo blando y es de color amarillo pálido, pero poco a poco se endurece y se vuelve rojo.

Julio-agosto

1-2 semanas después

Sueño profundo

Las mariquitas duermen durante el invierno, cuando no tienen nada que comer. No se mueren, pero se quedan aletargadas: su cuerpo se ralentiza y su temperatura baja. Si algo las molesta, les cuesta mucho despertar y echar a volar.

El despertar

Las mariquitas se despiertan hambrientas. Por esas fechas eclosionan los huevos de pulgón, uno de los alimentos favoritos de las mariquitas. Después de meses sin comer, ¿qué mejor que un festín de pulgones?

Noviembre-febrero

Marzo-principios de abril

Eclosión

En los siguientes 10 días, los huevos eclosionan. Las larvas salen reptando de la cáscara y se la comen. Luego devoran los huevos que no han eclosionado. Mientras descansan tras el banquete, su exoesqueleto se seca y se endurece.

Los huevos

La hembra pone los huevos en la parte de abajo de una hoja, cerca de los pulgones para asegurarse de que tendrán comida cuando nazcan. Los huevos parecen gominolas y se quedan pegados a la hoja con un pegamento natural que produce la hembra.

Apareamiento

Poco después de la hibernación, las mariquitas se aparean. Los machos intentan encontrar varias parejas, pero su ciclo vital está terminando y pronto morirán.

Las hembras ponen de 20 a 50 huevos al día.

Hasta 10 días después

Finales de mayo

Finales de abril-principios de mayo

Las alas están protegidas por unas cubiertas redondeadas (élitros). Cuando vuelan, se elevan.

¡A comer!

Las mariquitas adultas se alimentan durante un mes para aumentar sus reservas de energía antes del otoño. Cuando las temperaturas bajan, llega el momento de hibernar. La siguiente primavera, cuando vuelva el calor, el ciclo de la vida comenzará de nuevo.

Siestas veraniegas

Como la mariquita, muchos animales hibernan durante el invierno. Sin embargo, algunas especies pasan el verano durmiendo. Este proceso se llama estivación y les permite sobrevivir mucho tiempo sin agua. Durante el verano, la polilla bogong australiana dormita en las cuevas de las montañas. Cuando llega el otoño, sale para aparearse y poner sus huevos.

Agosto-septiembre

Ratones aventureros

El *Toxoplasma gondii* es un parásito diminuto que vive en los ratones y los gatos. Los ratones se infectan al comer alimentos contaminados con los huevos de este parásito (quistes), liberados en las heces de un gato infectado. Los ratones suelen evitar los lugares que huelen a gato, pero el *T. gondii* modifica su comportamiento para que sean menos precavidos. Así es más probable que los gatos atrapen algún ratón infectado y el ciclo vital del parásito continúe.

Ojos hinchados

El esporoquiste desarrolla tentáculos, que se extienden por el cuerpo del caracol. Algunos se cuelan dentro de sus pedúnculos oculares (antenas con ojos) y los llenan de larvas (parásitos jóvenes). Las larvas se mueven y hacen que los ojos hinchados del caracol palpiten y tengan bandas verdes.

Día 365

Días 2-365

El invasor

El huevo crece dentro del caracol y se convierte en una masa ramificada (esporoquiste), que vive en el aparato digestivo del caracol y absorbe sus nutrientes. El esporoquiste libera sustancias químicas que impiden que el caracol se reproduzca. Toda su energía es para el parásito.

Día 1

La infección

Un caracol ámbar busca comida por todo su hábitat, incluso húmedo y sombrío, en los excrementos de los pájaros, que a veces contienen huevos de leucocloridio. Si se los come, comienza la infección.

En busca del sol

Los pedúnculos oculares de los caracoles tienen ojos en los extremos y le sirven para evitar los lugares soleados. Como ahora manda el parásito, lo obliga a salir al sol, donde los depredadores pueden divisarlo fácilmente.

Día 366

Una presa fácil

Un pájaro hambriento confunde los ojos hinchados del caracol con deliciosas larvas u orugas. Con su fuerte pico, le arranca los pedúnculos oculares y deja el resto.

Día 367

Días 367-409

Dentro del ave

Dentro del estómago del ave, las larvas se hacen adultas. Desde allí bajan hasta la cloaca, por donde defeca, y se agarran a su interior con ventosas. Los gusanos liberan huevos, que se mezclan con los excrementos del ave. Están listos para que el siguiente caracol se los coma.

El caracol zombi

El caracol ámbar lleva una vida tranquila en los bosques húmedos de Europa y Norteamérica. Le gusta vivir a la sombra, cerca de ríos y arroyos. Se desliza a su ritmo en busca de algas y microbios para alimentarse. Pero todo cambia cuando llega el leucocloridio, un despiadado parásito con forma de gusano. Cuando un caracol se infecta, el parásito se apodera de su cuerpo y lo obliga a emprender un viaje digno de una película de terror. ¡La única manera de sobrevivir es obedecer!

Día 367

Fin de la infección

El caracol ámbar se ha liberado por fin del parásito. Le vuelven incluso a salir ojos nuevos. Sin el esporoquiste en su interior, puede reactivar su sistema reproductivo y engendrar más caracoles... (que podrán satisfacer el apetito voraz de este parásito).

Control mental

La avispa esmeralda es una hábil asesina de cucarachas. Les inyecta veneno en su sistema nervioso para dominar su mente y controlar su comportamiento. La cucaracha se convierte en un zombi y acaba sirviendo de alimento a las larvas de la avispa. Los insectos que utilizan a otros animales como huéspedes para criar a sus larvas se llaman parasitoides.

El huevo de la avispa se pega al abdomen de la cucaracha.

Los huevos

La avispa pone uno o dos huevos entre las patas de la cucaracha y tapa la entrada de la madriguera con hojas y otros objetos que encuentra.

¡Vienen los zombis!

La avispa hembra pica una segunda vez a la cucaracha en el cerebro y le inyecta un veneno que le impide que sus nervios funcionen correctamente. La cucaracha se vuelve lenta y no teme a los depredadores. En lugar de escapar, se dedica a acicalarse.

El último paseo

La avispa se come la mitad de las antenas de la cucaracha y se bebe el líquido que sale de sus heridas para reponer energías. Luego la lleva hasta su madriguera tirando de sus antenas.

Poco después

2-3 minutos tras la primera picadura

Unos segundos después

Empieza el ataque

Una avispa esmeralda hembra pica a una cucaracha en un centro nervioso situado en mitad de su cuerpo. El veneno que le inyecta le paraliza las patas delanteras unos 2-3 minutos.

Comienzo

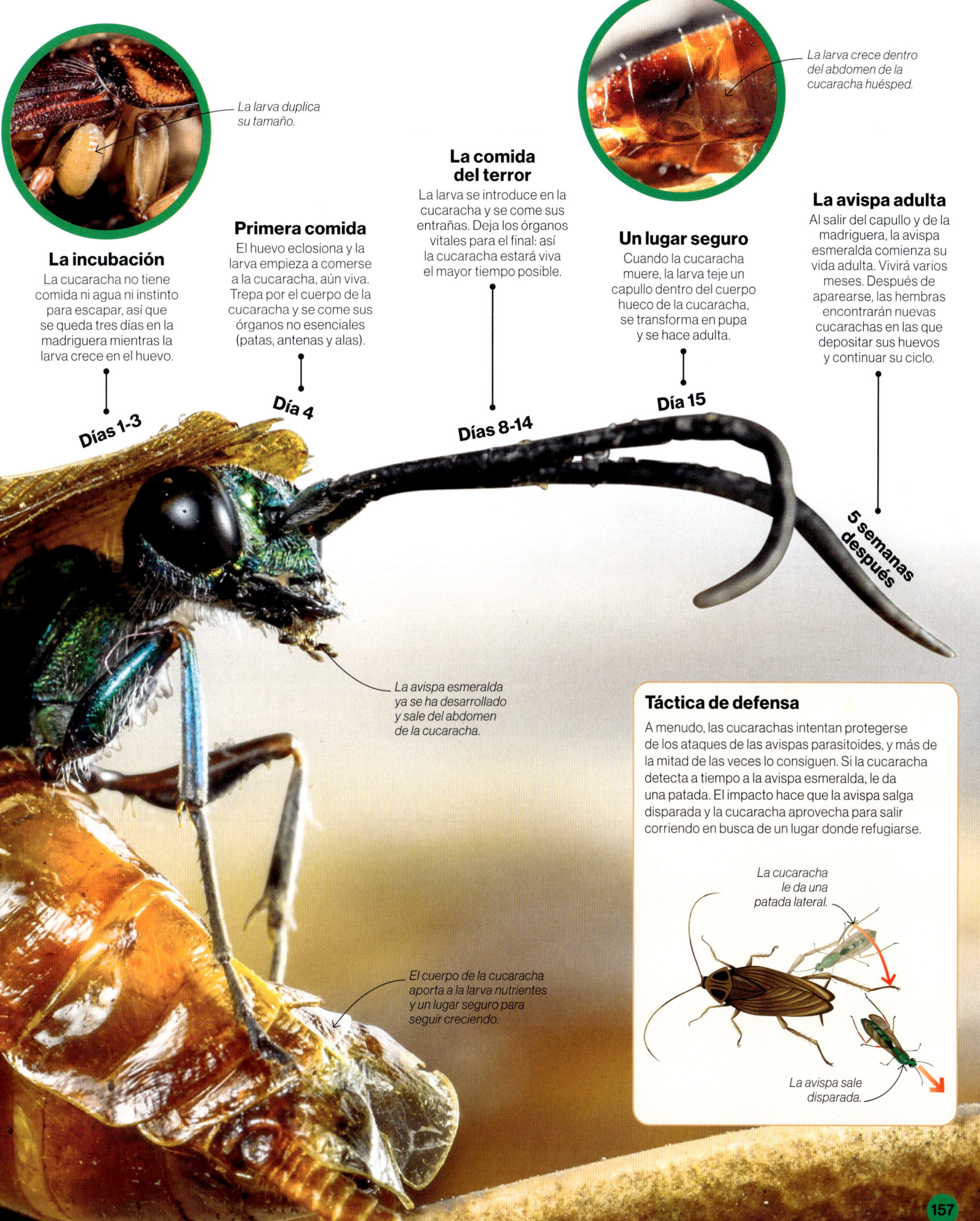

La larva duplica su tamaño.

La larva crece dentro del abdomen de la cucaracha huésped.

La incubación

La cucaracha no tiene comida ni agua ni instinto para escapar, así que se queda tres días en la madriguera mientras la larva crece en el huevo.

Días 1-3

Primera comida

El huevo eclosiona y la larva empieza a comerse a la cucaracha, aún viva. Trepa por el cuerpo de la cucaracha y se come sus órganos no esenciales (patas, antenas y alas).

Día 4

La comida del terror

La larva se introduce en la cucaracha y se come sus entrañas. Deja los órganos vitales para el final: así la cucaracha estará viva el mayor tiempo posible.

Días 8-14

Un lugar seguro

Cuando la cucaracha muere, la larva teje un capullo dentro del cuerpo hueco de la cucaracha, se transforma en pupa y se hace adulta.

Día 15

La avispa adulta

Al salir del capullo y de la madriguera, la avispa esmeralda comienza su vida adulta. Vivirá varios meses. Después de aparearse, las hembras encontrarán nuevas cucarachas en las que depositar sus huevos y continuar su ciclo.

5 semanas después

La avispa esmeralda ya se ha desarrollado y sale del abdomen de la cucaracha.

El cuerpo de la cucaracha aporta a la larva nutrientes y un lugar seguro para seguir creciendo.

Táctica de defensa

A menudo, las cucarachas intentan protegerse de los ataques de las avispas parasitoides, y más de la mitad de las veces lo consiguen. Si la cucaracha detecta a tiempo a la avispa esmeralda, le da una patada. El impacto hace que la avispa salga disparada y la cucaracha aprovecha para salir corriendo en busca de un lugar donde refugiarse.

La cucaracha le da una patada lateral.

La avispa sale disparada.

Ojos ultrapotentes

¿Por qué es tan difícil matar una mosca? La clave está en sus ojos. Los animales con ojos ven el mundo como una película: una secuencia de imágenes fijas proyectadas a toda velocidad. Los humanos vemos 60 imágenes por segundo, pero otros animales, como esta mosca de la fruta, ven cuatro veces más. De hecho, perciben el mundo a cámara lenta, ¡por eso siempre les da tiempo a escapar!

MOSCA DE LA FRUTA

Estaciones de limpieza

Los arrecifes tienen estaciones de limpieza, donde viven camarones y peces que comen parásitos. Los peces y las tortugas hacen cola para que los limpien. Los puestos suelen estar ocupados de día, pero también hay actividad nocturna. Los limpiadores se introducen incluso en la boca de sus depredadores para retirar los parásitos. ¡Y siempre salen ilesos!

Desove temprano

Los peces que viven en el fondo del arrecife, como el sargento mayor hawaiano, se llaman peces demersales. Suelen desovar temprano por la mañana, cuando hay menos depredadores que puedan comerse los huevos.

Primeras luces

Cuando la primera luz del día llega al arrecife, algunos corales extienden sus tentáculos para que las algas puedan hacer la fotosíntesis y producir alimento. Las algas viven protegidas y los corales se alimentan de las algas.

Los huevos se adhieren con fibras pegajosas.

04.00 **05.00** **06.00** **07.00**

03.00

Visión nocturna

Los enormes ojos de los peces candil les permiten captar mucha luz y detectar a sus presas en la oscuridad. Les encanta el plancton, los gusanos y las gambas.

02.00

01.00

00.00

24 horas en el arrecife

Los arrecifes de coral son como ciudades. Algunos viven allí de forma permanente, otros están de paso y paran en busca de comida o servicios especiales, como un lavado. Cuando se hace de noche, los animales diurnos se esconden para dormir y el turno de noche toma el relevo.

Arco iris nocturno

Unas criaturas diminutas (ctenóforos) suben de las profundidades a la superficie para comer algas. Producen su propia luz y tienen diminutos tentáculos en forma de peine, que dispersan la luz y crean un efecto arco iris.

23.00

22.00 **21.00** **20.00** **19.00**

Cazadores nocturnos

Tras esquivar con éxito a los tiburones, el pulpo nocturno sale a cazar. Sus largos tentáculos se introducen por los recovecos y las grietas del arrecife con la esperanza de encontrar peces o cangrejos.

Un gran banquete

Unos tiburones de puntas blancas consiguen que un pargo salga de su escondite nocturno. Intenta escapar, pero hay demasiados tiburones y no tiene escapatoria.

Felices sueños

Un pez loro margarita dedica una hora a tejer un capullo de mucosa. Así camufla su olor frente a los depredadores y se protege de los parásitos que lo mordisquean mientras duerme.

Trasnochadores

Un calamar de arrecife vuelve a aguas más profundas tras pasar la noche cazando gambas, cangrejos y peces. Viaja en grandes grupos por seguridad, para confundir a sus depredadores, como los atunes.

Hora de almorzar

Una babosa de mar devora un coral copo de nieve, una especie invasora que crece sobre el coral negro, y lo mata. La babosa se desliza hasta la base del coral y pasa el día a salvo de sus depredadores.

Toca limpieza

Una tortuga verde hace una parada para limpiarse. Los peces limpiadores se acercan para darse un banquete de algas y parásitos. Después, sigue su camino para comer.

Cena a la carta

Un mero gigante de 200 kg de peso nada junto a un montón de peces candil nocturnos que han pasado el día escondidos, pero no le interesa comérselos. Está buscando una deliciosa langosta espinosa.

Las plataformas de coral son perfectas para esconderse.

Sinfonía musical

Un ruido inquietante resuena en el arrecife: son las ballenas jorobadas macho llamando a las hembras. Han pasado la mañana y el medio día comiendo. Empiezan a calentar las cuerdas vocales para cantar toda la noche.

Las esponjas de tubo filtran el agua para alimentarse.

Buscar refugio

Los peces que comen algas, como el cirujano amarillo, se esconden de noche en las grietas del arrecife. Los Humuhumunukunukuapua'a de Hawái tienen una espina dorsal con la que se agarran con firmeza a su escondite y evitan que los depredadores los saquen por la fuerza.

Saludo con tentáculos

La anémona de arena ha pasado enterrada casi todo el día, manteniendo sus tentáculos ocultos de los peces. Cuando hay menos luz, extiende sus brazos, dispuesta a capturar alimento.

08.00 09.00 10.00 11.00 12.00 13.00 14.00 15.00 16.00 17.00 18.00

Una maravilla natural

La Gran Barrera de Coral de Australia es el sistema de arrecifes más extenso del mundo y el mayor ecosistema vivo de la Tierra. Aunque se ve desde el espacio, está formado por millones de animales diminutos, los pólipos. Cada coral es una colonia de pólipos y cada pólipo tiene algas microscópicas en su interior, que le proporcionan alimento; este les ofrece un lugar seguro donde vivir.

Los corales se asientan

Las corrientes oceánicas arrastran a las diminutas larvas de coral, que se asientan sobre una superficie rocosa y se transforman en pólipos. Cada pólipo produce carbonato cálcico (piedra caliza) y forma un duro esqueleto protector alrededor de su cuerpo blando. Enseguida empiezan a dividirse para formar una colonia de pólipos idénticos.

El mundo submarino

Los arrecifes son hábitats complejos y llenos de color. Sus rincones y grietas están habitados por miles de criaturas. Una cuarta parte de las especies de peces del mundo dependen de los arrecifes de coral para sobrevivir. La Gran Barrera de Coral está formada por 3000 arrecifes, aproximadamente, y 900 islas.

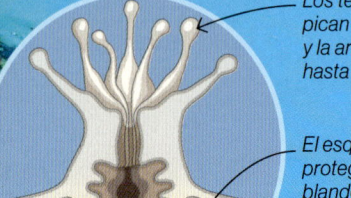

Los tentáculos pican a la presa y la arrastran hasta la boca.

El esqueleto duro protege el cuerpo blando del pólipo.

El alimento desciende hasta el estómago para digerirse.

En construcción

Se han instalado muchas especies de coral y han creado grandes colonias. Algunas tienen ramas en forma de árbol, otras conforman plataformas planas o bolas que parecen cerebros. Los esqueletos de coral duro se van acumulando y originan arrecifes de piedra caliza, donde nuevas colonias crecerán sobre las que han muerto.

Lucha por el espacio

El espacio en el arrecife es limitado. Las colonias compiten por quedarse con las superficies con más luz y agua. Estiran incluso sus tentáculos para capturar y devorar a sus vecinos.

Estas dos colonias, una marrón y otra verde, luchan por el espacio.

Hace 6000 años

Hace 6000-5000 años

Hace 3000 años

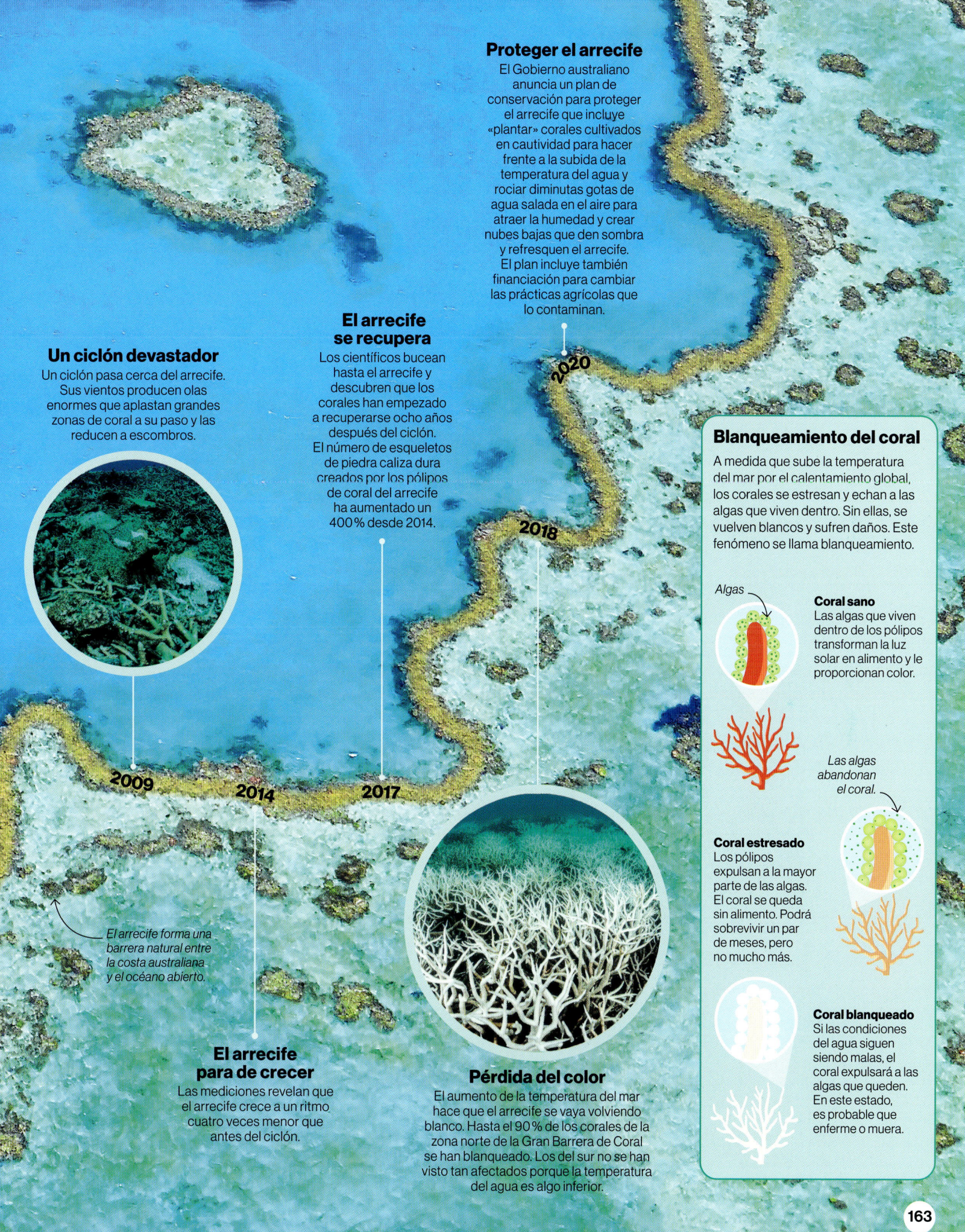

Proteger el arrecife

El Gobierno australiano anuncia un plan de conservación para proteger el arrecife que incluye «plantar» corales cultivados en cautividad para hacer frente a la subida de la temperatura del agua y rociar diminutas gotas de agua salada en el aire para atraer la humedad y crear nubes bajas que den sombra y refresquen el arrecife. El plan incluye también financiación para cambiar las prácticas agrícolas que lo contaminan.

El arrecife se recupera

Los científicos bucean hasta el arrecife y descubren que los corales han empezado a recuperarse ocho años después del ciclón. El número de esqueletos de piedra caliza dura creados por los pólipos de coral del arrecife ha aumentado un 400 % desde 2014.

Un ciclón devastador

Un ciclón pasa cerca del arrecife. Sus vientos producen olas enormes que aplastan grandes zonas de coral a su paso y las reducen a escombros.

El arrecife forma una barrera natural entre la costa australiana y el océano abierto.

2009 **2014** **2017** **2018** **2020**

El arrecife para de crecer

Las mediciones revelan que el arrecife crece a un ritmo cuatro veces menor que antes del ciclón.

Pérdida del color

El aumento de la temperatura del mar hace que el arrecife se vaya volviendo blanco. Hasta el 90 % de los corales de la zona norte de la Gran Barrera de Coral se han blanqueado. Los del sur no se han visto tan afectados porque la temperatura del agua es algo inferior.

Blanqueamiento del coral

A medida que sube la temperatura del mar por el calentamiento global, los corales se estresan y echan a las algas que viven dentro. Sin ellas, se vuelven blancos y sufren daños. Este fenómeno se llama blanqueamiento.

Algas

Coral sano
Las algas que viven dentro de los pólipos transforman la luz solar en alimento y le proporcionan color.

Las algas abandonan el coral.

Coral estresado
Los pólipos expulsan a la mayor parte de las algas. El coral se queda sin alimento. Podrá sobrevivir un par de meses, pero no mucho más.

Coral blanqueado
Si las condiciones del agua siguen siendo malas, el coral expulsará a las algas que queden. En este estado, es probable que enferme o muera.

Cuatro días después de la fecundación, un embrión diminuto se desarrolla dentro de un huevo transparente.

Cada huevo fecundado mide apenas unos milímetros de diámetro.

Todas las morenas de cinta azul nacen machos. Unos siete días después, son plateadas y casi transparentes.

Los machos jóvenes desarrollan una raya que cambia de negro a azul brillante a medida que maduran.

El cuerpo de la hembra es más grande. Esto le permite utilizar energía para producir huevos.

Cambio de color

Podría parecer que estas cuatro imágenes pertenecen a criaturas diferentes, pero en realidad muestran distintas etapas de la vida de una morena de cinta azul, que vive en los océanos Índico y Pacífico. Sus huevos y larvas son diminutos y casi transparentes, pero adquieren colores llamativos cuando crecen. Los machos se vuelven de color azul y amarillo intenso y, cuando alcanzan una longitud corporal de 1,3 m, se tornan amarillos y se transforman en hembras capaces de poner huevos.

Cerca de las anémonas

Los peces payaso mantienen una estrecha relación de mutualismo con las anémonas, que son parientes de las medusas y viven en las rocas. Las picaduras de las anémonas los protegen de los depredadores y los peces payaso, a su vez, las protegen de los parásitos, las limpian y jamás intentan comérselas. A estos no les pican gracias a la gruesa mucosa que los recubre.

Día 1

El desove

Cuando se acerca la luna llena, el macho dominante despeja un hueco en una roca cerca de una anémona y prepara un lugar para anidar. La hembra lo inspecciona y pone hasta mil huevos.

Los huevos solo miden unos 3 mm y cambian de color a medida que se desarrollan.

Poco después

El cuidado de los huevos

El pez payaso macho pasa por encima de los huevos y los fecunda. Después se ocupa de cuidarlos, mantenerlos limpios y protegerlos de parásitos.

El padre cuida de las crías y se come los huevos dañados o infectados.

Días 6-10

Eclosión de las larvas

Los huevos eclosionan a los 6-10 días. De su interior salen larvas diminutas y translúcidas. Son todas machos. Durante dos semanas, flotan en mar abierto y se alimentan de plantas y animales microscópicos. A muchas se las comen otros peces más grandes.

La vida del pez payaso

El pez payaso vive en los arrecifes de coral y suele pasar el día dentro de las anémonas de mar (animales con tentáculos urticantes parecidos a las plantas). Lo más curioso de este pez es que empieza su vida siendo macho y tiene la capacidad de cambiar de sexo. Vive en grupos liderados por una hembra dominante. Si esta muere, el macho más grande se transforma en hembra y toma el relevo.

Los ojos de los peces payaso se ven un par de días antes de eclosionar.

Los peces payaso se comunican mediante chasquidos que emiten entrechocando los dientes.

Hay 29 especies de pez payaso, cada una con unos colores diferentes, pero casi todas tienen rayas verticales.

Días 24-31

Juveniles

Los pequeños peces payaso empiezan a parecerse a sus padres y les salen sus características rayas. Encuentran un arrecife y empiezan a buscar un grupo social al que unirse.

Primeros años

Madurez

A medida que los machos crecen, van ganándose el respeto del grupo que vive en su misma anémona. El macho más grande es el dominante y el único al que se le permite aparearse con la hembra.

Años 5-10

Cambio de sexo

Cuando la hembra del grupo muere, el macho dominante cambia de sexo y pasa a ser la hembra dominante. El siguiente macho más grande crece y se convierte en su nueva pareja.

Eclosión

Los diminutos salmones (alevines vesiculados) salen de los huevos. Para evitar a los depredadores, se esconden en la grava del fondo del lago o el río. Durante seis semanas o más, se alimentan solo del saco vitelino que cada uno lleva pegado al vientre.

Huevo

Saco vitelino

Final del invierno-primavera

Alevines

Cuando el saco vitelino se agota, los jóvenes salmones (alevines) emergen de la grava, nadan hasta la superficie y empiezan a alimentarse de diminutos animales flotantes (zooplancton).

Invierno

Muerte

Después de desovar, el macho busca otras hembras. Durante una semana, la hembra permanece cerca de su desovadero para protegerlo. Al final del proceso mueren los dos: primero la hembra y luego el macho. Los nutrientes de sus cuerpos vuelven al ecosistema.

Después del desove

Fecundación

Cuando la hembra pone los huevos, un macho pasa nadando y los fecunda con su esperma. Este proceso se denomina desove o freza. A continuación, la hembra abanica la grava con la cola para enterrar los huevos.

Un viaje peligroso

Los salmones que remontan el río se enfrentan a muchos peligros. Uno de ellos son los osos, que los esperan a medio camino para darse un banquete. Otro obstáculo son las presas, aunque a menudo tienen escaleras o pasadizos para que los peces atraviesen las estructuras que de otro modo les bloquearían el paso.

Otoño

El sitio perfecto

Una hembra de salmón elige cuidadosamente el lugar para poner sus huevos. Sacude la cola de un lado a otro para hacer un hueco (desovadero) y depositar 500-1000 huevos. Repite el proceso cuatro o cinco veces.

Final del verano

Principios del verano

Crecen los alevines

Las líneas verticales oscuras de su piel los ayudan a camuflarse de sus depredadores. A medida que crecen, varían su dieta: comen insectos acuáticos y unos pequeños crustáceos llamados anfípodos.

Principios de la primavera

Depredadores a la vista

Los alevines crecen en agua dulce hasta convertirse en esguines. Empiezan a despertar el interés de depredadores más grandes: peces, nutrias, águilas pescadoras y águilas calvas.

1-2 años

Las águilas calvas se lanzan en picado con sus garras.

El viaje del salmón

Cuando un salmón rojo es joven, vive en los lagos y ríos de Norteamérica. Después viaja cientos de kilómetros hasta llegar al océano Pacífico, donde pasa varios años. Cuando tiene el cuerpo rojo y la cabeza verde, está listo para reproducirse. Aunque parezca increíble, es capaz de nadar río arriba hasta llegar donde nació. Allí se reproduce y muere poco después. Los peces que viven en agua dulce y salada a lo largo de su vida se llaman peces migratorios. Los hay de varios tipos. Los salmones, por ejemplo, son anádromos.

Los esguines migran

Cuando tienen cerca de un año, empiezan a migrar hacia el océano Pacífico, donde hay más comida. Van saboreando el agua y detectando los cambios químicos de cada zona para encontrar el camino. Al parecer, memorizan esta información para su viaje de vuelta.

Primavera del año 2

La vida en el mar

En el océano, los salmones se alimentan de otros peces, calamares y zooplancton (animales diminutos que nadan cerca de la superficie). Pasado un año, algunos machos (añales) regresan donde nacieron. La mayoría permanecen en el mar.

Primavera

El remonte

Al cabo de dos o tres años, los adultos están listos para aparearse: se les pone el cuerpo rojo y la cabeza verde. Emprenden el camino de vuelta a su lugar de nacimiento. Se guían por el campo magnético de la Tierra y la posición del Sol.

1-3 años después

De pesca con el oso *grizzly*

Un oso *grizzly* espera ansioso su oportunidad mientras un salmón rojo intenta saltar por encima de la cascada Brook en el Parque Nacional y Reserva de Katmai, en Alaska (EE. UU.). Estos osos suelen competir entre sí por los mejores lugares para pescar durante los meses de junio y julio, cuando los salmones remontan el río para desovar. Con un poco de suerte, pescarán más de 30 salmones en un solo día.

El crudo invierno

Hace -51 °C y el río Yukón está cubierto por una capa de 1,5 m de hielo. Una liebre americana, con su blanco pelaje invernal, permanece inmóvil para evitar encontrarse con una manada de lobos.

Enero

Vida submarina

Bajo el hielo, entre los guijarros del río, los huevos de salmón eclosionan. Los alevines vesiculados son minúsculos. Llevan un saco vitelino en la tripa, su único alimento durante semanas.

Febrero

Un año en el río Yukón

El río Yukón, que mide 3185 km de largo y tiene un caudal lento y poco profundo, recorre Canadá y Alaska (Estados Unidos). La vida no es fácil aquí, ya que la estaciones son extremas: los inviernos duran seis meses y los veranos son cortos. Los animales no han tenido más remedio que adaptarse. Algunos hibernan todo el invierno, mientras que otros se reproducen en primavera para que sus crías tengan tiempo de crecer antes de que llegue el frío.

Juegos de verano

Las nutrias de río están más activas en verano, cuando el agua no está congelada. En agosto suelen salir a jugar al sol. La madre flota y da volteretas con sus crías. Les enseña de paso a cazar ranas y peces.

Julio

Un recorrido sinuoso

El río Yukón nace en las colinas canadienses del Yukón y atraviesa islas boscosas y montañas. Al entrar en Alaska (EE. UU.), se ensancha para crear un vasto humedal. Luego se vuelve a estrechar hasta desembocar en el mar de Bering.

Adelfillas en flor

Las flores de la adelfilla cubren las orillas del río en agosto. Muchos insectos, como mariposas, abejas, moscas y escarabajos, se alimentan de su dulce néctar y las polinizan al revolotear de una a otra. A su vez, los insectos sirven de alimento para los anfibios, como las ranas.

Agosto

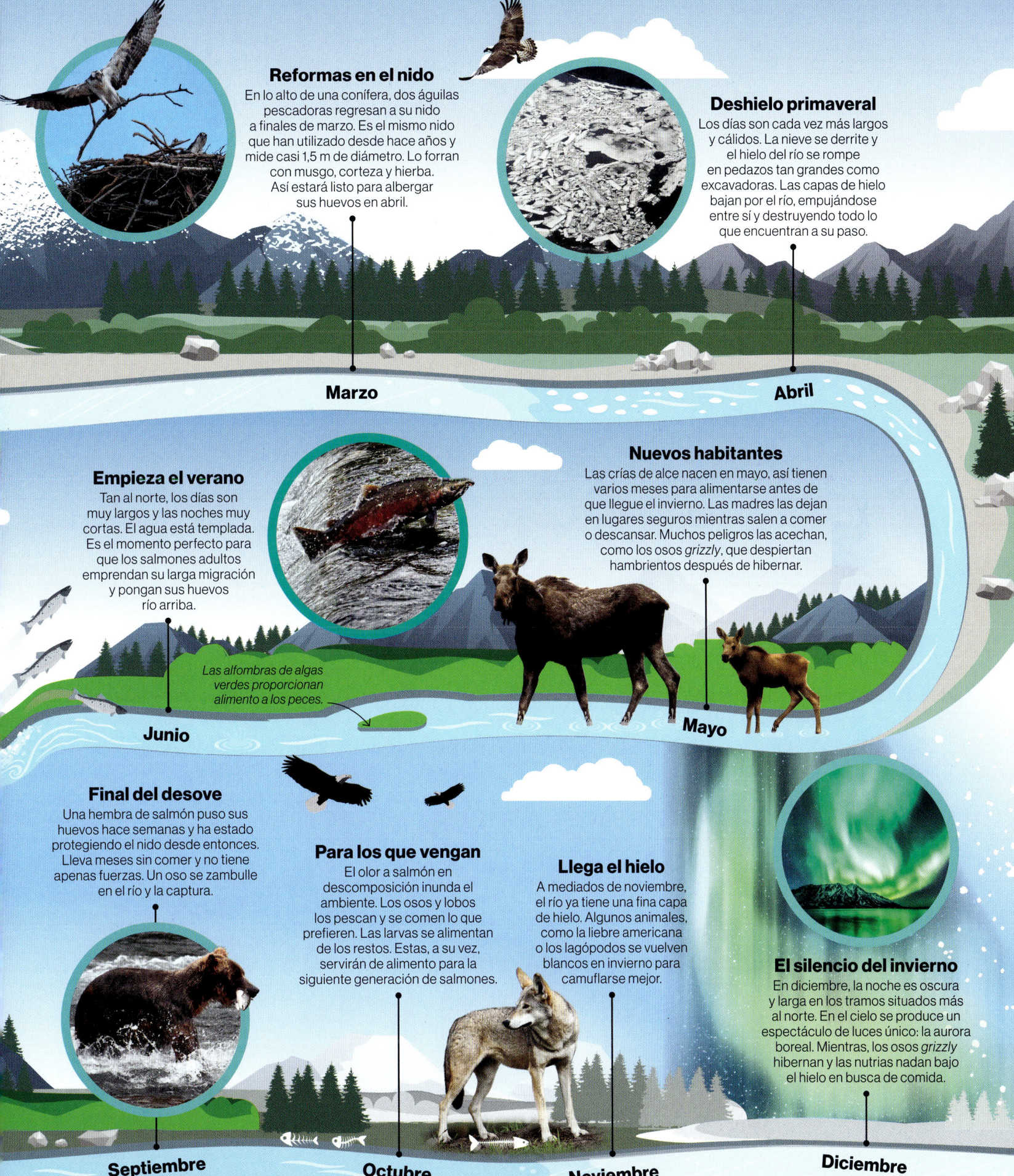

Reformas en el nido

En lo alto de una conífera, dos águilas pescadoras regresan a su nido a finales de marzo. Es el mismo nido que han utilizado desde hace años y mide casi 1,5 m de diámetro. Lo forran con musgo, corteza y hierba. Así estará listo para albergar sus huevos en abril.

Marzo

Deshielo primaveral

Los días son cada vez más largos y cálidos. La nieve se derrite y el hielo del río se rompe en pedazos tan grandes como excavadoras. Las capas de hielo bajan por el río, empujándose entre sí y destruyendo todo lo que encuentran a su paso.

Abril

Empieza el verano

Tan al norte, los días son muy largos y las noches muy cortas. El agua está templada. Es el momento perfecto para que los salmones adultos emprendan su larga migración y pongan sus huevos río arriba.

Las alfombras de algas verdes proporcionan alimento a los peces.

Junio

Nuevos habitantes

Las crías de alce nacen en mayo, así tienen varios meses para alimentarse antes de que llegue el invierno. Las madres las dejan en lugares seguros mientras salen a comer o descansar. Muchos peligros las acechan, como los osos *grizzly*, que despiertan hambrientos después de hibernar.

Mayo

Final del desove

Una hembra de salmón puso sus huevos hace semanas y ha estado protegiendo el nido desde entonces. Lleva meses sin comer y no tiene apenas fuerzas. Un oso se zambulle en el río y la captura.

Septiembre

Para los que vengan

El olor a salmón en descomposición inunda el ambiente. Los osos y lobos los pescan y se comen lo que prefieren. Las larvas se alimentan de los restos. Estas, a su vez, servirán de alimento para la siguiente generación de salmones.

Octubre

Llega el hielo

A mediados de noviembre, el río ya tiene una fina capa de hielo. Algunos animales, como la liebre americana o los lagópodos se vuelven blancos en invierno para camuflarse mejor.

Noviembre

El silencio del invierno

En diciembre, la noche es oscura y larga en los tramos situados más al norte. En el cielo se produce un espectáculo de luces único: la aurora boreal. Mientras, los osos *grizzly* hibernan y las nutrias nadan bajo el hielo en busca de comida.

Diciembre

173

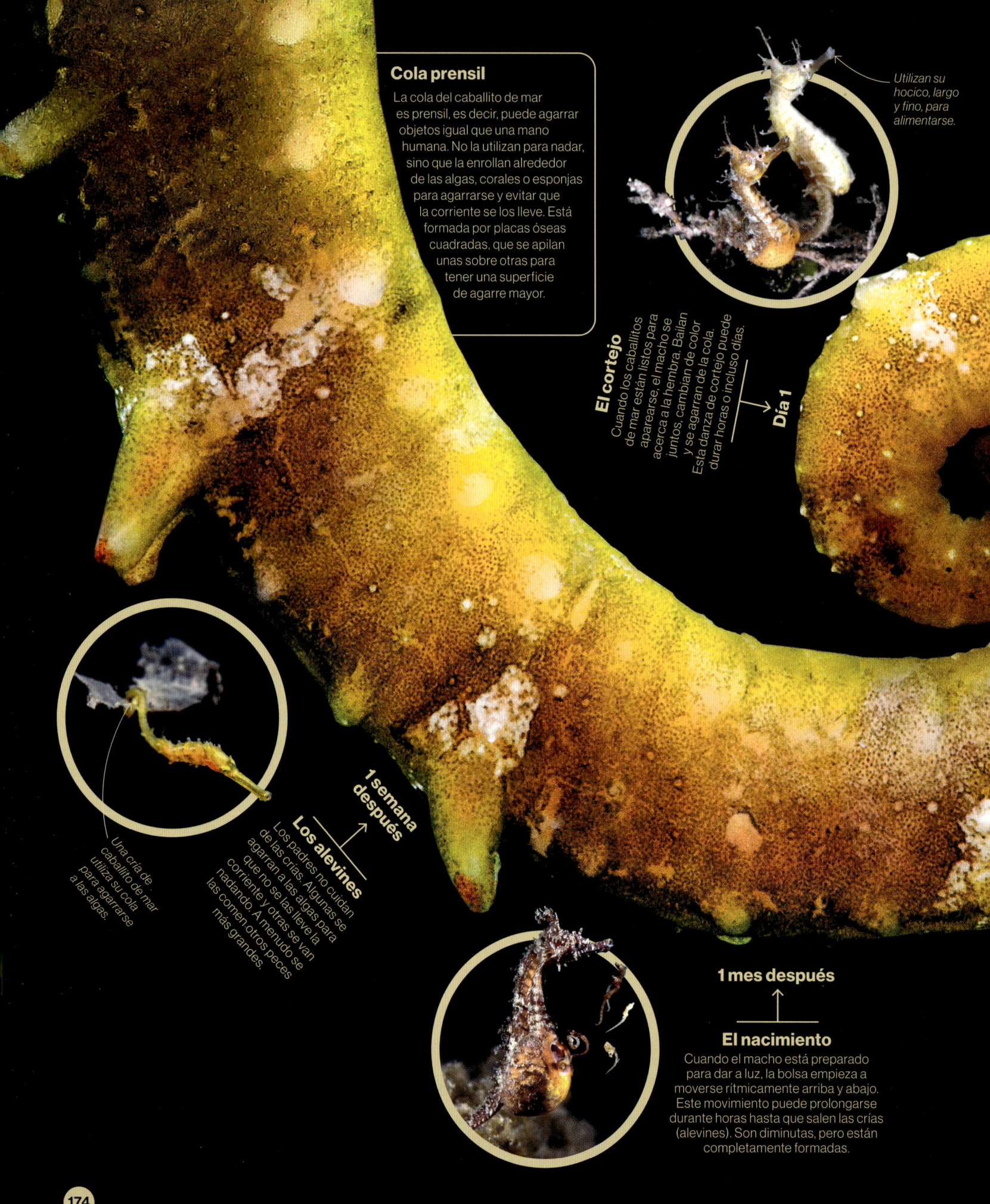

Cola prensil

La cola del caballito de mar es prensil, es decir, puede agarrar objetos igual que una mano humana. No la utilizan para nadar, sino que la enrollan alrededor de las algas, corales o esponjas para agarrarse y evitar que la corriente se los lleve. Está formada por placas óseas cuadradas, que se apilan unas sobre otras para tener una superficie de agarre mayor.

Utilizan su hocico, largo y fino, para alimentarse.

El cortejo

Cuando los caballitos de mar están listos para aparearse, el macho se acerca a la hembra. Bailan juntos, y se agarran de la cola. Esta danza de cortejo puede durar horas o incluso días.

Día 1

Los alevines

Los padres no cuidan de las crías. Algunas se agarran a las algas para que no se las lleve la corriente y otras se van nadando. A menudo se las comen otros peces más grandes.

1 semana después

Una cría de caballito de mar utiliza su cola para agarrarse a las algas.

1 mes después

El nacimiento

Cuando el macho está preparado para dar a luz, la bolsa empieza a moverse rítmicamente arriba y abajo. Este movimiento puede prolongarse durante horas hasta que salen las crías (alevines). Son diminutas, pero están completamente formadas.

Papás acuáticos

Los caballitos de mar viven en el agua pero no son caballos, sino peces. Se llaman así por la forma de su cabeza. Nadan en posición vertical gracias a la aleta que tienen en la espalda. A diferencia de la mayoría de los animales, el macho tiene las crías. La hembra pone los huevos y los deposita en la bolsa ventral del macho, que los incuba hasta que eclosionan y están listos para salir al mar.

La competencia

Otra hembra se acerca a la pareja de caballitos de mar mientras bailan e intenta acaparar la atención del macho. Este deberá decidir de quién serán los huevos que quiere llevar en su bolsa.

Día 2

El traspaso

El macho muestra su bolsa vacía y la hembra deposita dentro sus diminutos huevos con un órgano parecido a una trompa (ovipositor). El macho puede fecundar hasta mil huevos.

Día 3

Vida en pareja

Después de depositar los huevos, la pareja permanece unida y bailan juntos. Los caballitos de mar suelen tener la misma pareja durante toda la temporada de cría. Mientras dura la gestación, a menudo refuerzan su relación cambiando de color y haciendo piruetas.

Día 4

La bolsa del macho se abre para dejar salir a las crías.

Las crías se alejan.

175

Nacimiento

Una hembra preñada espera a que suba la marea para nadar hacia las aguas poco profundas de un estuario tropical (manglar). Allí da a luz hasta 18 crías, que miden de 50 a 76 cm de largo.

Toca sobrevivir

Cuando las crías nacen, la madre vuelve mar adentro y las crías deben valerse por sí mismas. Permanecen en aguas poco profundas y usan las raíces del manglar para esconderse de los depredadores, incluidos otros tiburones limón adultos.

La vida de un tiburón

Los tiburones limón se llaman así porque tienen un color amarillento que los ayuda a camuflarse en la arena. Aunque hay especies de tiburones muy solitarias, los tiburones limón son bastante sociables y suelen vivir en grupos con otros ejemplares de su misma especie y tamaño. Como la mayoría de los tiburones, dan a luz a sus crías. Para hacerlo, regresan a las aguas poco profundas donde nacieron, los manglares de la costa de América y África occidental.

Placenta

Cordón umbilical

Gestación

Las crías pasan un año dentro de la madre. Al principio viven en huevos y se nutren de la yema para ir creciendo. Después pasan a alimentarse directamente de la placenta, algo muy infrecuente en el mundo de los peces.

Los próximos 10-12 meses

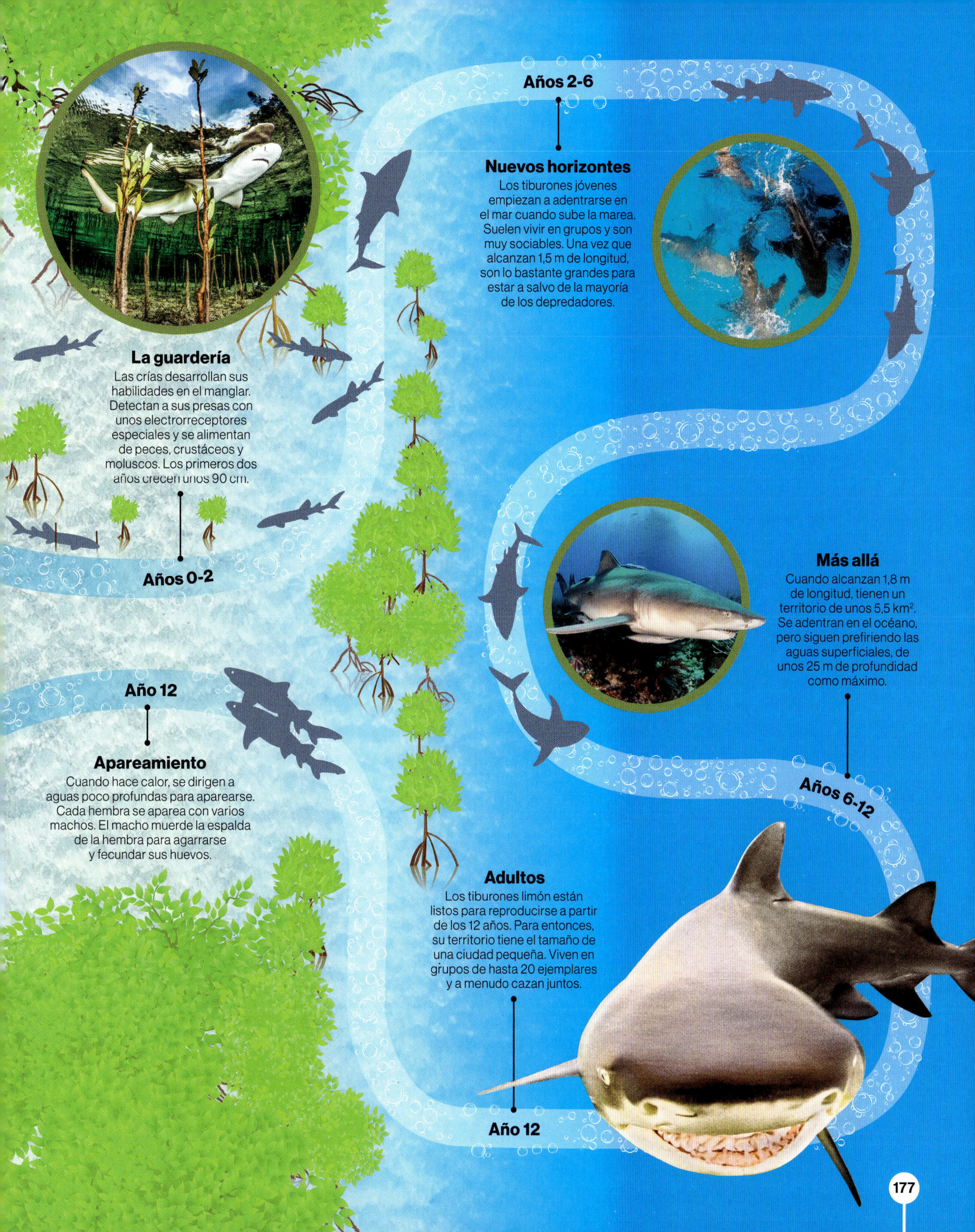

La guardería

Las crías desarrollan sus habilidades en el manglar. Detectan a sus presas con unos electrorreceptores especiales y se alimentan de peces, crustáceos y moluscos. Los primeros dos años crecen unos 90 cm.

Años 0-2

Años 2-6

Nuevos horizontes

Los tiburones jóvenes empiezan a adentrarse en el mar cuando sube la marea. Suelen vivir en grupos y son muy sociables. Una vez que alcanzan 1,5 m de longitud, son lo bastante grandes para estar a salvo de la mayoría de los depredadores.

Más allá

Cuando alcanzan 1,8 m de longitud, tienen un territorio de unos 5,5 km². Se adentran en el océano, pero siguen prefiriendo las aguas superficiales, de unos 25 m de profundidad como máximo.

Años 6-12

Año 12

Apareamiento

Cuando hace calor, se dirigen a aguas poco profundas para aparearse. Cada hembra se aparea con varios machos. El macho muerde la espalda de la hembra para agarrarse y fecundar sus huevos.

Adultos

Los tiburones limón están listos para reproducirse a partir de los 12 años. Para entonces, su territorio tiene el tamaño de una ciudad pequeña. Viven en grupos de hasta 20 ejemplares y a menudo cazan juntos.

Año 12

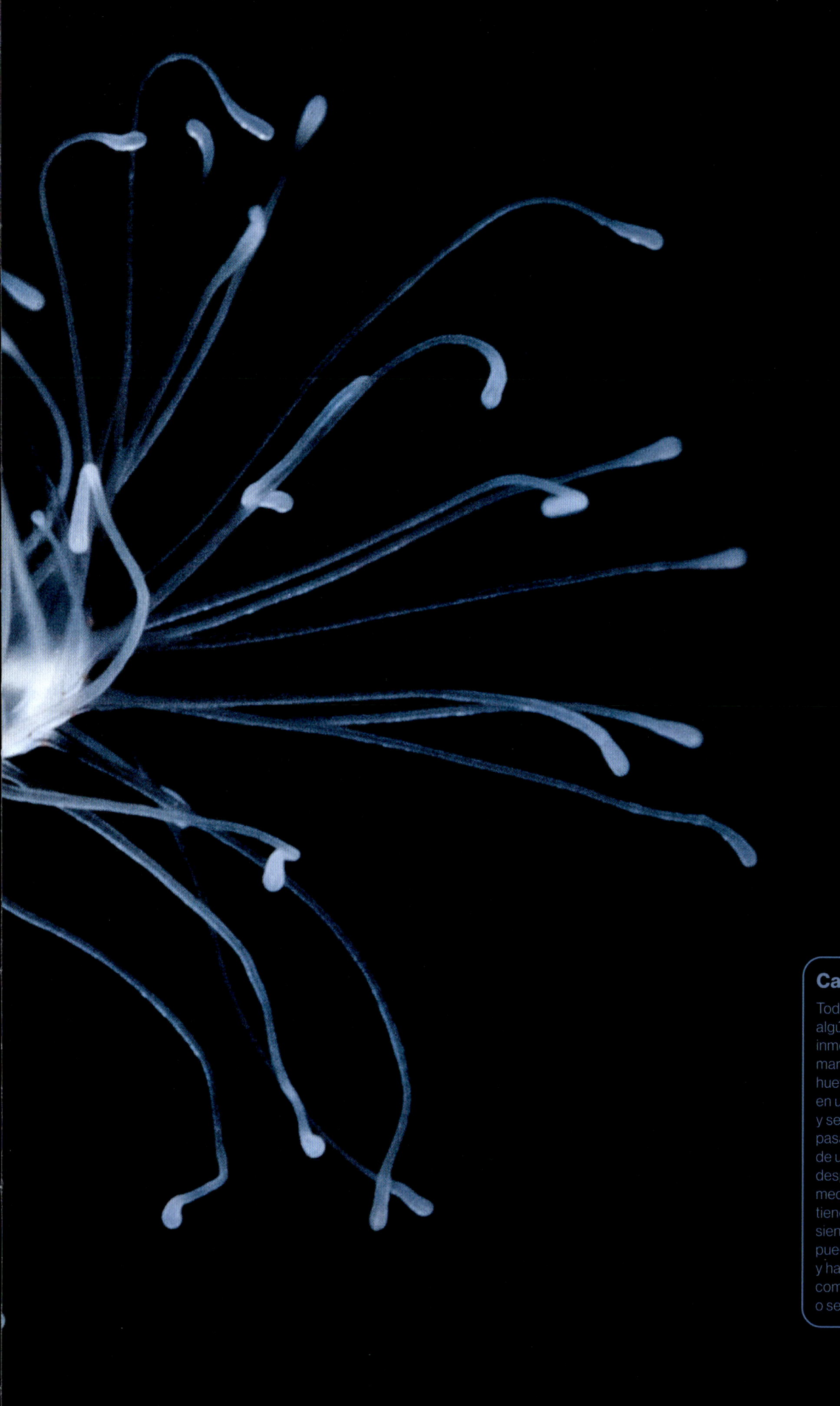

Casi inmortales

Todos los seres vivos mueren en algún momento... ¡excepto las medusas inmortales! Esta diminuta criatura marina comienza su vida siendo un huevo fecundado. Después se convierte en una pequeña larva nadadora (plánula) y se instala en el fondo marino, donde pasa a ser un pólipo y adquiere el aspecto de una planta. Un par de semanas después, del pólipo salen cientos de medusas adultas. Este tipo de medusa tiene una habilidad única: cuando se siente amenazada, herida o hambrienta, puede volver a transformarse en pólipo y hacerse adulta de nuevo tantas veces como sea necesario. Mientras no enferme o se la coma otro animal, no morirá.

Una hembra sale de su guarida en el interior de una grieta rocosa.

El macho utiliza las ventosas para detectar las sustancias químicas de la hembra.

La hembra almacena el esperma del macho en su manto, un hueco que tiene detrás de la cabeza, donde están todos sus órganos vitales.

Cada huevo tiene el tamaño de un grano de arroz.

La guarida ideal

Una hembra de pulpo gigante del Pacífico está lista para aparearse cuando tiene entre tres y cinco años. Antes, elige una guarida adecuada, fuera del alcance de los depredadores.

Día 1

En busca de pareja

Tras acondicionar la guarida, la hembra atrae a un macho. Nadie sabe cómo lo hace, pero lo más probable es que libere una sustancia química en el agua para indicar que está lista para aparearse. Si aparece más de uno, deberá elegir entre los candidatos.

Días 2-5

Traspaso de esperma

El macho utiliza su tentáculo de apareamiento (hectocótilo) para transferir dos bolsas de espermatóforos (esperma) a la hembra. Ella los almacena hasta que está preparada para fecundar sus óvulos.

Sobre el día 6

Puesta de huevos

La hembra elige cuándo fecundar los óvulos: puede hacerlo de inmediato o hasta siete meses después. Pone los huevos fecundados uno a uno y los pega al techo de su guarida, en ristras. Puede poner más de 50 000 huevos.

Día 7

Ocho patas

Aunque el pulpo gigante del Pacífico es tan pequeño como un grano de arroz cuando nace, crece más que el resto de las especies de pulpo. Cada uno de sus tentáculos puede llegar a medir 5 m de longitud. El ejemplar más grande registrado pesaba 272 kg, casi tanto como dos osos panda juntos. Tienen el cerebro más complejo de todos los invertebrados y pueden cambiar de color e incluso de textura para mimetizarse con el entorno.

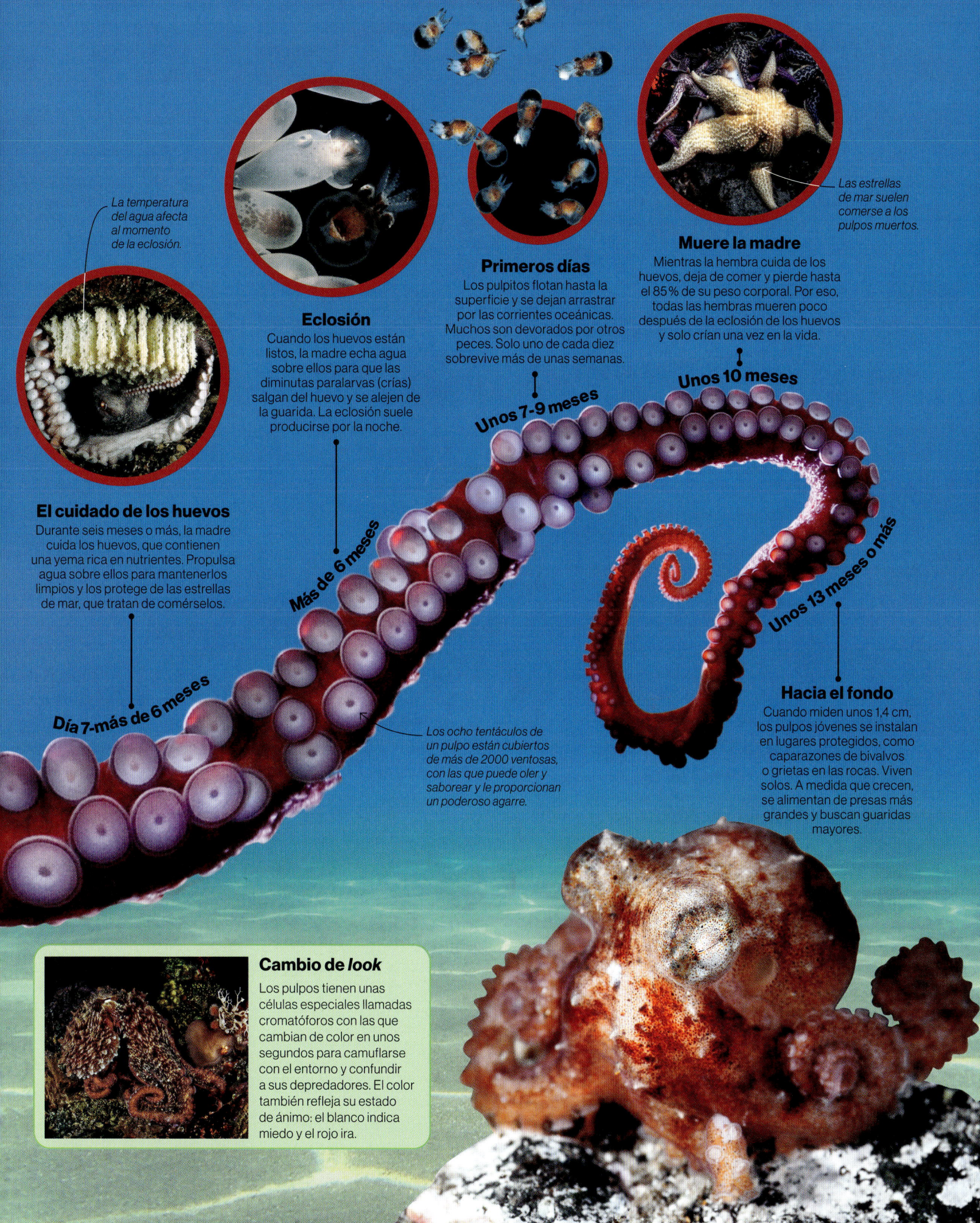

La temperatura del agua afecta al momento de la eclosión.

Las estrellas de mar suelen comerse a los pulpos muertos.

Muere la madre
Mientras la hembra cuida de los huevos, deja de comer y pierde hasta el 85 % de su peso corporal. Por eso, todas las hembras mueren poco después de la eclosión de los huevos y solo crían una vez en la vida.

Primeros días
Los pulpitos flotan hasta la superficie y se dejan arrastrar por las corrientes oceánicas. Muchos son devorados por otros peces. Solo uno de cada diez sobrevive más de unas semanas.

Eclosión
Cuando los huevos están listos, la madre echa agua sobre ellos para que las diminutas paralarvas (crías) salgan del huevo y se alejen de la guarida. La eclosión suele producirse por la noche.

El cuidado de los huevos
Durante seis meses o más, la madre cuida los huevos, que contienen una yema rica en nutrientes. Propulsa agua sobre ellos para mantenerlos limpios y los protege de las estrellas de mar, que tratan de comérselos.

Unos 10 meses

Unos 7-9 meses

Más de 6 meses

Unos 13 meses o más

Día 7-más de 6 meses

Los ocho tentáculos de un pulpo están cubiertos de más de 2000 ventosas, con las que puede oler y saborear y le proporcionan un poderoso agarre.

Hacia el fondo
Cuando miden unos 1,4 cm, los pulpos jóvenes se instalan en lugares protegidos, como caparazones de bivalvos o grietas en las rocas. Viven solos. A medida que crecen, se alimentan de presas más grandes y buscan guaridas mayores.

Cambio de *look*
Los pulpos tienen unas células especiales llamadas cromatóforos con las que cambian de color en unos segundos para camuflarse con el entorno y confundir a sus depredadores. El color también refleja su estado de ánimo: el blanco indica miedo y el rojo ira.

Noche

Amanecer

El albatros está despierto y listo para empezar a buscar peces.

Día

Al amanecer, el gran tiburón blanco divisa una foca que descansa en la superficie.

El pez luna se calienta con la luz solar en la superficie.

El atún y los peces que cazan con la vista suben a la superficie iluminada para comer.

El tiburón peregrino nada con su enorme boca abierta para capturar fitoplancton.

Noctámbulos

Los grandes depredadores oceánicos cazan con facilidad en la oscuridad. El tiburón blanco está bien adaptado a la penumbra y utiliza su olfato y su oído, muy desarrollados, para detectar a sus presas.

El fitoplancton flota cerca de la superficie, donde hay mucha luz.

Amanece

La superficie del océano se ilumina al amanecer. El gran tiburón blanco aprovecha la luz para cazar un rato más. El atún y otros animales marinos que utilizan la vista para encontrar comida suben hasta la superficie. Fuera del agua, algunas aves marinas, como el albatros, comienzan su jornada de pesca.

Medio día

Cuando hay más luz, el fitoplancton (organismos microscópicos parecidos a las plantas) que flota en la superficie produce alimento gracias a la fotosíntesis. El pez luna, el pez óseo más pesado del mundo, toma el sol durante el día.

24 horas en el océano

La mayor migración de la naturaleza se produce a diario en los océanos. Miles de millones de peces y animales microscópicos (zooplancton) viven en las zonas más oscuras del mar, a salvo de depredadores. Cada noche, aprovechan la falta de luz para subir a las aguas superficiales para comer.

El zooplancton (animales marinos microscópicos) baja a las aguas más oscuras al amanecer para evitar a los depredadores como el tiburón peregrino.

El albatros planea sobre sus enormes alas todo el día y solo se posa en el agua para alimentarse.

El albatros duerme en la superficie del agua.

Noche

Día

Atardecer

Los delfines flotan sobre el agua para dormir, como si fueran un tronco.

Un grupo de delfines caza peces cerca de la superficie de día.

Cae el sol

Al atardecer, los pájaros descansan en la superficie del agua. Debajo empieza la gran migración oceánica, en la que muchas especies, como las salpas y los peces linterna, nadan hasta la superficie para pasar la noche comiendo.

El zooplancton sube a la superficie para comer, a salvo de los depredadores que necesitan luz para cazar.

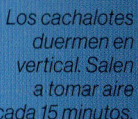

Los cachalotes duermen en vertical. Salen a tomar aire cada 15 minutos.

Las mareas

La marea sube (pleamar) y baja (bajamar) una vez cada 12 horas, más o menos, según el lugar. Estos cambios influyen en la alimentación y el movimiento de los peces, así como en los delfines y las aves marinas, que se guían por las mareas para pescar.

Anochece

Sin luz solar, la superficie del agua vuelve a estar a oscuras. El zooplancton más grande también sube desde las profundidades para alimentarse del fitoplancton. Los delfines y los cachalotes descansan en la superficie.

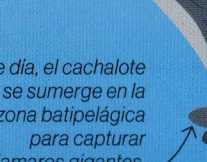

De día, el cachalote se sumerge en la zona batipelágica para capturar calamares gigantes.

Se sabe poco de los calamares gigantes, ya que pasan la mayor parte del tiempo en las profundas aguas batipelágicas.

La luz en el océano

Los océanos de la Tierra se dividen en zonas según el nivel de luz solar que reciben. El 90 % de la vida marina vive en la zona epipelágica, la más cercana a la superficie, donde hay mucha luz y plancton para comer. La zona mesopelágica (o crepuscular) recibe menos luz solar: muchas especies se esconden aquí de los depredadores durante el día y suben a comer a la superficie por la noche. La zona batipelágica y la zona abisal son tan profundas que no llega la luz, por lo que la oscuridad es total. Como hace mucho frío, solo sobreviven las criaturas más resistentes.

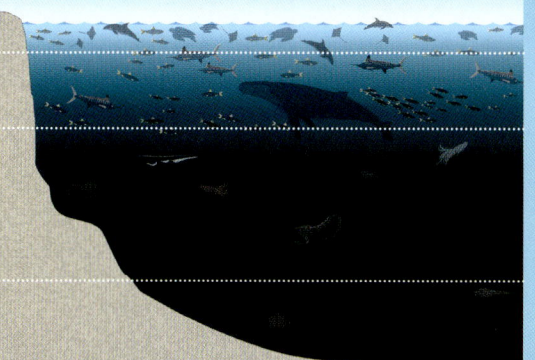

Zona epipelágica: 0-200 m

Zona mesopelágica: 200-1000 m

Zona batipelágica: 1000-4000 m

Zona abisal: 4000-6000 m

La acumulación de gases puede hacer que la ballena explote.

Muerte

Muere una ballena
Una ballena es un mamífero y necesita aire para vivir, así que se sale con frecuencia para respirar. Cuando una ballena muere de vieja, suele estar cerca de la superficie.

Unos días después

A la deriva
Poco después de morir, el cuerpo de la ballena empieza a descomponerse, liberando gases que hinchan el cadáver como un globo y hacen que flote en la superficie. Las aves marinas y los tiburones empiezan a devorar el cuerpo.

Unas horas más tarde

La ballena se hunde
Cuando el cuerpo de la ballena se abre, salen los gases de su interior. El cadáver comienza a hundirse despacio y puede tardar muchas horas en llegar al fondo del océano.

EN EL CADÁVER O A SU ALREDEDOR

Pez bruja

Pulpo

Tiburón de seis branquias

Pez cola de rata

Carroñeros marinos
Los primeros en llegar son los carroñeros, que vienen a comerse la grasa, los órganos y los músculos. La luz del sol no llega hasta aquí abajo, así que encuentran el cuerpo de la ballena guiándose por el olfato.

Un gran festín

Cuando una ballena muere, su enorme cuerpo se hunde hasta el fondo del mar. En las profundidades frías y oscuras del océano no hay mucha comida, así que su cadáver se convierte en un maravilloso banquete para cientos de animales. Esta fuente de alimento repentina y gigantesca puede durar décadas, hasta que los habitantes del fondo marino acaban con todo, desde la grasa hasta los huesos. ¡No queda nada!

5 años después

Nieve marina

La comida suele llegar al fondo en forma de pequeñas partículas llamadas nieve marina. Son restos de plantas y animales que viven más arriba y constituyen el principal alimento de las criaturas de las profundidades. Una ballena muerta contiene la misma cantidad de alimento que unos 2000 años de nieve marina.

EN EL CADÁVER O A SU ALREDEDOR

Cangrejo curtidor

Hesiónido (gusano)

Anfípodo

Isópodo gigante

Viruela

EN LOS SEDIMENTOS CERCANOS

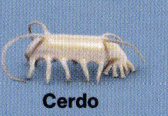

Cerdo de mar

Estrella de mar

Anfarétido (gusano)

Solo huesos

Cuando ya solo queda el esqueleto, los gusanos y moluscos rebañan los restos de carne. Otras pequeñas criaturas, como los cerdos marinos y las estrellas de mar, se instalan alrededor y se alimentan de los nutrientes de la carcasa.

EN EL CADÁVER O A SU ALREDEDOR

Caracol Rubyspira

Mejillón Adipicola

Los comehuesos

Solo quedan las partes duras de los huesos. Los moluscos y los gusanos zombi los perforan para alcanzar los nutrientes que hay dentro.

EN EL CADÁVER O A SU ALREDEDOR

Anémona pompón

Un nuevo hogar

Los huesos se han convertido en polvo, pero aún quedan algunos trozos duros. Serán el hogar de algunas criaturas marinas, como las anémonas, las esponjas y los corales.

7 años después

50 años después

Más de 50 años después

A los pulpos de aguas profundas les gusta la comida que encuentran cerca de las ballenas.

Parece que la carcasa de la ballena tiene pelos, pero son los gusanos zombi perforándola.

Los comedores de huesos liberan sustancias químicas sulfurosas. Las consumen las bacterias amarillas.

Piruetas acuáticas

Una mantarraya se sumerge tras dar un espectacular salto fuera del agua en el mar de Cortés, frente a la costa de México. Las mantarrayas baten sus aletas anchas y planas para nadar, en un método que se parece bastante al vuelo de un pájaro. Cada año, decenas de miles de mantarrayas se reúnen en enormes bancos y saltan hasta 2 m por encima del agua. No se sabe con seguridad por qué, pero se cree que lo hacen para buscar una pareja con la que aparearse.

MANTARRAYAS SALTANDO

Cangrejos nómadas

Una de las migraciones masivas más espectaculares del mundo animal es la del cangrejo rojo de la isla de Navidad. Estos cangrejos viven solo en esta isla, como sugiere su nombre, y en las islas Cocos del océano Índico. Cada año, abandonan su hogar para aparearse y poner huevos en el mar. Migran todos a la vez. Son tantos que a veces las autoridades se ven obligadas a cortar el tráfico para dejarlos pasar.

LARVAS

Durante las dos semanas siguientes a la puesta, la hembra incuba los huevos en una bolsa que tiene en el abdomen.

La eclosión
Guiadas por la luna y la marea alta, las hembras se dirigen al océano y liberan sus huevos a la vez. Los huevos eclosionan de inmediato y las larvas se arremolinan en enormes bancos, que son arrastrados por las corrientes. Como todos los huevos eclosionan a la vez, tienen más probabilidades de sobrevivir.

Día 28

La puesta
Tras el apareamiento, el macho se da un baño y emprende el viaje de vuelta a casa. La hembra se queda en la madriguera. Al cabo de tres días, pone hasta 100 000 huevos y los guarda en su bolsa de cría. Cuando la luna está en cuarto menguante, se marcha de la madriguera.

Día 17

Bucando pareja
Los cangrejos macho son más grandes, así que llegan primero a la playa, donde excavan y defienden sus madrigueras. Cuando llegan las hembras, se dan un baño rápido en el mar y eligen al macho en función de la madriguera.

Días 8-16

Migración anual
En cuanto llegan las primeras lluvias con la estación húmeda, los cangrejos abandonan el bosque y se dirigen al mar. Recorren distancias enormes para el tamaño que tienen. ¡Son tantos que hay que cortar el tráfico para que pasen!

Día 1

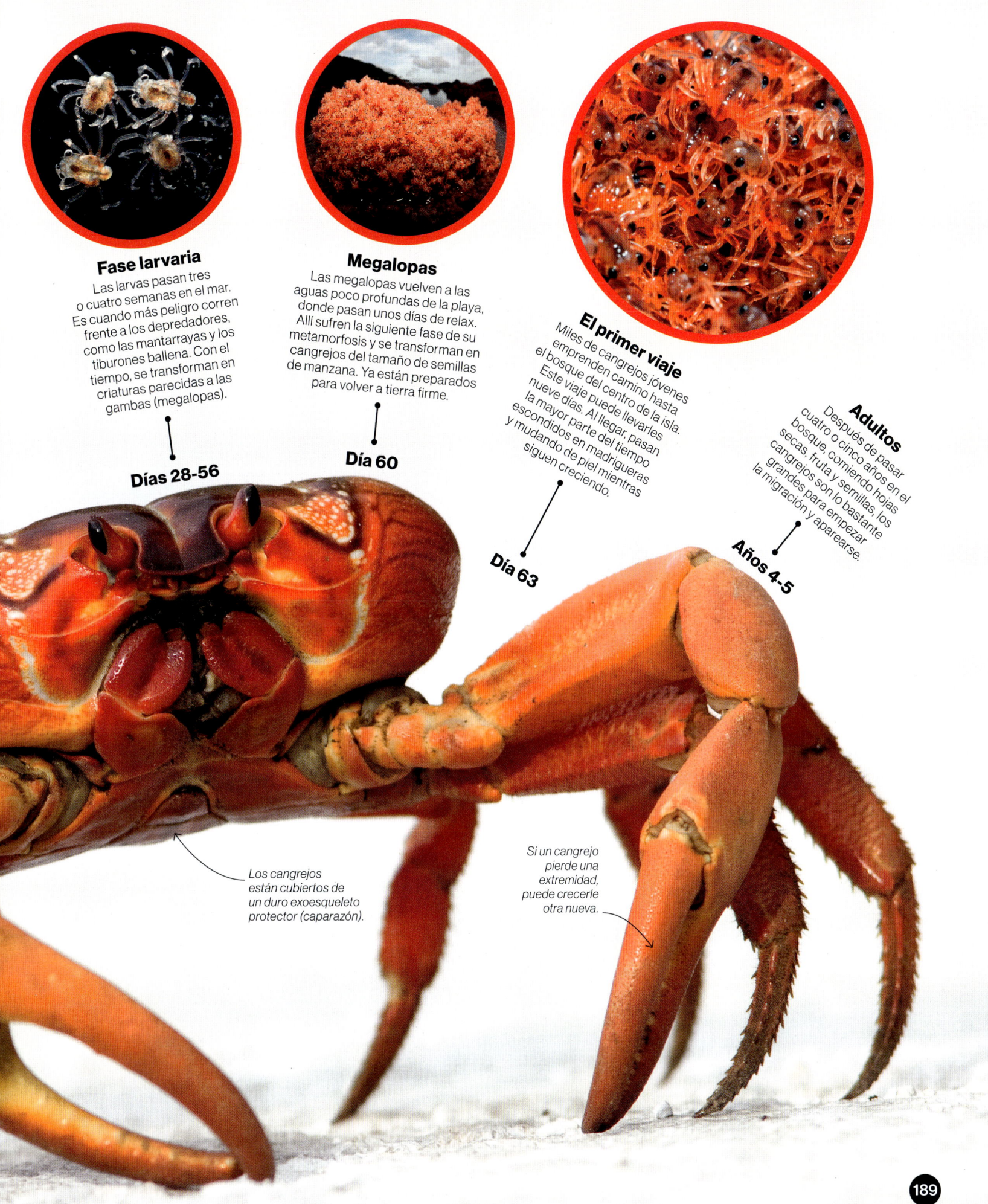

Fase larvaria

Las larvas pasan tres o cuatro semanas en el mar. Es cuando más peligro corren frente a los depredadores, como las mantarrayas y los tiburones ballena. Con el tiempo, se transforman en criaturas parecidas a las gambas (megalopas).

Días 28-56

Megalopas

Las megalopas vuelven a las aguas poco profundas de la playa, donde pasan unos días de relax. Allí sufren la siguiente fase de su metamorfosis y se transforman en cangrejos del tamaño de semillas de manzana. Ya están preparados para volver a tierra firme.

Día 60

El primer viaje

Miles de cangrejos jóvenes emprenden camino hasta el bosque del centro de la isla. Este viaje puede llevarles nueve días. Al llegar, pasan la mayor parte del tiempo escondidos en madrigueras y mudando de piel mientras siguen creciendo.

Día 63

Adultos

Después de pasar cuatro o cinco años en el bosque, comiendo hojas secas, fruta y semillas, los cangrejos son lo bastante grandes para empezar la migración y aparearse.

Años 4-5

Los cangrejos están cubiertos de un duro exoesqueleto protector (caparazón).

Si un cangrejo pierde una extremidad, puede crecerle otra nueva.

Huevos de rana

La mayoría de las hembras ponen los huevos en el agua, envueltos por una gelatina que los mantiene juntos. Las ranas de cristal son arborícolas: viven en los árboles y ponen sus huevos en las hojas que cuelgan sobre los ríos y arroyos.

Las ranas cristal ponen unos 28-30 huevos en cada puesta. Otras especies ponen hasta 4000 huevos de vez.

Día 1

Minirrenacuajos

Dentro de cada huevo crece un renacuajo minúsculo, que enseguida desarrolla los ojos y la cola. Las colas, largas y musculosas, son perfectas para nadar. Eso es justo lo que necesitarán cuando eclosionen y caigan al caudaloso río en el que vivirán.

Semanas 0-2

De renacuajos a ranas

Las ranas son anfibios, un grupo de vertebrados de sangre fría que nacen como larvas y sufren una serie de cambios hasta que se hacen adultos. Las larvas se llaman renacuajos, respiran debajo del agua y tienen cola, pero no patas. Las ranas adultas respiran aire y tienen cuatro patas, pero no cola. Este proceso de cambio se llama metamorfosis. Cada especie la realiza en momentos diferentes.

Dos patitas

Los renacuajos parecen peces diminutos y se comportan como tales: respiran por branquias y mueven su larga cola para propulsarse. Al cabo de unas semanas, empiezan a salirles dos bultitos del vientre, que poco a poco se convertirán en sus patas traseras.

Semanas 4-6

Cuatro patas

Al renacuajo le crecen dos patas delanteras. Parece una rana diminuta con cola. Vive en el agua y se alimenta de plantas y algas. Cuando empieza a desarrollar pulmones, su piel absorbe las branquias hasta que desaparecen.

Semanas 8-10

La piel translúcida les permite camuflarse.

Rana joven

Cuando pierde la cola y desarrolla sus pulmones, es ya una rana y puede salir del agua, pero debe permanecer húmeda porque sus pulmones absorben el oxígeno a través de la piel. Las ranas de cristal tienen unas membranas en los dedos que les ayudan a trepar por las ramas. Además, producen una mucosa que impide que se resbalen de las hojas.

Semana 16

Siguen creciendo

La yema que hay dentro de cada huevo (muy rica en nutrientes) les proporciona el alimento que necesitan para eclosionar. Dentro del huevo crecen y desarrollan su ancho cuerpo y su larga cola.

Semana 2

Emergen los renacuajos

Cuando han alcanzado el tamaño óptimo (unos 34 mm de largo, en el caso de las ranas de cristal), están listos para salir de sus huevos. Utilizan la cabeza para abrirse camino y caen al agua, donde suelen enterrarse en el fondo del río para evitar que se los coman.

Semanas 2-3

Rana adulta

Las ranas de cristal adultas miden solo 30 mm de largo, pero pueden saltar hasta 3 m. Viven unos 14 años. Prefieren cazar de noche y se alimentan de insectos y arañas. Todas las ranas vuelven a la orilla del agua para aparearse y poner huevos.

Más de 20 semanas

Crías de rana

En el mundo hay más de 4000 especies de ranas identificadas, así que es lógico que tengan distintas maneras de reproducirse.

Rana gris de la espuma
La hembra suelta un fluido en la rama de un árbol, sobre el agua. Lo manipula hasta formar una espuma y pone los huevos dentro. Los machos expulsan sus espermatozoides en la espuma para fecundar los huevos.

Rana punta de flecha
Las hembras de esta rana venenosa ponen sus huevos entre la hojarasca mojada y hacen guardia. Cuando los renacuajos salen de los huevos, los adultos los llevan a la masa de agua más cercana.

Las ranas de cristal tienen los ojos orientados hacia delante, así pueden ver a las presas que tienen delante.

Patas de recambio

¡Cada cual se defiende como puede! Algunos optan por salir corriendo y dejar caer la cola o las patas. Los anfibios tienen la asombrosa capacidad de regenerar las partes del cuerpo que pierden. Este tritón vientre de fuego japonés puede regenerar las patas, la cola o los ojos.

Un mal día

Los peces y las aves comen tritones. A veces los cazan y se los tragan enteros, pero otras solo logran comerse una pata. Perder una pata significa que le cuesta más caminar, nadar, trepar... ¡y comer!

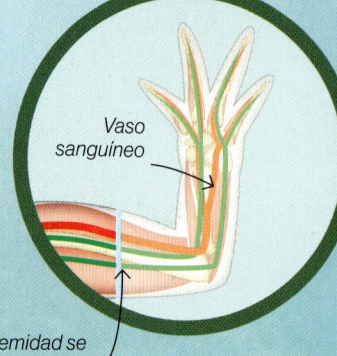

Vaso sanguíneo

La extremidad se ha cortado por aquí.

Comienzo

Todas las extremidades se pueden regenerar.

El tritón vientre de fuego puede regenerar sus lentes oculares.

Una guarida para recuperarse

La regeneración consume mucha energía. Mientras le crece una extremidad nueva, el tritón no está tan activo y es más vulnerable a los depredadores. Por eso, suele buscar una guarida en la que descansar a salvo mientras tanto.

Día 40

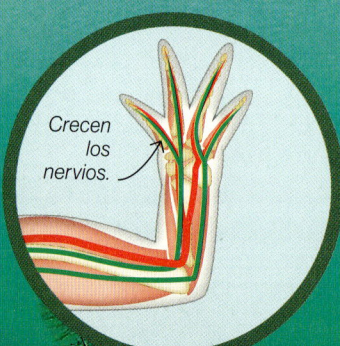

Crecen los nervios.

Una pata nueva

La nueva pata es una copia exacta de la original y funciona igual de bien. Los nuevos músculos y huesos le permiten moverse; los nuevos nervios hacen que sea sensible al tacto y la nueva piel lo protege de los gérmenes.

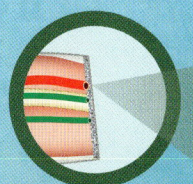

Coágulos sanguíneos

Los glóbulos rojos se amontonan en la herida y la sangre se coagula en unos minutos. Se forma una costra dura que impide que siga perdiendo sangre. Si no, moriría desangrado.

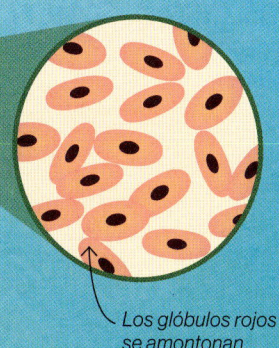

Los glóbulos rojos se amontonan.

La regeneración en otros animales

Los anfibios no son los únicos que pueden regenerar partes de su cuerpo. A los lagartos les crece una cola nueva si la pierden en una pelea o un accidente y algunas estrellas pueden incluso dividirse en dos y regenerar sus brazos.

Este brazo está creciendo otra vez.

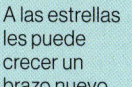

A las estrellas les puede crecer un brazo nuevo.

A los gusanos planos les puede crecer otra cabeza.

A las ascidias les puede crecer un cuerpo nuevo.

10 minutos después

Crece piel encima

Se forma una nueva capa de piel sobre la herida que protege el tejido dañado. A la vez, empiezan a multiplicarse las células madre (que pueden generar cualquier tejido).

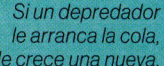

Días 1-2

Células madre

Montículo de células madre

Las células madre se multiplican hasta formar un montículo llamado blastema, que producirá los tejidos nuevos dentro del miembro regenerado.

Días 3-12

Si un depredador le arranca la cola, le crece una nueva.

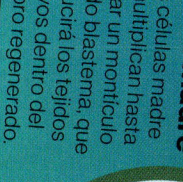

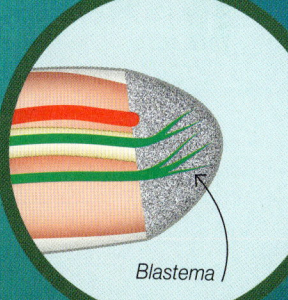

Blastema

Día 20

Día 30

Formándose

El blastema produce distintos tipos de células, que formarán los huesos, nervios, vasos sanguíneos y músculos. Las células empiezan a organizarse; a los 20 días, empieza a verse la forma del miembro regenerado.

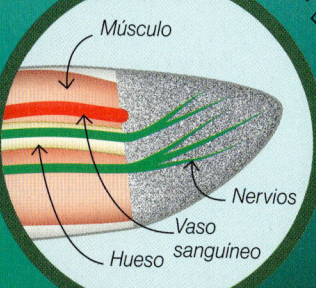

Músculo

Nervios

Vaso sanguíneo

Hueso

Una minipata

Una pata nueva empieza a salir de la herida. Es diminuta, pero ya tiene la forma de una pata: se ve la rodilla y los dedos; los nervios y los músculos funcionan. El tritón ya es capaz de moverla.

Entre la arena y el mar

Las tortugas laúd son las más grandes del mundo. Pueden llegar a medir 2,6 m de largo. Cada año nadan miles de kilómetros para buscar una playa tropical donde poner sus huevos, después vuelven al agua para encontrar alimento. Les encantan las medusas y se sumergen hasta 1000 m de profundidad para capturarlas. Las hembras solo van a la orilla para desovar; los machos nunca salen del océano.

Excavan un nido

Una hembra cava un hoyo en la arena y pone cien huevos en dos capas. La capa superior no está fecundada. Si un depredador encuentra los huevos, probablemente se coma solo los de arriba y no los de abajo. El macho se queda en el mar.

Una tortuga hembra tarda unas dos horas en poner todos sus huevos.

Día 1

Asoman la cabeza

Las minúsculas tortugas se desarrollan dentro del huevo. Si la temperatura en el nido es alta, serán hembras; si es baja, machos. Después de dos meses, las crías utilizan su diente de huevo para salir del caparazón. Por la noche, salen a la superficie.

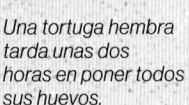

Diente de huevo

2 meses después

Los mapaches comen huevos y crías de tortuga laúd.

Un viaje peligroso

Las crías miden hasta 8 cm de largo. Su viaje hasta el mar es el más peligroso de sus vidas. Sus padres no están para protegerlas, así que una de cada diez es devorada por los cangrejos, mapaches, aves marinas y otros depredadores.

1 hora tras la eclosión

Listas para aparearse

Las tortugas laúd alcanzan la madurez a los 5-15 años. Cuando están listas para aparearse, las hembras regresan a la orilla. Los machos nadan cerca de la playa e intentan aparearse con el mayor número de hembras posible. Las tortugas laúd pueden vivir hasta 50 años.

Las hembras se acercan a la orilla cada dos o tres años para poner sus huevos.

Los machos no vuelven a la orilla.

Años 5-15

Grandes nadadoras

Las tortugas laúd tienen la piel del caparazón dura y correosa. Además, disponen de siete crestas sobre su superficie que les aportan estabilidad en el agua. Sus aletas delanteras, muy largas, les permiten nadar muy bien, mientras que las traseras, más redondeadas, les ayudan a bucear a gran profundidad.

Caparazón estriado

Aleta trasera redondeada

En busca de aguas frías

Cuando miden 1 m de largo, emigran a aguas más frías, donde hay más medusas. A estas alturas ya son lo bastante grandes para colocarles dispositivos de seguimiento.

Aletas delanteras muy largas

Años 5-15

A la deriva

Sus minúsculas aletas aún no les permiten llegar lejos, así que las arrastran las corrientes oceánicas. Crecen bastante durante su primer año, pero a muchas se las comen los peces. Menos de una de cada diez llegan a cumplir un año.

Años enigmáticos

No se sabe qué hacen las tortugas laúd los primeros años (porque son tan pequeñas que no se les puede seguir la pista), pero sí que se enfrentan a muchos peligros: quedan atrapadas en redes de pesca o mueren al tragar bolsas de plástico.

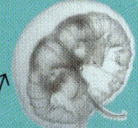

Las medusas son la comida favorita de las tortugas laúd.

Año 1

Primeros años

Un día en la vida de un camaleón

Los camaleones están muy bien adaptados a la vida en los árboles, donde pasan casi todo su tiempo. Tienen tres dedos: uno hacia atrás y dos hacia delante para agarrarse a las superficies como si fueran pinzas. Su fuerte cola les sirve como una quinta extremidad y les permite moverse y mantener el equilibrio en las ramas de los árboles. Estos reptiles son diurnos y duermen hasta 12 horas por la noche.

El camaleón tiene una ventosa que lo ayuda a agarrar a su presa.

El camaleón lanza su lengua a 97 km por hora en una centésima de segundo. Es un arma letal para cazar.

Las langostas son una de sus comidas favoritas.

Amanecer

Remoloneando

Los camaleones siempre se mueven despacio, pero aún más por la mañana. Tras pasar la noche en la copa de los árboles, todavía no han entrado en calor. Como son de sangre fría, no se calientan hasta que sale el sol. Por suerte, saben camuflarse muy bien para desperezarse con tranquilidad sin que los atrapen los depredadores.

Media mañana

El rocío de la mañana

En lo alto de los árboles, lejos de los ríos o los lagos, el camaleón se las arregla como puede para encontrar agua. Suele beber por la mañana, aprovechando el rocío que se acumula en las hojas por la noche o las gotas de la lluvia que se quedan en las ramas superiores.

Mediodía

Hora de comer

Los ojos del camaleón pueden moverse y enfocar objetos de manera independiente, así que pueden usar un ojo para buscar comida y el otro para vigilar si se acerca algún depredador, como un ave o una serpiente. Sus ojos sobresalen a ambos lados de la cabeza, por lo que tiene visión panorámica. Pueden detectar presas a hasta 9 m de distancia.

El camaleón pantera de Madagascar es una de las más de 200 especies de camaleón que existen.

Primera hora de la tarde

Muda de piel

Un camaleón adulto se desprende de su piel una vez cada ocho semanas, más o menos. Suele tardar una hora en soltar la piel muerta; a veces se frota contra las ramas o con sus patas para quitársela. Esto le permite seguir creciendo.

Última hora de la tarde

Problemas en el paraíso

Los machos son muy territoriales. Cuando uno se adentra en la zona de otro, la cosa se pone tensa. Ambos pueden enfrentarse y ponerse de colores muy intensos a modo de advertencia. Si ninguno de los dos retrocede, se pelean. El que pierde se ve obligado a marcharse unas ramas más abajo.

Atardecer

Listo para dormir

El camaleón se instala en una rama para pasar la noche y duerme unas 12 horas, del atardecer al amanecer. Cuando se queda dormido, sus colores se aclaran para evitar la atención de los depredadores y su temperatura corporal desciende con el aire fresco de la noche.

Un año en la vida de una culebra

La culebra de collar es un reptil que vive en los bosques, humedales y praderas de Europa y parte de Asia. Es bastante tímida y huye de los humanos. No es venenosa, así que caza en el agua y en tierra, atacando a sus presas por sorpresa. Como muchos reptiles, hiberna durante el invierno, a menudo en lugares cálidos y difíciles de encontrar.

En busca de pareja

Las culebras de collar buscan pareja en primavera. Los machos se acercan a las hembras y se agrupan en grandes «ruedas» de hasta ocho machos y una o dos hembras. Después de unas dos horas, se separan y continúan su camino, cada una por su cuenta.

Abril-mayo

Las culebras de collar se comen enteras a sus presas, como esta rana.

Un buen desayuno

Las culebras de collar nadan muy bien y son capaces de cazar en agua dulce y en tierra, incluso ranas, sapos y tritones. Al empezar la primavera, también atrapan peces pequeños, aprovechando que están desovando. Algunas incluso capturan crías de pato y pequeños mamíferos.

Marzo-abril

Muda de la piel

Las culebras de collar crecen toda su vida. Cuando se les queda pequeña la piel, desarrollan una nueva. Los machos mudan la piel dos veces al año, pero las hembras solo una, justo antes de poner los huevos.

El despertar

Al final del invierno, las culebras de collar salen de su hibernación. Al llegar la primavera para entrar en calor y luego salen en busca de la primera comida del año. Primero toman el sol para entrar

Marzo-abril

Tritón

La culebra se esconde hasta el momento de atacar.

¡A por tritones!

A finales de la primavera, los tritones van a los estanques para aparearse. Es la oportunidad perfecta para las culebras. Aunque no tienen veneno, son excelentes cazadoras. Acechan con paciencia hasta el momento de atacar. Se abalanzan sobre su presa y la engullen entera, a menudo cuando aún está viva.

Mayo-junio

La puesta

Unos dos meses después de aparearse, las hembras ponen los huevos entre la vegetación caliente y podrida. Las hembras jóvenes pueden poner de 7 a 15 huevos, mientras que las mayores (de unos 10 años), hasta 40 huevos.

Una culebra de collar joven puede valerse por sí misma de inmediato.

Junio-julio

La eclosión

Los huevos eclosionan unos 10 días después de su puesta. Las culebras recién nacidas miden unos 15 cm de largo y son idénticas a sus padres, aunque incluso en los colores, aunque mucho más pequeñas.

Junio-julio

Llega el invierno

El otoño es una buena época de caza para las culebras, ya que hay muchas crías de animales despistadas a las que atrapar. Sin embargo, ellas también tienen depredadores más grandes, como los gatos domésticos, las garzas y los tejones. Si se sienten amenazadas, pueden enroscarse y hacerse las muertas.

La serpiente se queda quieta con la boca abierta para fingir que está muerta.

Septiembre-octubre

Hibernación

Con el frío la culebra busca un sitio húmedo y cálido, como las raíces de un árbol, un montón de compost o una madriguera de conejo abandonada. ¡guera hibernar! Muchas serpientes jóvenes mueren en invierno porque no hibernan en lugares que no son lo suficientemente cálidos.

Octubre-marzo

La serpiente devorahuevos

Las serpientes no tienen brazos y no pueden masticar. Por eso, para comer, tienen que ingeniárselas de otra manera. Algunas se alimentan casi exclusivamente de huevos. Sus mandíbulas se desencajan para poder tragarse el huevo entero y su cuerpo es capaz de expandirse hasta dos veces y medio su diámetro habitual para tragarlo. Después, pueden pasar bastante tiempo sin comer, hasta la siguiente temporada de anidación.

Las serpientes que comen huevos no tienen dientes, ya que estos les impedirían tragarse el huevo.

Estas serpientes pueden comer huevos del tamaño de una gallina.

2

Tienen unos huesos en la mandíbula inferior que se separan hacia los lados para abrir más la boca.

3

La piel flexible que tiene entre las escamas se estira para que el huevo quepa.

4

Después de tragarse el huevo, lo empujan hacia dentro con sus potentes músculos.

5

Su columna vertebral tiene crestas hacia abajo para romper la cáscara del huevo.

6

La serpiente va estrujando el huevo para alimentarse de sus nutrientes.

7

No es capaz de digerir la cáscara, así que la regurgita en forma de tubo.

Apareamiento

El apareamiento tiene lugar durante la estación seca, cuando hay menos riesgo de que se inunde el nido. Los machos se pelean entre sí para atraer a las hembras (gruñen, rugen, escupen agua por la nariz y golpean el agua con el hocico) y se aparean con varias hembras diferentes. Después de aparearse, las hembras excavan un nido en la orilla.

Día 1

Nidos repletos de huevos

Un par de meses después del apareamiento, las hembras ponen de 25 a 80 huevos de cáscara dura dentro del nido. Los cubren de arena y los incuban 80-90 días. A menudo, anidan unas cerca de otras para proteger a las crías entre todas.

Los huevos solo son un poco más grandes que los de gallina.

2 meses después

Vigilancia las 24 horas

Tras la puesta, la hembra entra en un estado de trance y se dedica solo y exclusivamente a vigilar el nido. Durante ese tiempo, apenas come. Suele haber algún macho cerca, que vigila por si hay varanos u otros depredadores al acecho de los huevos.

2-5 meses después

La vida en el Nilo

Los cocodrilos del Nilo viven en hábitats de agua dulce en África. Se alimentan de peces, aunque de vez en cuando capturan animales más grandes, como cebras, crías de hipopótamo e incluso puercoespines. Son muy longevos y pueden vivir hasta cien años. Aunque tienen fama de ser despiadados, las hembras son muy protectoras: cuidan con dedicación de sus huevos y defienden a sus crías a muerte.

Primeros años

La madre conduce a las crías al río. A veces las lleva con delicadeza en sus poderosas mandíbulas. Las mantendrá cerca dos años, protegiéndolas de los depredadores y transportándolas sobre su lomo.

La juventud

Al cabo de dos años, abandonan la protección de su madre. Algunos forman grupos de caza con otros cocodrilos jóvenes de tamaño similar. Se alimentan de insectos y peces pequeños. Crecen unos 30 cm al año.

Edad adulta

Los cocodrilos son adultos cuando alcanzan unos 2,5 m de largo, lo que suele llevarles de 10 a 15 años. Pasan la mayor parte del tiempo descansando y solo cazan cuando tienen hambre. Las hembras se reproducen cada dos o tres años. Los cocodrilos viven unos 70 años.

Hora de ver mundo

Cuando están listos para eclosionar, los cocodrilos empiezan a chillar. Al oírlos, la madre excava en la arena. Mientras, las crías usan su diente de huevo para romper el cascarón. Miden 30 cm de largo.

5 meses después

Años 0-2

Años 2-10

Años 10-15

Estrategias de caza

El cocodrilo es un depredador de emboscada: espera pacientemente que un ñu o una cebra se acerquen a la orilla, oculto en el agua. Entonces, se abalanza y arrastra a su presa al agua hasta ahogarla. Los cocodrilos de agua salada de Australia y el sudeste asiático tienen la mordedura más potente de todo el reino animal.

Se busca pareja
El dragón macho camina despacio sobre sus cortas patas arqueadas. Con la lengua, detecta los olores del aire. Cuando le llega el aroma de una hembra dispuesta a aparearse, le sigue la pista.

Lucha de machos
Otros machos empiezan a seguir a la misma hembra. Cuando se encuentran, suelen producirse feroces peleas. Se ponen de pie sobre las patas traseras y luchan por la hembra. Suelen terminar con graves heridas.

Verano

Poco después

Dragones reales

El dragón de Komodo es un reptil de aspecto temible. Posee una lengua larga y bífida, unos dientes como sierras, una cola musculosa y unas garras como cuchillas. Mide 3 m de largo y pesa 150 kg. Es el lagarto más grande que existe. Se alimenta de animales muertos y de presas vivas, incluso de búfalos.

Primera incursión
La cría de dragón escarba y sale a la superficie. Una vez fuera, tiene que valerse por sí misma porque su madre deja de cuidarla. Le espera un mundo lleno de peligros. Muchos dragones jóvenes mueren durante las primeras semanas.

Año 1

Unas horas tras la eclosión

Época de peligros
Los dragones jóvenes tienen muchos depredadores, como otros dragones de Komodo mayores, civetas, serpientes y jabalíes. Por seguridad, viven en los árboles. Suelen permanecer en pequeños grupos de hermanos.

Los dragones jóvenes se esconden en las ramas de los árboles durante sus primeros meses de vida.

Un menú variado
En su segundo año, ya son lo bastante grandes para bajar de los árboles y vivir en el suelo. Cazan y comen lagartos pequeños, serpientes, pájaros e insectos, e incluso se acercan con sigilo a otros dragones para robarles trozos de sus presas.

Año 2

Apareamiento

El macho vencedor muestra a la hembra que quiere aparearse. Le frota la barbilla, le araña la espalda y le lame. Si es demasiado brusco, la hembra le muerde y lo golpea con la cola.

Agosto

Puesta de huevos

La hembra pone hasta 30 huevos y los entierra en la madriguera abandonada de otro animal o en un hueco que ella misma excava. Después los protege de posibles ladrones, como los perros salvajes u otros dragones de Komodo.

Las hembras excavan madrigueras falsas para confundir a sus depredadores.

Septiembre

Temibles cazadores

Los dragones de Komodo olfatean a sus presas sacando la lengua, donde tienen el sentido del gusto y del olfato. Cuando encuentran una víctima, la agarran con sus poderosas mandíbulas y la zarandean. Con su saliva venenosa debilitan a las presas más grandes hasta matarlas; a las más pequeñas se las tragan enteras, empezando por la cabeza.

Adiós al huevo

Cuando llega el momento de eclosionar, el joven dragón usa su diente de huevo para salir al mundo. No es una tarea fácil para un animal de 5 cm, así que descansa en el cascarón antes de salir al exterior.

Abril

Los dragones de Komodo no ven ni oyen muy bien, pero tienen un olfato muy potente.

Dragones adultos

Con ocho años, los dragones de Komodo pueden medir 3 m y ya no tienen que preocuparse por sus depredadores. Ahora pueden aparearse y vivir hasta los 30 años.

Año 8

El pájaro bailarín

El pergolero flamígero vive en las selvas tropicales de Nueva Guinea. Para atraer a la hembra, el macho tiene colores llamativos y una curiosa costumbre: construye un recinto con ramitas y hojas, llamado pérgola, y danza en su interior. Si a ella no le gusta el espectáculo, se marcha en busca de otro pretendiente, así que el macho debe esforzarse al máximo.

Contaminación plástica

Los pergoleros satinados viven en el este de Australia. Antes decoraban las pérgolas con flores azules, bayas, plumas y caparazones de caracol. Ahora, como hay tanto plástico en la naturaleza, utilizan los tapones de botella, cucharas y pajitas de plástico azul que cubren su hábitat desde hace años.

Primeras ramas
El macho empieza a construir la pérgola en el suelo. Clava unas ramitas largas para levantar la estructura que sostendrá las paredes curvas.

Día 1

De obras
Refuerza las paredes llenando los huecos con ramas más cortas, pero deja espacio para que la hembra pueda verlo. Luego construye una plataforma para que la hembra pueda ver cómo baila.

Día 3

Día 4

Últimos retoques
Para decorar la pérgola recoge objetos de colores del bosque, como caparazones de caracol vacíos, semillas y bayas. Y los coloca con cuidado.

La hembra tiene plumas de color verde oliva y amarillo claro.

Los pétalos morados añaden un toque de color.

206

Día 7

El nido

La hembra construye un nido sin la ayuda del macho. Pone un solo huevo, que eclosiona a los 19-24 días. Cuando el polluelo sale del cascarón, la hembra lo cuida sola mientras el macho baila para nuevas hembras en la pérgola.

Día 6

¡A bailar!

La hembra ha elegido una pérgola y se coloca en la plataforma a esperar que empiece la función. El macho empieza a cantar y bailar, moviendo sus alas amarillas para impresionarla. Si a ella le gusta, se aparean; si no, se marcha volando.

Día 5

La inspección

Cuando la pérgola está lista, la hembra hace una visita mientras el macho no está. Entra por detrás e inspecciona la zona donde bailará. Después visita las pérgolas de otros machos para compararlas.

Los caparazones de caracol vacíos suelen decorar la pérgola.

La hembra del cuco se parece a un gavilán, que es un ave rapaz, así que espanta a los carriceros de sus nidos.

El cambiazo

La hembra hace una visita rápida al nido del carricero, tira uno de los huevos y pone el suyo. A veces las madres se dan cuenta del cambiazo y deciden abandonar el nido, pero la mayoría lo cuidan como uno más.

Instinto asesino

El huevo del cuco está más desarrollado que los del carricero común, por lo que eclosiona primero. El polluelo de cuco, ciego y sin plumas, se escurre instintivamente debajo de los otros huevos, los levanta con el lomo y los tira al suelo uno a uno.

Unas semanas antes

Unos 12 días antes de eclosionar

Día 1

En busca de nido

Después de aparearse en primavera, la hembra busca un nido donde poner su huevo. Visita varios antes de elegir su favorito. En este caso, el elegido pertenece a un carricero común, una de las víctimas habituales de los pícaros cucos.

El huevo de cuco es más grande, pero tiene un color similar.

El polluelo tira del nido los otros huevos: así ya no tendrá competencia por la comida.

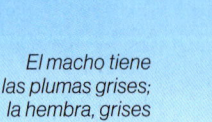

El macho tiene las plumas grises; la hembra, grises o marrones.

Los machos utilizan su curioso canto de dos notas para llamar a la hembra.

El intruso

El cuco común es un parásito de puesta, es decir, un animal que depende de otros para criar. En lugar de construir su nido, pone huevos en los nidos de otras aves, que empollarán y cuidarán de sus polluelos cuando nazcan. En verano, la hembra puede poner hasta 25 huevos. ¡Cada uno en un nido distinto!

El carricero le lleva comida al polluelo del cuco.

¡Vuelta a empezar!
En otoño, emigra a África para huir del frío. Cuando haya madurado del todo, dentro de dos años, volverá al lugar donde nació y engañará a otro carricero para que cuide de su polluelo.

Hora de echar pluma
Tres semanas después de la eclosión, el polluelo emplumece y sale del nido por primera vez. El carricero sigue dándole comida en el nido dos semanas más. Cuando el joven cuco aprende a volar, se marcha para siempre. Pasa unos meses cazando solo.

Un polluelo glotón
El cuco es ahora el único polluelo del nido y crece muy rápido. Cuando pide comida, parece que el nido esté lleno de crías. El carricero lo alimenta como si fuera su cría.

Día 14

Día 21

Unos meses más tarde

El cuco ha crecido tanto que casi no cabe en el nido.

El truco del insecto palo
Los cucos no son los únicos animales que engañan a otras especies para que cuiden de sus crías. Los huevos de los insectos palo australianos parecen semillas. Las hormigas se las llevan al nido y se comen la punta, la parte que les parece más jugosa, pero dejan el resto. Al nacer, el insecto palo parece una hormiga, así que se marcha de la colonia sin levantar la más mínima sospecha.

Un día de color rosa

La espátula rosada, con sus plumas rosas y blancas, como los flamencos, es una de las aves más hermosas que existen. Vive a lo largo de las costas de Texas y Florida (Estados Unidos), así como en los humedales de América Central y del Sur. Su pico plano, en forma de espátula, le permite encontrar comida en el agua sin necesidad de usar la vista, por lo que puede alimentarse tanto de día como de noche.

Primera hora de la mañana

Última hora de la mañana

Mediodía

Bocado mañanero

Con las primeras luces del día, las espátulas caminan en grupos por el agua, moviendo el pico debajo del agua en busca de crustáceos, insectos acuáticos y pececillos. Las espátulas comparten su hábitat con otras aves, como las garcetas.

Largos desayunos

Las espátulas pasan casi el día entero en las zonas costeras, manglares, lagunas o marismas buscando alimento. Emiten leves gruñidos para mantenerse en contacto. Si una detecta a un depredador, avisa al resto.

Hora del aseo

Cuando no están comiendo, las espátulas se acicalan, es decir, se limpian el plumaje para mantenerlo en buen estado. Utilizan el pico para quitarse los parásitos, limpiarse las plumas y recolocarlas en su sitio.

El color de sus plumas se debe a los pigmentos rosas que contienen los crustáceos que comen, su principal fuente de alimento.

Primera hora de la tarde

Emparejamiento

En la época de cría, las espátulas se emparejan. El macho recoge ramitas y la hembra construye un nido en un árbol por encima del agua. La hembra pone hasta cinco huevos, que eclosionarán al cabo de unos 24 días.

Última hora de la tarde

Hora de la siesta

Las espátulas suelen dormir de pie en el agua o en un árbol. Se sostienen sobre una pata y esconden el pico bajo el plumaje de la espalda para no perder el calor por las zonas que tienen descubiertas, como la cabeza.

Atardecer

Hora de la cena

Las espátulas no necesitan que haya luz para encontrar comida porque se guían por el tacto, más que por la vista. Cuando empieza a oscurecer (y hay menos competencia), salen en busca de comida.

Frío y silencio

La pradera está cubierta de nieve y solo se oye el murmullo del viento. La temperatura puede bajar hasta los -40 °C. Los bisontes lanudos empujan la nieve con sus grandes cabezas para llegar a la hierba que hay debajo.

Enero

En busca de nido

En la planicie no hay muchos árboles. Los mochuelos de madriguera anidan en los hogares abandonados por otros animales. En las llanuras abiertas cazan ratones, topillos, lagartijas e insectos.

Febrero

Vivir en la pradera

Las praderas de Norteamérica son enormes planicies cubiertas de hierba. Aquí no crecen muchos árboles y llueve solo lo justo. Aunque parezca un hábitat monótono, las estaciones están muy marcadas. Cuando se derrite la nieve del invierno, el suelo se cubre de flores. En verano, los animales campan a sus anchas hasta que llega la fresca brisa del otoño.

Avalancha de saltamontes

El calor atrae a miles de saltamontes, que acuden a comer hierba y otras plantas. Las aves, como el busardo chapulinero, aprovechan la ocasión para darse un banquete de insectos.

Julio

Semillas voladoras

Las plantas han producido semillas y la brisa otoñal las arrastra por las llanuras. Las vainas de algodoncillo se abren y liberan cientos de semillas, que el viento transporta gracias a sus sedosos hilos.

Agosto-septiembre

Temporada de celo

Los días son más cortos y las temperaturas más frescas. Es el inicio de la época de cría (también llamada de celo) del uapití de Tule. Los machos berrean para atraer a las hembras y luchan entre sí a cabezazos para ver quién manda.

Septiembre-octubre

La primavera trae vientos cálidos, los «chinooks».

Un toque de color

Con la llegada de la primavera, la pradera se vuelve multicolor. Salen cientos de flores silvestres, que sirven como primer alimento a las mariposas y otros insectos.

Marzo

¡Mira qué guapo soy!

Un fuerte graznido interrumpe la paz de la llanura: es el gallo de las praderas, que busca pareja. Levanta las plumas del cuello, chasquea la cola y grazna mientras hincha las bolsas naranjas que tiene a ambos lados del cuello.

Abril

Rasurado total

La hierba es cada vez más corta. Los antílopes, los ciervos y los alces la devoran hasta dejarla a ras de suelo. Por suerte, sus raíces son largas y volverá a crecer.

Junio

Nuevos habitantes

El final de la primavera y la llegada del verano traen nueva vida a la pradera. Los lobos rojos tienen hasta nueve cachorros, que nacen con los ojos cerrados y no los abren hasta los 10 días. Cuando cumplen un mes, abandonan la madriguera para aprender a cazar.

Mayo

Un manto marrón

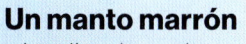

Los días y las noches empiezan a ser fríos. Muchos animales, como el busardo chapulinero, han emigrado al sur en busca de un clima más cálido. La hierba se ha secado y el paisaje se ha vuelto marrón.

Túneles en la nieve

Llega la nieve y la calma vuelve a las praderas. Algunos animales hibernan, pero el topillo de la pradera permanece activo. Escarba túneles en la nieve para moverse y encontrar comida.

Una alfombra de colores

La llanura de Carrizo, a 160 km al noroeste de Los Ángeles (EE. UU.), es la mayor pradera autóctona de California. Cada primavera, cuando las flores cubren sus onduladas colinas, se convierte en un mosaico de intensos colores: naranja, amarillo, verde y morado.

Noviembre

Diciembre

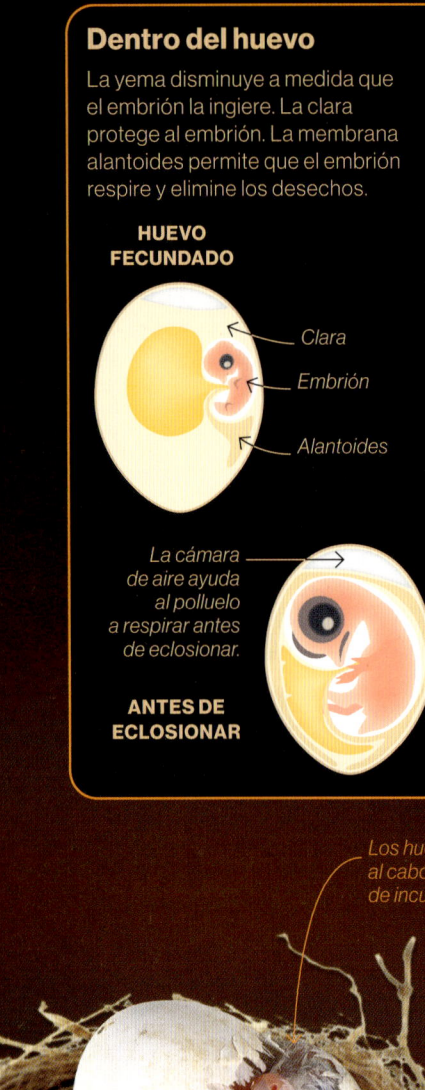

Dentro del huevo

La yema disminuye a medida que el embrión la ingiere. La clara protege al embrión. La membrana alantoides permite que el embrión respire y elimine los desechos.

HUEVO FECUNDADO

Clara

Embrión

Alantoides

La cámara de aire ayuda al polluelo a respirar antes de eclosionar.

ANTES DE ECLOSIONAR

Del huevo al polluelo

Las aves se desarrollan en huevos, al contrario que los mamíferos. Un huevo parece pequeño y frágil, pero contiene todo lo que un ave necesita para salir adelante. En el interior, el embrión empieza siendo una sola célula, que se divide muchas veces para acabar formando un polluelo. Cuando está listo, rompe el huevo y sale al exterior. Algunas aves, como los patos y las gaviotas, se marchan del nido enseguida, pero otras, como la lechuza común, tardan más en hacerse adultas.

Alimentar al polluelo

Los polluelos de lechuza común no pueden cazar para alimentarse, por lo que dependen de que sus padres les traigan comida. El macho caza pequeños mamíferos y la hembra los parte en trocitos para dárselos a las crías.

Los huevos eclosionan al cabo de unos 32 días de incubación.

| Día 1 | Día 1 | Días 3-5 | Día 7 |

Eclosión

Tras la fecundación, uno de los padres incuba el huevo para mantenerlo caliente. Cuando el polluelo está listo, se mueve para romper la cáscara y la golpea con su diente de huevo (un pinchito que tiene en el pico). Hace un agujero y lo agranda hasta que sale.

Fuera del huevo

El polluelo está indefenso y apenas se mantiene de pie. Cuando oye a sus padres cerca, pía para pedir comida. Los huevos de lechuza eclosionan con varios días de diferencia. El primer polluelo puede pesar cuatro veces más que el más joven.

Ojos cerrados

Los polluelos de lechuza común no abren los ojos hasta varios días después de nacer. Se comunican entre sí y con sus padres mediante sonidos. Los polluelos pían para llamar la atención de sus padres o cuando tienen frío.

Capa de plumón

Al cabo de una semana, el polluelo abre los ojos. Ahora tiene una capa de plumas suaves (plumón) que lo protege. Aun así, todavía no es capaz de conservar el calor, por lo que la madre tiene que asegurarse de que no pasa frío.

Clases de vuelo
Para las lechuzas jóvenes, como para muchas aves, el primer vuelo puede acabar en un aterrizaje forzoso. Pero aprenden rápido a controlar sus alas y enseguida logran posarse en el suelo sin hacerse daño.

La vista de una lechuza común es el doble de aguda que la de los humanos y ven mucho mejor por la noche.

La lechuza común puede girar y rotar la cabeza más de 270° para escuchar con atención un sonido.

Cuando la joven lechuza empieza a volar, suelta plumón y pelusa por todas partes.

Semana 3

Semana 8

Semana 10

Semana 12

En movimiento
El polluelo ha desarrollado una capa de plumón más gruesa que le permite retener el calor, de manera que la madre ya puede alejarse para salir a cazar. Ahora, los polluelos se pelean por la comida y se mueven cada vez más.

Listo para volar
Antes de abandonar el nido, el polluelo debe tener plumas de adulto. Mientras espera, está cada vez más inquieto. Mueve las alas y mira al exterior, tratando de aprender todo lo que puede antes de echar a volar por primera vez.

Afina el oído
Después de mucha práctica, ya vuela con soltura. Se concentra en aprender a cazar, para lo que debe guiarse por sus sentidos y su instinto. Su oído mejora; será esencial para el día que tenga que cazar solo.

Cazar en solitario
El polluelo ya sabe cazar. Sus padres dejan de alimentarlo poco a poco. A las 12 semanas, es una lechuza adulta. Abandona el nido para buscar dónde anidar y cazar. Podrá criar en su primer año de vida y poner huevos en primavera.

Los albatros errantes vuelan grandes distancias sin consumir mucha energía. Aprovechan el impulso de las ráfagas de viento fuertes.

Puesta de huevos

Una vez cada dos años, en diciembre o enero, la hembra pone un huevo blanco con manchas oscuras. Mide por lo menos unos 10 cm de largo, más del doble que un huevo de gallina grande.

La incubación

El huevo debe mantenerse a 33 °C, pero hace frío y viento. El padre y la madre se turnan para sentarse encima dos o tres semanas cada uno, mientras el otro vuela mar adentro para alimentarse. Incuban el huevo hasta 83 días.

Hora del cortejo

La colonia rebosa vida y arma bastante jaleo. Hay graznidos, aleteos y algún que otro picotazo. Los más jóvenes, ansiosos por encontrar pareja, compiten entre sí para llamar la atención de las hembras, por el espacio y por los materiales con los que construir sus nidos.

Enero

Febrero

En busca de colonia

Los albatros errantes tienen las alas muy largas y las patas cortas, así que son pesados y bastante torpes a la hora de desplazarse por el suelo. Aunque anidan en tierra, necesitan mucho espacio abierto para correr empujados por el viento hasta que levantan el vuelo.

Diciembre

Noviembre

Los padres tienen un trocito de piel sin plumas para mantener el huevo caliente.

Pescan con su pico ganchudo mientras nadan o se zambullen en el agua desde 1-2 m de altura.

Estas enormes aves miden 110-135 cm de largo y hasta 3,5 m de envergadura.

La eclosión

El polluelo tarda cuatro días en salir del cascarón. Está cubierto de plumón blanco; parece un pingüino peludo con ojos saltones y un pico pequeño. Es muy frágil, depende de sus padres para obtener calor, protección y alimento.

Marzo-abril

La alimentación

Durante los primeros 30 días, los padres alimentan al polluelo cada dos o cuatro días. Más tarde, se turnan para volar mar adentro y recorren grandes distancias antes de regresar con alimento más que de sobra para la cría.

Abril-octubre

¡A volar!

Al cabo de 10 meses ya puede volar. Aprende de las aves mayores dónde buscar comida y cómo atraparla. Tras abandonar el nido, puede pasar varios años sin pisar tierra firme. A veces, planea sobre el océano si hay poco viento. No será adulto hasta que cumpla los 11 años.

10 meses después

Vuelos marinos

El albatros errante es el ave que más mide de ancho con las alas abiertas. Esto le permite pasar largos periodos en el mar, donde puede estar hasta 20 días seguidos volando y recorrer hasta 15 000 km en busca de peces, calamares y crustáceos. Aunque las temporadas en el mar son solitarias, en la época de cría se junta en colonias cerca del círculo polar antártico.

Para siempre

Cuando los albatros encuentran pareja, se quedan juntos de por vida y anidan todos los años en el mismo lugar. Debido al cambio climático, los vientos en el círculo polar antártico son más fuertes, de modo que las hembras más pequeñas vuelan más rápido pero menos distancia y pasan más tiempo cerca del nido cuando incuban, por lo que es más probable que los polluelos sobrevivan.

El cortejo

Cuando llegan al lugar de nidificación, los machos vuelan sobre las hembras cargados de peces. Si se gustan, se acercan con las alas abiertas y el pico levantado y les dan los peces. A partir de entonces, estarán juntos toda la vida.

Aventura primaveral

Aunque suelen volar cerca de la costa o sobre el mar, algunos se adentran en tierra en abril y mayo. Van en bandadas de hasta cien aves. A veces paran en lagos y embalses unas horas para descansar y siguen su camino.

Rumbo al norte

Los adultos emprenden el camino hacia el norte. Toman una ruta directa para llegar cuanto antes al lugar de nidificación. Los más jóvenes, en cambio, permanecen en el sur hasta que tienen edad para criar.

Alimentación en pleno océano

Cuando es invierno en el hemisferio norte, los charranes árticos están disfrutando de los largos días de verano en el hemisferio sur. Allí pescan peces y crustáceos en el mar. Sobrevuelan el agua y se zambullen para capturar a sus presas con el pico.

Abril-mayo

Febrero-marzo

Noviembre-febrero

Vidas en el aire

A pesar de su aspecto elegante y esbelto, los charranes son muy resistentes. Los charranes árticos solo miden 34 cm de largo y 80 cm con las alas abiertas, pero pueden recorrer distancias increíbles. Les gusta la luz del verano, así que todos los años vuelan en grupo del Ártico hasta la Antártida, y luego de vuelta. Esta asombrosa migración de unos 35 000 km es la más larga del mundo de las aves.

La incubación

Ponen de uno a tres huevos. Los padres los calientan sentándose sobre ellos hasta que eclosionan, unos 21-23 días después. Construyen sus nidos en la arena o entre las rocas.

Mayo-junio

Pollitos diminutos

El polluelo rompe el cascarón con su diente de huevo, un saliente afilado que tiene en el pico y que se le cae poco después. Permanecen cuatro semanas cerca del nido y comen los peces que les traen sus padres. Pueden volar a los 25 días de vida.

Junio-julio

Vuelta al sur

En otoño, vuelven al sur. Van más despacio que en primavera porque ya no tienen la urgencia de criar. Pueden tardar unos cuatro meses en ir de Norteamérica a Sudamérica.

Agosto-octubre

Durante la migración, pasan gran parte del tiempo planeando.

El nido perfecto

Los charranes árticos anidan en las costas despejadas y abiertas de todo el hemisferio norte, en lugares tan al sur como Gran Bretaña o Nueva Escocia (Canadá). Las colonias varían de tamaño: unas están formadas solo por varias parejas, mientras que otras pueden tener más de mil. Suelen ser muy ruidosas, pero sorprendentemente justo antes de la gran migración se quedan en silencio durante un tiempo, como si estuvieran meditando.

Marzo-abril

Un largo viaje

Tras recorrer a nado cientos de kilómetros por mar, el pingüino emperador adulto regresa a su lugar de cría. Es un viaje muy largo (unos 200 km) sobre hielo y nieve. Caminan muy despacio, a menos de 1,6 km por hora, aunque a veces se deslizan por alguna ladera boca abajo, como si fuesen en trineo.

Marzo-junio

Llegada

El pingüino emperador macho llega el primero al lugar de cría, justo cuando comienza el largo invierno. No construye nidos, pero regresa siempre al mismo lugar. Cuando llegan las hembras, las parejas se saludan inclinándose, alzando la cabeza y batiendo las alas.

Mayo-junio

Puesta de huevos

Cada hembra pone un solo huevo, que deja al cuidado del macho. Este lo coloca entre sus pies, debajo de un tejido graso que se conoce como bolsa de cría, y lo mantiene a salvo y caliente.

Un huevo de pingüino emperador mide unos 12 cm de largo y 8 cm de ancho.

Mayo-junio

Mayo-agosto

Julio-agosto

Tamaños de pingüinos

Existen unas 20 especies de pingüinos. El más grande es el emperador y el más pequeño, el azul. Las especies de mayor tamaño suelen vivir en regiones muy frías, sobre todo en la Antártida, mientras que las más pequeñas prefieren zonas más cálidas.

Pingüino emperador 112 cm

Pingüino macaroni 71 cm

Pingüino azul 30 cm

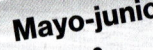

La hembra se va

Tras poner su huevo, la hembra regresa al mar en busca de alimento. Se suele sumergir hasta 50 m de profundidad o más para cazar kril (una especie de gamba) y peces.

La incubación

Los machos se mueven con el huevo entre los pies y se juntan para calentarse. Las temperaturas pueden descender hasta -60 °C, pero cada uno incuba su huevo y lo mantiene caliente a una temperatura constante de 38 °C.

La eclosión

De 62 a 66 días después, el huevo eclosiona. El polluelo está casi desnudo, pero pronto se cubre de una gruesa capa de plumón. El macho lo alimenta con una especie de «leche» que sale de su garganta, pero, hasta que su madre no regrese, el bebé emperador no recibirá el alimento que necesita.

Un año en el hielo

Cada tipo de pingüino cría a sus polluelos en un lugar diferente: en madrigueras, en nidos en el suelo o entre los arbustos. El pingüino emperador, sin embargo, lleva una vida más dura. Año tras año, un gran número de estas enormes aves no voladoras recorren largas distancias a través del hielo antártico para establecer colonias de cría. Allí crían a sus polluelos en condiciones climáticas extremas.

Al mar
Los pingüinos caminan y se deslizan hacia el mar, que ahora está mucho más cerca, ya que en verano buena parte del hielo marino invernal se ha derretido. Los padres regresarán a su lugar de cría habitual el siguiente invierno para criar otro polluelo, pero las crías permanecerán en el mar unos años antes de reproducirse.

Aparecen las plumas
El polluelo es ya casi tan grande como sus padres y pierde el plumón. Lo sustituye una capa de plumas adultas blancas y negras.

Alimentar al polluelo
La hembra regresa con el estómago repleto de comida. Es el turno del macho de volver al mar. Los próximos meses, se turnarán: uno cuidará del polluelo mientras el otro caza en el mar.

La muda
Tras un par de meses alimentándose en el mar, los adultos vuelven al hielo para realizar la muda. Las plumas nuevas sustituyen a las viejas y los protegen de las gélidas temperaturas.

Enero-febrero

Septiembre-octubre

Octubre-noviembre

Noviembre-diciembre

Diciembre-enero

A la guardería
Los polluelos se juntan en una especie de guardería para mantenerse calientes y a salvo de su principal depredador: el petrel, un tipo de ave marina. Así, ambos progenitores pueden salir a pescar al mismo tiempo.

Alas ultrapotentes

Los colibríes pueden batir las alas hasta 200 veces por segundo, produciendo una especie de zumbido. Las articulaciones esferoideas que tienen en los hombros les permiten moverlas de manera diferente al resto de las aves, incluso hacia atrás. Toman aire unas 250 veces por minuto y beben el néctar de hasta 2000 flores al día. Solo así tienen la suficiente energía para seguir batiéndolas.

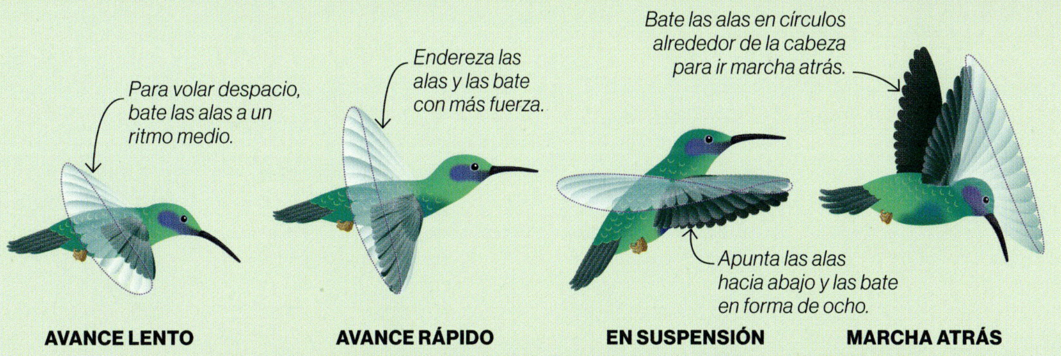

Para volar despacio, bate las alas a un ritmo medio.

Endereza las alas y las bate con más fuerza.

Bate las alas en círculos alrededor de la cabeza para ir marcha atrás.

Apunta las alas hacia abajo y las bate en forma de ocho.

AVANCE LENTO   **AVANCE RÁPIDO**   **EN SUSPENSIÓN**   **MARCHA ATRÁS**

La estación seca

Durante la corta estación seca, el Pantanal tiene hierba, arbustos y arbolillos, con alguna pincelada de color, como las flores rosadas del lapacho. Llueve poco, los días son cálidos y por la noche hace fresco, lo que a menudo provoca niebla. El suelo suele estar seco.

Hora de anidar

Una pareja de guacamayos jacinto de intenso color azul ha encontrado un árbol perfecto para anidar. Es el loro volador más grande del mundo. Mide 1 m de largo.

▶ **Estación seca (mitad de mayo-mitad de agosto)**

Un año en el humedal

Los humedales son zonas llanas que pasan gran parte del año inundadas; no son masas de agua, pero tampoco tierra seca. El mayor humedal tropical del mundo, conocido como el Pantanal, está en Sudamérica y cubre una enorme planicie repartida entre Brasil, Paraguay y Bolivia. Allí viven muchas plantas y animales extraordinarios, como el roedor más grande del mundo y más de 600 especies de aves.

Empiezan las lluvias

En el Pantanal hace calor y hay mucha humedad. Grandes tormentas provocan intensas lluvias repentinas. Los ríos se desbordan e inundan la tierra, creando lagos y pantanos poco profundos. Es la estación húmeda.

Estación húmeda (mitad de noviembre-final de marzo) ◀

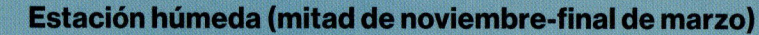

La abundancia

El jabirú es una cigüeña enorme: mide tanto como un niño de 12 años y utiliza sus largas patas para caminar por el agua del humedal. Con su largo pico, captura peces, ranas, serpientes e insectos.

Cambio de aires

La capibara, también llamada carpincho, es un roedor gigante del tamaño de un cerdo. Nada muy bien, pero cuando sube el nivel del agua prefiere irse a terrenos más elevados. Se pasa el día pastando plantas acuáticas.

En busca de comida

El oso hormiguero gigante recorre la pradera en busca de hormigas y termitas. Sus afiladas garras pueden abrir un termitero, y su lengua, tan larga como un brazo humano, llega hasta el fondo para engullir los insectos.

Cerca del agua

El sigiloso jaguar pasa la estación seca cerca de los ríos en busca de una de sus presas favoritas: el caimán. Cuando el río lleva poca agua, el caimán tiene menos lugares donde esconderse de este hambriento felino.

Depredadora sigilosa

La anaconda verde mide tres veces más que un ser humano adulto. Prefiere vivir en los ríos que en la tierra. Se desliza silenciosamente por los charcos de agua en busca de presas, a las que estruja hasta la muerte antes de tragárselas enteras.

Época de lluvias

Sube la temperatura, que puede llegar hasta los 40 °C, y llueve durante semanas. Los ríos se llenan y las praderas se encharcan y se vuelven lagos.

Temporada de lluvias (mitad de agosto-mitad de noviembre)

Humedales en llamas

Es difícil imaginar que haya fuego en los humedales, pero no es raro que se produzcan pequeños incendios. En los últimos años han sido mayores que nunca. En 2020, en el Pantanal ardió el equivalente a 2,3 millones de campos de fútbol. Estos enormes incendios se deben a las talas de árboles para obtener tierras de cultivo y al cambio climático.

Comida seca

Después de pasar una temporada lejos de las tierras pantanosas, una manada de pecaríes barbiblancos vuelve a las tierras bajas. Estos animales, parecidos a jabalíes, hurgan con el hocico en la hierba fresca en busca de frutos, hongos e insectos.

Paseos por el agua

El ciervo de los pantanos camina por aguas poco profundas comiendo plantas. Sus pezuñas, un poco palmeadas, le ayudan a caminar y nadar.

Entretiempo

La temperatura baja y ya no llueve tanto. El agua de la tierra vuelve a los ríos y las praderas salen de nuevo a la superficie, aunque quedan algunos estanques. Los mamíferos que se habían trasladado a las tierras más altas vuelven a bajar.

Temporada intermedia (abril-mitad de mayo)

Presa en construcción
Los castores construyen una presa. Primero talan árboles utilizando sus afiladísimos dientes y arrastran los troncos hasta la presa. Luego levantan una capa de barro y ponen encima los troncos y las ramas. Si quedan huecos, los tapan con barro y plantas.

El nivel del agua sube y los troncos de la orilla empiezan a morir.

La casa del castor
La presa frena el ritmo del agua y crea un estanque enorme. Los castores empiezan a construir su hogar en medio de esta plácida piscina. Con palos, troncos y barro, construyen un refugio que puede alcanzar un tamaño descomunal con el paso de los años.

Un hogar perfecto
Ha llegado la primavera y una pareja de castores encuentra el lugar perfecto donde acomodarse. Es un río lo bastante profundo para nadar y tiene un montón de árboles alrededor.

Día 120

Día 3

Día 1

Presa de troncos

Entrada

Manos a la obra

Los castores son los ingenieros del mundo animal: talan árboles con sus enormes dientes y construyen presas que transforman su hábitat. Estas presas hacen que el caudal del río baje con menos fuerza y el agua se acumule, formando estanques tranquilos donde los castores educan a sus crías. Otros muchos animales aprovechan estas estructuras, incluso cuando los castores ya se han marchado.

10 años después

Nuevos horizontes
Después de muchos años, la familia de castores se marcha. La presa se empieza a derrumbar porque ya nadie la repara, pero otros animales, como los gansos, aprovechan el refugio para construir su nido.

Hogar dulce hogar

El refugio está listo. La acogedora estancia está forrada con hojas secas y se encuentra por encima del nivel del agua, así que no se inunda. Solo se puede entrar por debajo del agua, lo que mantiene a raya a los depredadores.

Día 140

La despensa

A medida que los días se acortan y llega el frío, los castores empiezan a almacenar las plantas que más les gustan en una zona cercana al refugio. Esta será su despensa cuando llegue el invierno.

Día 150

El largo invierno

Los castores están preparados para el invierno. No hibernan, pero se acurrucan en su cálido refugio durante los meses fríos. Su grueso pelaje los mantiene calientes. Se alimentan gracias a su despensa, que ahora está cubierta de hielo.

Día 240

¿Qué significa ser una especie clave?

Una especie clave es un animal que tiene un gran impacto en su hábitat y su entorno. Los castores lo son porque sus presas y refugios crean hábitats de humedal que de otro modo no existirían. En estos hábitats crecen nuevas plantas y se instalan otros animales.

En el borde del estanque crecen plantas, como la espadaña.

Despensa

El refugio contiene tres estancias: una zona para las crías, un dormitorio y un comedor.

Martín pescador

Día 365

7 años después

Un nuevo hábitat

El estanque de los castores y sus canales han atraído a muchos animales, incluidos peces, ranas y salamandras. Las plantas que crecen alrededor ofrecen un delicioso aperitivo a otros visitantes, como pájaros cantores, patos, martines pescadores, alces y ciervos.

Salamandra del noroeste

Los bebés

Llega la primavera y empieza a hacer calor. Las hembras dan a luz a tres o cuatro crías. Con apenas tres días, empiezan a afilarse los dientes con los palos que les traen sus padres para que enseguida puedan roer árboles. Además, empiezan a nadar a los pocos días de vida.

El ornitorrinco tiene un pico aterciopelado y muy sensible que lo ayuda a encontrar comida en aguas turbias. Cuando mueve la cabeza de un lado a otro en el oscuro lecho del río, es capaz de detectar los minúsculos impulsos eléctricos que emiten otros animales al moverse. Esto se conoce como electrorrecepción. Así sabe dónde y a qué distancia están sus presas, como los cangrejos de río, los gusanos y los insectos.

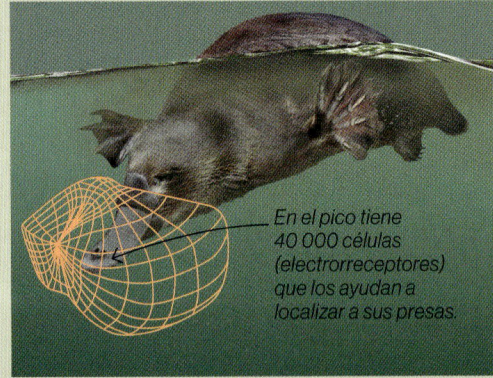

En el pico tiene 40 000 células (electrorreceptores) que los ayudan a localizar a sus presas.

Un animal extraño

El ornitorrinco parece una mezcla de varios animales distintos. De hecho, cuando los científicos británicos del siglo XVIII vieron por primera vez un ejemplar enviado desde Australia, no podían creer que existiera un mamífero con pico de pato, patas palmeadas y cola de castor, que fuera venenoso y que además pusiera huevos en vez de dar a luz a sus crías.

Final del invierno

↑

Apareamiento

Aunque son solitarios, en esta época se juntan para aparearse. Tienen una púa venenosa en los talones (espolón), inusual en los mamíferos, con la que los machos pinchan a sus rivales.

Principios de la primavera

↑

El nido

Tras el apareamiento, la hembra excava una gran madriguera con sus garras delanteras y prepara un lecho con ramas y hojas que transporta con la cola y las patas traseras.

2-4 semanas después

↑

Puesta de huevos

La madre pone dos o tres huevos pegajosos y pequeños, del tamaño de una uva, y los calienta apretándolos contra su vientre con la cola hasta que eclosionan, al cabo de unos 10 días.

Antes del apareamiento, el macho sujeta la cola de la hembra con el pico.

Construyen madrigueras en las orillas de los ríos.

En lugar de dientes, tiene almohadillas duras en el pico para triturar y machacar la comida.

Su pelaje grueso e impermeable los protege del aire, los mantiene calientes y les permite flotar.

10 días después	Tras la eclosión	4 meses después	3 años después

La eclosión

Las crías nacen ciegas y sin pelo, y necesitan los cuidados de la madre durante bastante tiempo. Al principio, la madre pasa casi todo el tiempo con ellos. A medida que crecen los empieza a dejar vadear solos en busca de comida.

Hora de mamar

Durante la primera etapa de su vida, la madre alimenta a las crías con la leche que libera directamente a través de la piel y que los pequeños lamen de su pelaje. Es su único alimento, pues todavía no están preparados para nadar.

El adiós

Las crías se alimentan de leche unos cuatro meses. Entonces pesan unas 20 veces más que cuando salieron del huevo. Ha llegado el momento de abandonar la madriguera y buscarse la vida.

Edad adulta

Un ornitorrinco sigue creciendo después de salir de la madriguera y no es adulto hasta los tres años. Entonces está preparado para aparearse. Puede vivir 12 años en estado salvaje.

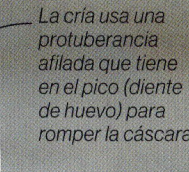

La cría usa una protuberancia afilada que tiene en el pico (diente de huevo) para romper la cáscara.

A las 14 semanas, el joven ornitorrinco está cubierto de pelo y nada 1 m por segundo en aguas rápidas.

Utilizan la cola para cambiar de dirección al nadar.

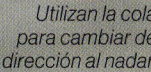

Sus dedos palmeados les sirven para nadar.

Apareamiento

Los machos adultos celebran combates de boxeo para competir por las hembras. La mayoría de las hembras tienen un solo útero (donde crecen sus crías), pero las de los canguros tienen dos, muy pequeños. Tras el apareamiento, en cada útero se desarrolla un embrión.

Durante la época de celo, los machos segregan una sustancia roja por el pecho parecida a la sangre.

Día 1

Grandes saltarines

El canguro es un mamífero marsupial que salta para desplazarse. Sus crías nacen sin haberse formado del todo y deben trepar hasta alcanzar una bolsa situada en el vientre de su madre, donde seguirán creciendo hasta que sean lo bastante fuertes para sobrevivir. El canguro rojo es el marsupial más grande del mundo y tarda casi dos años en criar a su prole.

Viajes cortos

La cría pesa unos 2 kg, casi como dos paquetes de azúcar, pero todavía es demasiado pequeña para seguir el ritmo del resto de la manada (turba). Cuando llega la hora de ponerse en marcha, se vuelve a introducir en la bolsa de la madre.

Mes 6

Mes 9

Fuera de la bolsa

La cría es ya demasiado grande y pesada para que la madre la transporte, por lo que ya no la deja ir en la bolsa, pero sigue introduciendo la cabeza para mamar.

Nace la otra cría

Cuando la primera cría abandona la bolsa, el embrión que había quedado en estado latente reinicia su desarrollo. Cuando nace, trepa hasta la bolsa vacía de la madre, igual que hizo la otra cría unos meses antes.

Dos tipos de leche

La madre tiene dos crías, así que produce dos tipos de leche en función de las necesidades nutricionales de cada una. La mayor toma una leche espesa y grasa, mientras que la más joven recibe una sustancia rica en proteínas.

La madre vigila. Los canguros tienen pocos depredadores; entre ellos, el dingo y los humanos.

Mes 10

Mes 11

Desarrollo latente

Después de crecer en el útero durante una semana, uno de los embriones detiene su desarrollo. Las hembras son capaces de dejar la gestación en estado latente. Así se aseguran de que solo nacerá y tendrán en la bolsa una cría. El segundo embrión seguirá creciendo.

Nacimiento

El embrión que ha seguido su desarrollo nace al cabo de un mes. Muy poco desarrollado, está indefenso y no tiene pelo. Tiene el tamaño de una alubia y pesa 1 g, más o menos lo mismo que un clip.

Semana 1

Mes 1

Primeros pasos

La cría es más grande, más fuerte y mucho más activa. Sale de la bolsa durante breves periodos de tiempo para explorar el exterior, aunque rara vez se aleja de la madre.

La cría mama

A salvo y dentro de la bolsa, la cría encuentra una de las cuatro ubres de la madre. Al succionarla, se hincha para que la cría no pueda soltarla. Durante dos meses no deja de mamar, tragando leche y respirando al mismo tiempo.

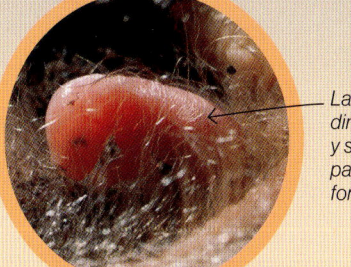

La cría es diminuta y solo está parcialmente formada.

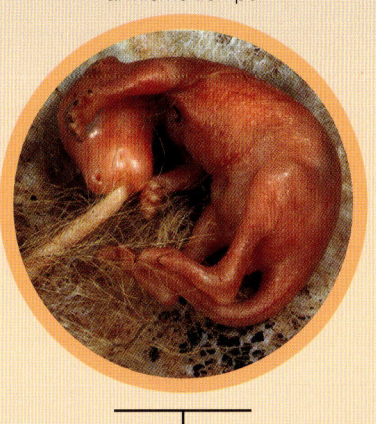

El viaje hacia la bolsa

La cría necesita encontrar la bolsa de la madre. Sus patas traseras son apenas unos muñones, pero las delanteras tienen dos garras largas que le sirven para arrastrarse. La madre se lame el pelaje para indicarle el camino.

Mes 5

Mes 3

Unos minutos después

La segunda cría se dirige a la bolsa de la madre

Nueva dieta

La cría mayor pesa unos 10 kg. Es ya demasiado grande para alimentarse solo con leche, por lo que empieza a tomar sólidos. Los canguros son herbívoros, es decir, solo comen plantas.

Un canguro rojo puede correr dos veces más rápido que un velocista de élite.

Salta sobre sus enormes patas traseras.

Madurez

La cría mayor pesa 35-85 kg. Ya es totalmente independiente.

Mes 12

Meses 18-24

La vida a cámara lenta

Con las zarpas de sus tres dedos, este perezoso trepa por los árboles de Costa Rica, aunque le llevará un buen rato. Los perezosos se mueven muy despacio debido a su dieta (vegetariana y baja en calorías) y a su aparato digestivo (muy lento). Sencillamente, no les da para mucho más. Para evitar a sus depredadores, duermen 15 horas al día en lo alto de los árboles y comen por la noche. Sus garras les permiten agarrarse a las ramas y defenderse si se ven en peligro.

Un día entre los chimpancés

Los chimpancés viven en comunidades en las selvas, los bosques y las praderas tropicales de África. Cada miembro ocupa un lugar diferente en la jerarquía social, donde el que manda es el macho alfa. Los miembros del grupo establecen estrechas relaciones entre sí y colaboran para cazar. Comparten la comida, juegan juntos y se acicalan los unos a los otros. Pasan el día ocupados con todas estas tareas y por la noche duermen plácidamente en lo alto de los árboles.

Primera hora de la mañana

Última hora de la mañana

Mediodía

Desayuno

Los chimpancés empiezan a comer nada más despertarse. De hecho, pasan hasta ocho horas al día buscando comida. Son omnívoros, es decir, su dieta incluye frutas, frutos con cáscara, flores y miel, pero también animales, como insectos, ranas e incluso monos y antílopes.

Almuerzo

El desayuno les ha sabido a poco, así que buscan un almuerzo. Encuentran un antílope joven e intentan cazarlo entre todos: unos se ocupan de perseguir a la presa, otros le bloquean el paso para que no escape y un último grupo se ocupa de agarrarlo. Después se lo reparten para que nadie se quede sin comer.

Siempre comiendo

A los chimpancés les encanta picar entre horas. Utilizan palos para sacar deliciosas termitas de los termiteros y es que son los animales que más herramientas utilizan, después de los humanos. Al igual que nosotros, tienen pulgares prensiles que les permiten agarrar y mover objetos con precisión.

Primera hora de la tarde

¡A jugar!

Los chimpancés pasan horas jugando: se hacen cosquillas, se persiguen y juegan a pelearse y morderse. Utilizan expresiones faciales para comunicarse y se ríen cuando algo les hace gracia. Al principio, los bebés juegan solo con sus madres, pero pronto empiezan a interactuar con otros e incluso a jugar por su cuenta.

Última hora de la tarde

Tiempo de relax

Los chimpancés se acicalan regularmente a lo largo del día para quitarse los parásitos y la suciedad. Este comportamiento los ayuda a relajarse y refuerza sus lazos de amistad. Los miembros de menor rango suelen acicalar a los de rango superior para ganarse su aprobación.

Atardecer

Hora de dormir

Cuando el día toca a su fin, trepan a lo alto de los árboles para protegerse de sus posibles depredadores, como los leopardos. Allí construyen cómodas plataformas con ramas y hojas para pasar la noche y luego las abandonan. Duermen unas ocho o nueve horas al día.

El nacimiento de un macaco

También conocidos como monos de las nieves, los macacos japoneses habitan tres de las cuatro islas más grandes de Japón: Honshu, Shikoku y Kyushu. Como las temperaturas son muy bajas en invierno, han aprendido a bañarse en fuentes de aguas termales para combatir el frío. Son animales muy sociables y se organizan en grupos de hembras y grupos de machos, llamados tropas. Las crías permanecen junto a sus madres durante varios años antes de unirse a una nueva tropa.

Un macaco joven suele imitar el comportamiento de su madre.

Día 1

Época de celo
La época de celo o apareamiento suele durar de marzo a septiembre. Los adultos pasan unas dos semanas alejados de las tropas. Durante ese periodo se alimentan, duermen y se aparean. Suelen tener varias parejas.

5 meses y medio después

Nacimiento
Cuando llega el momento, las hembras buscan un lugar tranquilo y apartado para dar a luz en el suelo. El bebé pesa unos 550 g, lo mismo que una hogaza de pan, pero crece muy rápido.

Semanas 0-3

Todo amor
Las madres llevan a sus bebés sobre el vientre las primeras semanas de vida. Los protegen y los acicalan, retirándoles los piojos y las pulgas del pelo, además de amamantarlos con su leche materna.

Semana 4

A caballito
La cría permanece junto a su madre y se sube a su espalda, agarrándose a su pelaje con los dedos de las manos y de los pies. En algunas tropas, el padre también ayuda con la crianza, pero no es lo habitual.

Esta hembra está embarazada.

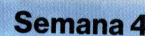

Los macacos se mantienen calientes en invierno gracias a su denso pelaje, que les sirve de aislante.

Aprendizaje por imitación

Si un macaco descubre un comportamiento humano que le parece útil como, por ejemplo, lavar los boniatos antes de comerlos o pescar, otros miembros de la tropa lo imitarán. Y si ese comportamiento es adoptado por la mayoría de la tropa, los adultos se lo enseñarán a la siguiente generación de macacos.

Semanas 5-6

Comida sólida

El bebé sigue mamando, pero empieza a tomar alimentos sólidos, como hojas y frutos. La madre todavía busca comida para su cría, pero, en una semana más o menos, esta empezará a buscar comida por sí misma.

Meses 3-4

Aprendizaje rápido

El joven macaco sigue al lado de su madre, pero observa a los miembros adultos de su tropa para aprender de ellos. En esta fase ya sabe correr a toda velocidad y trepar a los árboles para buscar frutos, hojas, semillas e insectos para comer.

Mes 7

Crecimiento

Al joven macaco le encanta jugar y hacer bolas de nieve para lanzárselas a los miembros de la tropa. Al igual que los adultos, es muy ruidoso. El macaco mama de la madre hasta que tiene unos dos años.

Años 4-5

El adiós

Las hembras jóvenes permanecen en la tropa de sus madres, mientras que los machos la abandonan a los cuatro o cinco años de edad. A veces forman tropas con otros machos adolescentes. Cuando tengan cinco años, estarán listos para aparearse.

Un año en la vida de la cabra de las nieves

Los íbices alpinos son cabras montesas que viven en manadas en las laderas de los Alpes, a 3300 m de altitud. En invierno, soportan condiciones extremadamente duras debido al frío y la nieve. Con sus duras pezuñas, son capaces de subir y bajar por enormes acantilados de roca en busca de plantas. Cuando la nieve se derrite en primavera, emigran a las verdes praderas para alimentarse, y en verano tienen a sus crías.

Los cuernos del macho pueden llegar a medir 1 m de largo.

Época de celo

Comienza la época de celo o apareamiento, que dura unas seis semanas. Los machos levantan la cola y muestran el pelo blanco que tienen debajo. Se pelean chocando los cuernos entre sí para decidir quién será el dominante y se apareará.

Diciembre

Vuelta al grupo

Aunque el invierno no ha acabado y aún puede nevar, queda poco para la primavera. Los íbices vuelven a separarse en grupos de machos y hembras.

Diciembre-enero

Febrero-abril

La pezuña perfecta

El íbice alpino es capaz de trepar por laderas casi verticales gracias a sus pezuñas unguladas (divididas en dos dedos). Debajo de cada dedo tienen una almohadilla blanda y gomosa que le impide resbalarse. Cuando se apoya sobre la pata, la almohadilla y el casco duro que rodea la pezuña hacen ventosa contra la roca e impiden así que la intrépida cabra se caiga.

Vista lateral

El espolón contribuye al agarre.

La parte exterior hace ventosa contra el saliente de la roca.

Saliente de roca

Vista desde abajo

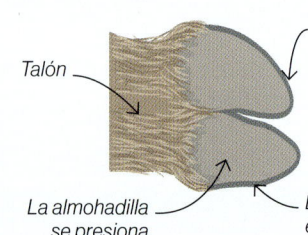

Talón

Los dedos se separan para ofrecer mayor agarre.

La almohadilla se presiona contra la superficie de la roca.

La parte exterior hace ventosa contra la roca.

Hembra de íbice alpino preñada

Apareamiento

Si una hembra permite que un macho se aparee con ella y se queda preñada, dará a luz a un cabrito cinco meses después, en pleno verano, cuando haya mucha comida.

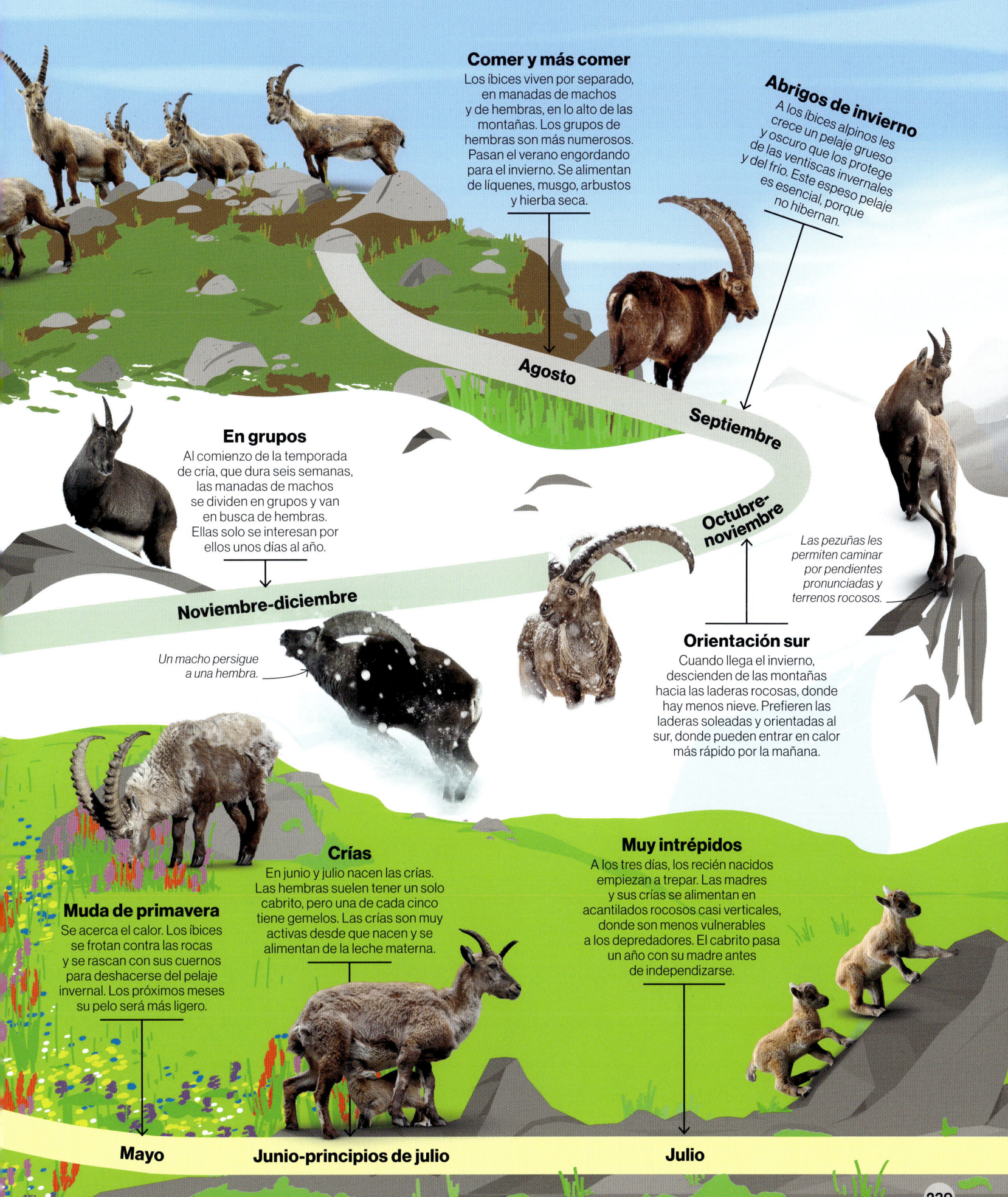

Comer y más comer
Los íbices viven por separado, en manadas de machos y de hembras, en lo alto de las montañas. Los grupos de hembras son más numerosos. Pasan el verano engordando para el invierno. Se alimentan de líquenes, musgo, arbustos y hierba seca.

Abrigos de invierno
A los íbices alpinos les crece un pelaje grueso y oscuro que los protege de las ventiscas invernales y del frío. Este espeso pelaje es esencial, porque no hibernan.

Agosto

Septiembre

En grupos
Al comienzo de la temporada de cría, que dura seis semanas, las manadas de machos se dividen en grupos y van en busca de hembras. Ellas solo se interesan por ellos unos días al año.

Octubre-noviembre

Las pezuñas les permiten caminar por pendientes pronunciadas y terrenos rocosos.

Noviembre-diciembre

Un macho persigue a una hembra.

Orientación sur
Cuando llega el invierno, descienden de las montañas hacia las laderas rocosas, donde hay menos nieve. Prefieren las laderas soleadas y orientadas al sur, donde pueden entrar en calor más rápido por la mañana.

Muy intrépidos
A los tres días, los recién nacidos empiezan a trepar. Las madres y sus crías se alimentan en acantilados rocosos casi verticales, donde son menos vulnerables a los depredadores. El cabrito pasa un año con su madre antes de independizarse.

Muda de primavera
Se acerca el calor. Los íbices se frotan contra las rocas y se rascan con sus cuernos para deshacerse del pelaje invernal. Los próximos meses su pelo será más ligero.

Crías
En junio y julio nacen las crías. Las hembras suelen tener un solo cabrito, pero una de cada cinco tiene gemelos. Las crías son muy activas desde que nacen y se alimentan de la leche materna.

Mayo

Junio-principios de julio

Julio

Cazar en la nieve

Los leopardos de las nieves se enfrentan a las duras condiciones del desierto el mes más frío del año. Sus patas les permiten caminar por la nieve y su pelaje los mantiene supercalientes.

Senderismo

Los asnos salvajes mongoles (*kulan*) se alimentan de arbustos y raíces en invierno. Pueden recorrer miles de kilómetros en pocas semanas en busca de comida. Andan hasta 70 000 km² al año.

Enero

Febrero

Un año en el Gobi

El desierto de Gobi, en el este de Asia, es el quinto más grande del mundo. Es lo que se llama un desierto frío, ya que los inviernos son largos y hostiles y los veranos más bien cálidos. La vida allí no es fácil; de hecho, la palabra *gobi* en mongol significa «lugar sin agua». A pesar de todo, es el hogar de muchos animales. Algunos permanecen activos todo el año, mientras que otros emigran o hibernan unos meses.

Septiembre

Migración de halcones

El halcón sacre cría en el desierto de Gobi. Cuando sus polluelos tienen plumas, emigran hacia el sur a zonas menos áridas. Prefieren viajar solos, así que no emigran en grandes grupos, al contrario que otros animales.

Cambio de abrigo

El pelo del manul, este curioso felino de la estepa, se vuelve más grueso y largo durante los fríos meses de invierno. En verano tiene el pelo anaranjado, pero en invierno se vuelve gris jaspeado.

Octubre

Época de cría

Los camellos bactrianos están en celo en invierno. Es mejor no estar cerca de ellos entonces, ya que los machos se esparcen su propia orina por todo el cuerpo con la cola porque esta contiene las hormonas que atraen a las hembras.

Marzo

¡Buenos días!

La temperatura empieza a subir por encima de los 0 °C y el oso del Gobi, pariente del oso pardo, se acaba de despertar. Ha pasado cinco meses hibernando. Tiene hambre y sale en busca de raíces, bayas e incluso insectos.

Abril

Hora de comer

Después de hibernar, la víbora de foseta de Asia Central sale a cazar. Entre las fosas nasales y los ojos, tiene unas hendiduras que detectan diferencias de temperatura y la ayudan a localizar a sus presas incluso de noche.

Mayo

En busca de agua

Este árbol produce flores de color amarillo brillante. Dispone de un sistema radicular que desciende 5 m de profundidad y ramas que se expanden hacia arriba y a lo ancho para captar la mayor cantidad de agua posible cuando llueve.

Agosto

Lluvia fina

Unos chubascos ligeros han creado charcos de larga duración (abrevaderos). Los animales acuden a ellos a beber para sobrellevar el calor. Las lluvias aportan color al desierto, ya que permiten que broten plantas nuevas.

Julio

Mar de flores

La cebolla silvestre florece y crea un mar de flores rosas. Esta planta es una fuente importante de alimento para muchos animales, como los camellos, los asnos salvajes, las liebres de Tolai y los osos del Gobi. Toda ella es comestible, hasta el bulbo.

Junio

Bien preparadas

Las picas, parientes de los conejos, pasan el invierno en sus madrigueras. Viven en grupos y dependen de las reservas de comida (musgo, ramas y frutos de cáscara) que han almacenado durante el verano.

Noviembre

Siempre activos

Las manadas de lobos siguen cazando en invierno, sobre todo pequeños mamíferos, como las picas. En uno o dos meses, el macho y la hembra alfas se aparearán para traer una nueva generación de cachorros a la manada.

Diciembre

Un desierto de roca

El desierto de Gobi no tiene dunas; de hecho, solo el 5 % es arena. Su paisaje es diverso y abarca desde llanuras frías (estepas), valles y cadenas montañosas hasta marismas, lagos y ríos. Sin embargo, la mayor parte de este desierto está cubierto de roca desnuda y piedras sueltas, y hay pocas plantas.

Un día en la vida del suricato

El suricato se pone de pie sobre las patas traseras para ver si vienen depredadores.

Los suricatos son mamíferos sociables que viven en grupos de hasta 50 miembros en los desiertos del sur de África. El grupo tiene una estricta jerarquía social y la jefa de la manada es la hembra dominante, la matriarca. Los suricatos son madrugadores, pasan el día buscando comida y, de noche, duermen juntos en una madriguera subterránea.

Primera hora de la mañana

Primera hora de la mañana

Última hora de la mañana

Desayuno temprano

Los suricatos tienen una dieta variada que incluye insectos, escorpiones, pequeños reptiles y huevos. Escarban en la arena para cazar a sus presas y pasan al menos cinco horas al día buscando comida. Los suricatos salen a cazar a primera hora de la mañana y a última hora de la tarde para evitar las horas más calurosas del día.

De guardia

Mientras unos miembros del grupo se van a buscar comida, otros se turnan para vigilar la entrada de la madriguera. Los vigilantes se ponen de pie y observan el horizonte en busca de depredadores, como las águilas. Si ven una amenaza, chillan para que todos se metan en casa.

Al sol que más calienta

Los suricatos salen de su madriguera para escarbar, cazar y jugar. A menudo se tumban al sol para entrar en calor, pero siempre permanecen en estado de alerta. Cuando tienen demasiado calor, se van a la sombra.

| **Mediodía** | **Primera hora de la tarde** | **Última hora de la tarde** |

Hora de la siesta

Los suricatos duermen 10-12 horas al día. A menudo se acurrucan para echar la siesta durante las horas más calurosas del día, en un lugar sombreado al aire libre o dentro de la madriguera. Por la noche duermen en la madriguera, bien calientes y a salvo de los depredadores.

¡Fuera piojos!

Los suricatos de todas las edades y rangos pasan un rato al día acicalándose unos a otros para eliminar parásitos y mantener su pelo en buen estado. Esto no solo los ayuda a estar limpios, sino que refuerza los lazos sociales del grupo y ayuda a los de menor rango a ganarse el apoyo de los miembros más importantes.

Tiempo de juegos

Mientras los adultos cazan y vigilan, las crías pasan la mayor parte del día jugando: saltan, corretean, se pellizcan y se aplastan los unos a los otros contra el suelo. Así hacen amigos y desarrollan una relación de confianza. ¡Lo pasan de maravilla!

La estación seca

A principios de año, la tierra está seca y los animales que comen hierba, como los jabalíes verrugosos y las cebras, recorren grandes distancias para encontrarla. Los leones los siguen, de modo que también tienen por delante un largo viaje.

Como no hay muchas presas en esta época, los leones deben elegir bien cuándo atacar.

Separación

Cuando los machos tienen unos dos o tres años, se separan de la manada y se marchan a otra zona de la llanura, donde intentarán hacerse los jefes de otra manada.

Enero

Febrero

Los reyes de la llanura

Los leones africanos viven en las llanuras de África, como la Reserva de Masái Mara en Kenia. Es un hábitat duro y muchos meses resulta difícil encontrar comida. Por eso, los leones viven en manadas de hasta 40 miembros y cazan juntos. Cada manada está compuesta por un macho dominante, otros machos más jóvenes y varias hembras.

La guardería

Los cachorros crecen deprisa, pero necesitan cuidados. Las hembras adultas los juntan y dejan que mamen de varias hembras distintas. Mientras unas salen a cazar, otras cuidan de los pequeños.

Solos en casa

Ahora que los cachorros ya comen carne, las hembras adultas pasan más tiempo cazando para alimentarlos. A menudo los dejan escondidos entre la hierba largos periodos de tiempo. Es un momento peligroso, ya que las hienas siempre andan al acecho.

Finales de agosto

Septiembre

Clases de caza

A los pocos meses, los cachorros empiezan a salir con sus madres para observar y aprender cómo se acecha y se caza a las presas. No participarán activamente en las cacerías hasta que tengan cerca de un año.

Octubre-noviembre

Días de abundancia

Empieza la temporada de lluvias, la hierba crece y llegan los herbívoros. Los leones tienen muchas presas para elegir, incluidos los búfalos. Las hembras suelen encargarse de cazar para toda la manada, aunque los machos adultos a veces también participan.

Marzo-abril

Lluvias torrenciales

Las lluvias son cada vez más intensas. Si el territorio de una manada se inunda, los leones pueden verse obligados a alejarse para encontrar un terreno donde sea más fácil cazar.

Abril-mayo

Época de celo

Termina la estación de las lluvias. Las hembras se aparean con los machos dominantes de la manada una vez cada dos años. Varias hembras se quedan preñadas al mismo tiempo: sus cachorros nacerán más o menos a la vez y será más fácil cuidarlos.

Mayo-junio

Nuevos miembros

Después de tres meses y medio preñadas, las hembras dan a luz más o menos a la vez. Al principio, los cachorros ni siquiera abren los ojos y dependen de la leche de la madre para sobrevivir.

La gran migración

Comienza la migración de cientos de miles de animales herbívoros, como los ñus, que cruzan el Serengueti (Tanzania) y Masái Mara (Kenia) en busca de zonas verdes para alimentarse. Los leones los siguen y esperan detrás de los árboles y en las orillas de los ríos el mejor momento para atraparlos.

Julio

Principios de agosto

La madre se queda con sus cachorros cuando la manada se separa.

Los machos adultos dejan la manada para hacerse más fuertes e independientes.

La manada se divide

Comienza la estación seca y los ñus se van a buscar comida a otras partes. Como hay menos presas que cazar, los leones se dividen en grupos más pequeños para tener más posibilidades de sobrevivir a la dura estación seca que se avecina.

Diciembre

Una charca llena de vida

Todos los años se producen cambios espectaculares en el Parque Nacional de Etosha (Namibia). En la estación lluviosa, de noviembre a abril, se forman charcas que atraen a los mamíferos y a las aves zancudas que están de paso. Las plantas crecen y crean un paisaje exuberante y verde, repleto de comida. Los meses secos, estos abrevaderos se reducen o desaparecen por completo y la tierra se vuelve marrón y polvorienta. Apenas hay comida y agua. Se avecinan meses difíciles para muchos animales, como las cebras, los elefantes y las gacelas, entre otros.

La migración del ñu

Todos los años, más de un millón de ñus, gacelas y cebras abandonan las secas llanuras del Serengueti, en Tanzania, y se dirigen hacia los pastos de Kenia, donde les esperan fértiles praderas y agua fresca. Por el camino, sus poderosas pezuñas hacen retumbar la tierra a su paso. Este viaje es la mayor migración por tierra que existe. Por eso se conoce como la gran migración.

La gran migración

Las llanuras del Serengueti se van secando y la hierba escasea. Los ñus forman un rebaño de 1,5 millones de animales. La migración comienza de repente. El suelo se estremece con el impacto de sus duras pezuñas.

Amigos de paso

Los ñus van hacia el Serengueti central y occidental. Por el camino, se les unen cebras y gacelas. Unos 3000 leones viven aquí, pero la manada no corre peligro: los superan en número.

¡En peligro!

Los guepardos, leones, hienas y perros salvajes se relamen al ver a las deliciosas crías de ñu. Sin embargo, las madres las protegen celosamente: les hacen frente y los apartan con sus enormes cabezas y cuernos. Las manadas se agrupan y dejan a los más jóvenes en el centro para protegerlos.

A pastar

Las manadas de ñus se extienden por las llanuras y comen hierba mientras vigilan a sus depredadores. Las crías cada vez pastan más y dependen menos de la leche materna.

Nueva vida

El 80 % de los ñus nacen en un periodo de dos a tres semanas. Así es más fácil sobrevivir, porque los depredadores no se atreven a entrar en la gigantesca manada. Las crías se ponen de pie y maman solo unos minutos después de nacer. Enseguida correrán.

Enero

Febrero

Marzo

Abril

Mayo

Época de celo

Los machos se pelean entre sí y compiten por captar la atención de las hembras, a las que llaman. Son ellas las que eligen pareja. Algunos machos están tan cansados tras la pelea, que casi no tienen energía para escapar de sus depredadores.

Junio

Julio

Agosto

Septiembre

Octubre-diciembre

Pastos más verdes

Las manadas se dividen en grupos. Algunos se quedan en el norte del Serengueti, pero el resto llegan a la Reserva de Masái Mara (Kenia), donde encuentran abundante hierba fresca para pastar.

Vuelta al sur

Las lluvias hacen que las llanuras, antes secas, vuelvan a estar repletas de hierba. Los ñus vuelven al sur. Atraviesan de nuevo para ello el norte y el este del Serengueti en grandes manadas. Por el camino, comen lo que pueden: necesitan acumular fuerzas para todo el año.

Independencia

Las crías han crecido bastante y ya no necesitan a sus madres. Los machos jóvenes se marchan para formar su propia manada. Las hembras se quedan en el mismo rebaño que sus madres.

Trampa de cocodrilos

Los ñus que lideran la migración se detienen al llegar a las orillas del río Mara. Tienen que atravesar el río, donde los esperan los feroces cocodrilos del Nilo. Lo difícil es ser el primero: cuando uno se atreve a saltar, los demás van detrás. La mayoría sobrevive, pero miles de ellos acaban devorados.

La gran manada

La manada gigante de ñus se desplaza muy rápido, y eso que son muchísimos: 1,2 millones. Recorren hasta 40 km al día, lo que hace un total de 2000 km al año. Durante su migración, atraviesan dos ríos infestados de cocodrilos: el Mara y el Grumeti. Los ñus comen mucho porque necesitan mucha energía. La manada consume unas 4000 t de hierba al día, o lo que es lo mismo, el equivalente al peso de una ballena azul.

Vivir a lo grande

Los hipopótamos son animales muy sociables. Viven en África, al sur del desierto del Sáhara. Después de los elefantes, son los animales terrestres más pesados del planeta, llegando a pesar hasta 4,5 toneladas. Viven en manadas de unos 30 ejemplares, en las que conviven machos y hembras, adultos y crías. Pasan el día sumergidos en los lagos y los ríos, descansando; por la noche, ingieren enormes cantidades de hierba.

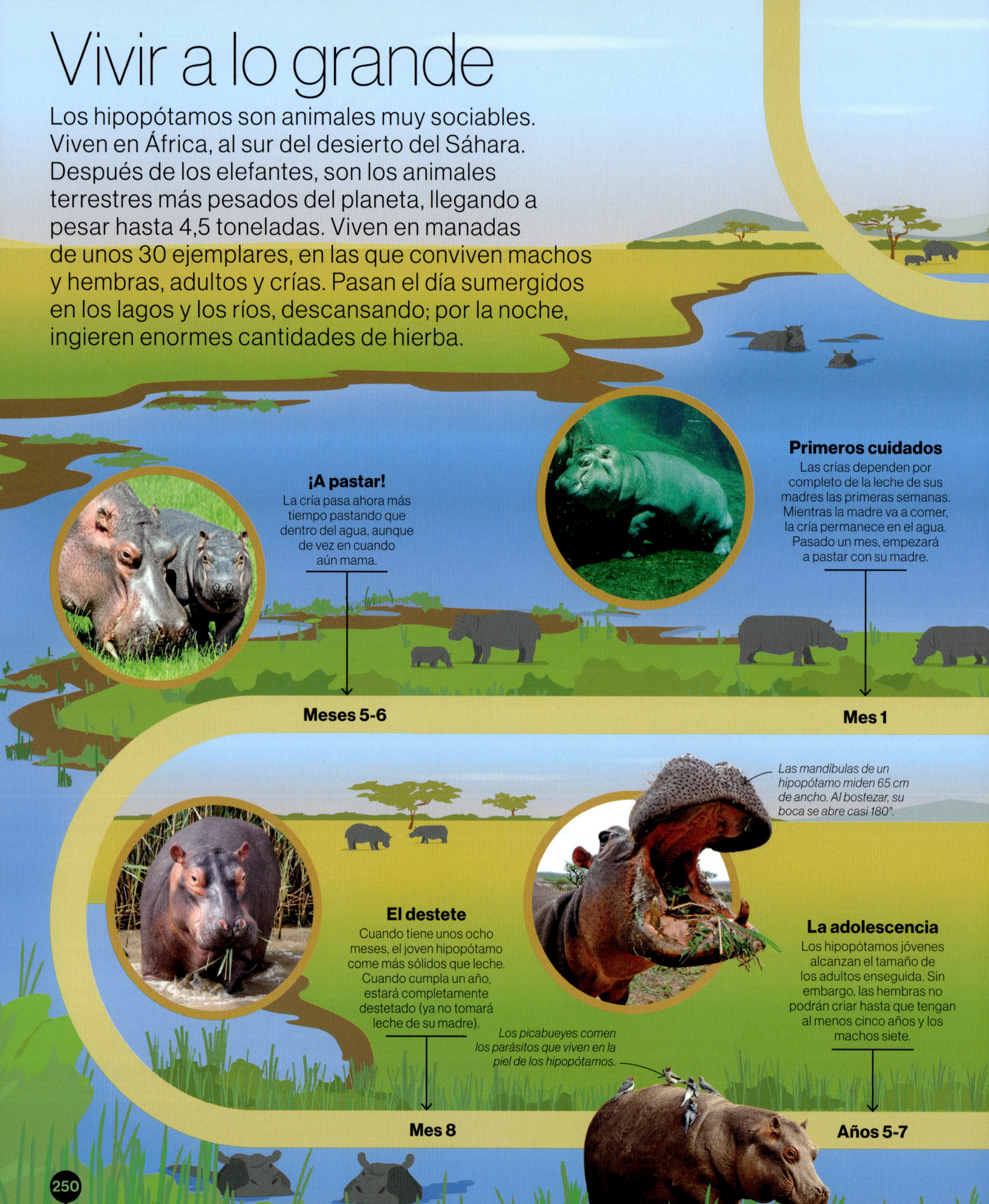

¡A pastar!
La cría pasa ahora más tiempo pastando que dentro del agua, aunque de vez en cuando aún mama.

Meses 5-6

Primeros cuidados
Las crías dependen por completo de la leche de sus madres las primeras semanas. Mientras la madre va a comer, la cría permanece en el agua. Pasado un mes, empezará a pastar con su madre.

Mes 1

Las mandíbulas de un hipopótamo miden 65 cm de ancho. Al bostezar, su boca se abre casi 180°.

El destete
Cuando tiene unos ocho meses, el joven hipopótamo come más sólidos que leche. Cuando cumpla un año, estará completamente destetado (ya no tomará leche de su madre).

Los picabueyes comen los parásitos que viven en la piel de los hipopótamos.

Mes 8

La adolescencia
Los hipopótamos jóvenes alcanzan el tamaño de los adultos enseguida. Sin embargo, las hembras no podrán criar hasta que tengan al menos cinco años y los machos siete.

Años 5-7

El cortejo

Durante la estación seca, el macho dominante de la manada busca una hembra con la que aparearse. Cuando la encuentra, se aparean en el agua. Un macho puede aparearse con varias hembras.

Estación seca

Preparando la llegada

Cuando la hembra se queda preñada, permanece con la manada hasta una o dos semanas antes de parir. Entonces abandona el grupo y busca un espacio tranquilo hasta que nazca su cría.

**7,5 meses
tras el apareamiento**

Vuelta a la manada

La madre y la cría vuelven con el grupo al cabo de una o dos semanas. El padre es muy protector con las hembras y las crías, y atacará a cualquier animal que considere una amenaza, incluso a los cocodrilos, hienas, leones y leopardos.

Semanas 1-2

Nacer en el agua

Las hembras suelen parir dentro del agua durante la estación de lluvias. La madre empuja a la cría recién nacida hacia la superficie para que respire. Las crías solo pueden sobrevivir bajo el agua 40 segundos, mientras que un ejemplar adulto puede aguantar la respiración durante 5 minutos.

Día 1

Los adultos

Los hipopótamos pueden vivir más de 40 años. Las hembras en edad reproductora no se quedan preñadas cada año, sino cada dos. A menudo siguen teniendo crías hasta bien entrada la treintena.

Años 30-más de 40

Trucos contra el calor

Para combatir el sofocante calor africano, los hipopótamos pasan mucho tiempo en los lagos y los ríos, o revolcándose en el barro. Tienen los ojos, las fosas nasales y los oídos en la parte superior de la cabeza, así que pueden ver, respirar y oír aunque estén casi sumergidos. Además, segregan un líquido aceitoso que recubre su piel y actúa como protector solar; evita también que tengan infecciones.

Las tormentas de arena pueden alcanzar hasta 15 m de altura.

Desayunar al alba
Un varano del desierto busca serpientes, lagartos y roedores para desayunar. Solo caza al amanecer; el resto del día lo pasa escondido para evitar el calor.

Rocío matinal
El antílope addax se levanta temprano para aprovechar el frescor de la mañana y el rocío de los arbustos. Es muy peligroso, ya que puede haber depredadores al acecho, como los perros salvajes africanos.

¡Vaya susto!
De repente, empiezan a soplar fuertes vientos que levantan la arena del suelo y la mueven en todas las direcciones. Las tormentas de arena, de unos 3 m de altura, obligan a los animales a buscar refugio, pero pasan enseguida.

Cazar de noche
Un escorpión está al acecho en busca de presas, como los ciempiés. Utiliza su aguijón para inyectar veneno en su víctima. Su veneno es tan potente que puede matar a un ser humano.

Desiertos fríos
El Sáhara es el desierto cálido más famoso del mundo, pero los mayores desiertos del planeta están en la Antártida y el Ártico. Estas extensiones, gélidas y sin apenas vida, se clasifican como desiertos porque casi nunca llueve o nieva y muy pocas plantas pueden sobrevivir.

03.00 04.00 05.00 06.00
02.00 01.00 00.00 23.00 22.00 21.00 20.00 19.00

24 horas en el desierto

En el norte de África se encuentra el Sáhara, un enorme desierto de más de 9 millones de km². Aunque es uno de los lugares más inhóspitos del planeta, aquí viven muchos animales y plantas que han sabido adaptarse a las escasas lluvias, el calor abrasador del sol durante el día y el frío de las gélidas noches.

Espera tranquila
Al ponerse el sol, una víbora cornuda permanece en la arena, semienterrada, esperando pacientemente a que se acerque algún roedor para comérselo.

Oído fino
Un zorro fénec sale de su madriguera para buscar comida. Sus grandes orejas le permiten refrescarse durante el día y su espeso pelaje lo mantiene caliente por la noche. De oído fino, gira la cabeza de un lado a otro para escuchar una posible presa bajo la arena.

Cae la noche
Al abrigo de la oscuridad, un jerbo sale de su madriguera en busca de plantas, semillas y algún que otro escarabajo. Es capaz de oír llegar a sus depredadores con sus grandes orejas y saltar 17 veces la longitud de su cuerpo para escapar.

Un refugio a la sombra

Una rata de arena se cobija bajo una euphorbia cuando sube la temperatura, pero no mordisquea las hojas y el tallo. Están llenos de savia tóxica para mantener a raya a los herbívoros.

Al sol que más calienta

Un macho de agama común (un tipo de lagarto) se tumba al sol para conseguir la energía que necesita para cazar insectos. Sus vivos colores atraen a las hembras y ahuyentan a los machos rivales.

Sube la temperatura

La arena del desierto alcanza unos 70 °C y las hormigas plateadas del Sáhara salen a comer insectos muertos. Corren por la superficie caliente a 85 cm por segundo, es decir, como si un humano corriera a 644 km/h.

07.00 08.00 09.00 10.00 11.00 12.00 13.00 14.00

Las pobladas cejas y las largas pestañas del dromedario le protegen los ojos de la arena del desierto.

¡Y yo con estos pelos!

Correr rápido no es la única estrategia que tienen las hormigas plateadas del Sáhara para no quemarse. También poseen unos pelos especiales que liberan el calor corporal y reflejan los rayos de sol como si fueran espejos. Esto les confiere, además, un aspecto plateado, de ahí su nombre.

Su cabeza está cubierta de pelo.

Los pelos son huecos y triangulares.

18.00 17.00 16.00 15.00

Esta gacela puede correr a 96 km/h, por lo que no logrará escapar del guepardo.

Cazar al atardecer

Al atardecer, un guepardo del Sáhara persigue a una gacela dorcas. Este felino puede alcanzar los 100 km/h. Obtendrá el agua que necesita para sobrevivir de la sangre de la gacela.

Protegidos del calor

Mientras un pequeño grupo de dromedarios se cobija a la sombra de una acacia roja, al árbol se le cae una hoja. Está mudando las hojas tras un largo periodo de sequía para poder conservar la humedad hasta que vuelvan las lluvias.

Dormilones profesionales

Hace una mañana estupenda para descansar agarrado a la rama de un eucalipto, o eso parece. Los koalas pueden dormir hasta 22 horas al día. Aunque suelen estar más activos desde el atardecer hasta el amanecer, se pueden mover durante el día si algo les molesta. Necesitan dormir mucho, ya que su dieta a base de hojas de eucalipto no les aporta mucha energía. Como las hojas son tóxicas, su estómago consume mucha energía para digerirlas sin que les hagan daño.

1,5-2 horas
Cachalote

Estos cetáceos pasan solo el 7% de su tiempo durmiendo. De vez en cuando echan una siesta de unos 15 minutos, sin respirar ni moverse. Duermen en vertical, con la cola hacia abajo y la cabeza justo debajo de la superficie del agua.

2 horas
Jirafa

Por término medio, las jirafas pasan solo un 8% del tiempo dormidas e incluso ese tiempo se divide en siestas de 5-10 minutos a lo largo del día. También pueden dormir de pie, lo que les permite escapar rápidamente si se acerca un depredador.

2-3 horas
Elefante

Los elefantes africanos duermen de pie o tumbados, generalmente en grupos. Mientras unos duermen, otros hacen guardia por si vienen depredadores. Pueden estar despiertos hasta 46 horas seguidas.

10-12 horas
Búho

La mayoría de los búhos duermen de día y salen a cazar ratones y topillos por la noche. Tienen el sueño ligero y descansan agarrados a una rama o una roca. No duermen seguido, sino que echan varias minisiestas seguidas.

9,5-11,5 horas
Chimpancé

Como los humanos, los chimpancés duermen varias horas por la noche. La mayoría construyen nidos en los árboles con ramas y hojas, aunque algunos prefieren tumbarse en el suelo.

8-12 horas
Dragón barbudo

Estos reptiles del desierto duermen cuando está oscuro, así que descansan más en invierno que en verano. Pueden dormir en el suelo, enterrados en la arena o incluso en vertical, agarrados al tronco de un árbol.

16 horas
Tigre

Los tigres duermen siempre que pueden y nunca gastan más energía de la necesaria. Cuando capturan una presa grande, duermen junto al cuerpo y siguen comiendo en cuanto abren los ojos.

17 horas
Cocodrilo

Los cocodrilos, como las aves, duermen con un ojo abierto. Probablemente se deba a que un hemisferio (una mitad) del cerebro permanece activo y alerta mientras el otro dormita.

19 horas
Armadillo gigante

Los armadillos gigantes excavan madrigueras para dormir durante el día y están activos desde el atardecer hasta el amanecer. Es el momento perfecto para cazar termitas, hormigas y gusanos.

2,5-5 horas
Caballo

Los caballos duermen de pie, bloqueando las articulaciones de las patas. Los tres primeros meses, pasan la mitad del día tumbados, durmiendo. Cuando crecen, duermen de pie en periodos más cortos.

4-5 horas
Hormiga

Aunque parezca lo contrario, las hormigas duermen. Una obrera echa unas 250 siestas al día, de un minuto cada una. Esto significa que la mayoría de la colonia está despierta a la vez.

5-8 horas
Abeja

La mayoría de las abejas duermen por la noche porque es difícil encontrar néctar y polen en la oscuridad. A veces dormitan de día dentro de las flores o en la colmena.

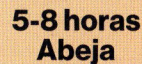

8-12 horas
Panda gigante

Los pandas suelen dormir de 2 a 4 horas seguidas, o algo más en verano. Duermen de lado, boca arriba o boca abajo. Y, por sorprendente que parezca, pueden defecar mientras duermen.

8-12 horas
Pez loro

Cuando un pez duerme, no siempre lo parece, pero los peces loro son una excepción: a la hora de dormir segregan una mucosa en la que se envuelven para protegerse de sus depredadores.

8-10 horas
Perezoso

Los perezosos se mueven muy despacio y duermen mucho porque las hojas que comen les aportan poca energía. Duermen colgados de las ramas y suelen volver al mismo sitio cada noche.

20 horas
Murciélago café

En verano, estos mamíferos voladores duermen todo el día y buscan insectos por la noche. Hibernan durante los meses más fríos del año. Sus latidos descienden entonces a ocho pulsaciones por minuto.

¡Horarios, por favor!

Todos los animales necesitan dormir. Si no, se quedan sin energía y no son capaces de controlar su temperatura. ¿Cuántas horas? Según las especies. Unos necesitan muchas horas de sueño seguidas y otros echan varias siestas de unos minutos; algunos incluso duermen con medio cerebro y permanecen despiertos con la otra mitad. Es muy difícil estudiar el sueño de los animales en la naturaleza, así que todavía queda mucho por descubrir.

24 horas en la selva tropical

Las selvas tropicales se encuentran en los lugares próximos al ecuador. Son el hábitat más variado de la Tierra y constituyen un hogar húmedo y cálido para millones de especies vegetales y animales. Siempre hay criaturas despiertas y activas alimentándose, cazando o buscando refugio mientras otras se esconden y descansan. La selva tropical más grande del mundo es la Amazonia, en Sudamérica.

Cazar a oscuras

La tarántula de patas rosadas vive en los árboles, donde caza insectos, ranas y lagartos. Ataca a sus presas desde arriba, con sus afilados colmillos. Si la atacan a ella, es capaz de lanzar algunos de sus pelos urticantes para defenderse.

El último en acostarse

Antes de que salga el sol, una familia de pacas cruza un arroyo para regresar a su madriguera tras pasar la noche buscando semillas y frutos por el suelo del bosque. Son buenos nadadores, pero caminan despacio. Duermen durante todo el día.

Hora de despertarse

Cuando amanece, los monos aulladores macho empiezan a «aullar». Sus gritos son cada vez más fuertes y largos, y ahogan el resto de los sonidos del bosque. Lo hacen para indicar a los demás dónde están. Su llamada se puede oír a 16 km de distancia.

Llamada nocturna

En mitad de la noche, un lechuzón de anteojos macho llama a su pareja. Suena como un martillo golpeando un árbol y se va atenuando a medida que realiza la llamada. La hembra le responde con un chillido.

02.00
01.00
00.00
23.00
22.00
21.00   20.00   19.00

Estratos de la selva tropical

Entre las copas de los árboles más altos de la selva tropical, luce el sol y corre el viento. El suelo, en cambio, es oscuro y húmedo. La zona del dosel arbóreo es frondosa y espesa, e impide que la luz llegue al suelo. El mundo ahí abajo es muy diferente al de las alturas.

Zona emergente
Las frondosas copas de unos pocos árboles, los más altos, se elevan por encima del resto.

Dosel arbóreo
Aquí viven la mayoría de los animales y plantas de la selva.

Sotobosque
Aquí llega el 5 % de la luz solar.

Suelo forestal
Solo el 2 % de la luz solar llega al suelo de la selva.

Vida nocturna

Entre los árboles se escucha un sonido parecido a un beso. Es el «alegre» grito del kinkajú. Este mamífero nocturno se ha atiborrado de higos y recorrerá hasta 1,6 km dispersando las semillas a través de sus excrementos.

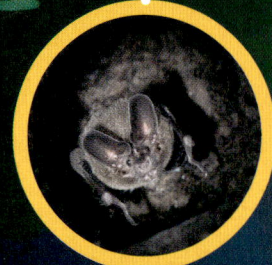

En la oscuridad

La selva está oscura y los murciélagos de orejas redondas pigmeo se preparan para abandonar su refugio en un nido activo de termitas, en lo alto de un árbol. Su comida favorita son los insectos, que atrapan por ecolocalización.

Hora de desayunar

Amanece y los primeros colibríes llegan a un cepillo de mono. Esta planta, cuyas brillantes flores nos recuerdan a un cepillo (de ahí su nombre), trepa por los árboles para buscar la luz del sol.

Caza diurna

Un jaguar sale de caza. Aunque sus ojos están adaptados para cazar de noche, también buscan presas durante el día. No son remilgados: ¡pueden comer hasta 85 especies de animales diferentes!

La mantis religiosa es muy sigilosa. Permanece inmóvil hasta que da un salto para atrapar a su víctima.

Hora de almorzar

Un árbol de nueces de Brasil, de 50 m de altura, recibe la visita de una bandada de guacamayos. El fruto de este árbol tiene forma de vaina y puede llegar a pesar 2 kg. Sus semillas se conocen como nueces de Brasil.

La parte superior de las alas de la mariposa morfo azul refleja la luz del sol y produce deslumbrantes destellos de color azul.

07.00 08.00 09.00 10.00 11.00 12.00 13.00 14.00 15.00 16.00 17.00 18.00

Los días calurosos, los tucanes dirigen el flujo sanguíneo hacia el pico para mantenerse frescos.

Unas hormigas cortadoras de hojas llevan trozos de hojas a su hormiguero.

¡Qué calor!

Todo vale para combatir el calor. El cóndor defeca sobre sus propias patas. Como sus excrementos son líquidos, a medida que se evaporan, se refresca.

Cae la noche

En el ecuador, mucho antes de que se esconda el sol, la selva se queda a oscuras. Para algunos, es el momento de irse a dormir, mientras que para otros, el día acaba de empezar.

Aguacero vespertino

Comienza a llover. El agua se acumula en las bromeliáceas, unas plantas que crecen en las ramas más altas de los árboles. Estos charcos de agua se convierten en un hogar improvisado para los anfibios.

Bosques templados

No todas las masas boscosas se sitúan cerca del ecuador y son cálidas y húmedas. En otras zonas más frías, entre el ecuador y los polos, existen bosques templados húmedos. Al igual que en la selva tropical, su dosel arbóreo es alto y espeso, y abundan las lluvias. Aquí, en cambio, en lugar de los monos aulladores se escuchan los aullidos de los lobos.

Un día en la vida del tigre

El tigre de Bengala es el felino más grande del mundo. Recorre los bosques y los pantanos del sur de Asia en busca de presas y aprovecha su famoso estampado de rayas para camuflarse entre las hierbas secas y los arbustos. Aunque permanece activo durante el día, prefiere cazar de noche para acercarse con sigilo y atacar sin que lo vean.

Amanecer

Última hora de la mañana

Mediodía

Primera hora de la tarde

Marcando el terreno

El tigre empieza el día patrullando su extenso territorio: libera el olor de sus glándulas odoríferas, lanza chorros de orina, deja sus heces y araña los troncos de los árboles para advertir al resto de los tigres de que están entrando en sus dominios.

¡Fuera de aquí!

El tigre pasa la mayor parte del tiempo solo. Mientras patrulla, emite un rugido profundo y potente que puede oírse por todo el bosque. Está diciéndoles a los demás tigres que más les vale mantenerse alejados.

Siestas a la sombra

El tigre aprovecha el calor del mediodía para descansar y hacer la digestión de la cena de la noche anterior. Busca una sombra, en las ramas más bajas de un árbol, y echa una cabezada. Puede pasar hasta 20 horas al día durmiendo.

¡Al agua patos!

Durante las horas más calurosas, se da un chapuzón. A diferencia de la mayoría de los felinos, a los tigres les encanta el agua y nadan muy bien con sus patas palmeadas y su musculoso cuerpo. Incluso cruzan ríos y pantanos para perseguir a sus presas.

El pelaje rayado del tigre hace que a las presas les resulte difícil verlo entre las hierbas altas.

Última hora de la tarde

Última hora de la tarde

Atardecer

De noche

Limpieza a lametones

Cuando hace calor, el tigre se tumba en el suelo y se lame para acicalarse. Su lengua está cubierta de crestas duras que retiran la suciedad, las garrapatas y los pelos sueltos. Su saliva, además, tiene propiedades antibacterianas que evitan que las heridas se infecten.

¡Emboscada!

Cuando oscurece, el tigre sale en busca de comida. Gracias a su excepcional oído y su agudo olfato, rastrea a un ciervo. Se acerca sigilosamente y lo ataca de lado con la esperanza de derribarlo de un solo salto. No es una técnica infalible: solo tiene éxito una de cada diez veces.

Cena al ocaso

El tigre mata a su presa con un único mordisco en el cuello, que le desgarra la tráquea y le rompe la columna vertebral. Si la presa es grande, no necesitará volver a comer durante un tiempo. Un tigre puede ingerir hasta 40 kg de carne de una sentada.

Entre las sombras

Cae la noche, pero el tigre sigue despierto. Utiliza su magnífica visión, su potente oído y su agudo olfato para buscar más comida. Gruñe ligeramente mientras camina para advertir a otros tigres de su presencia.

Apareamiento

Las hembras solo son fértiles unos pocos días al año, así que los machos deben conquistarlas justo en ese momento. La hembra se sienta en un árbol mientras los machos luchan entre sí en el suelo por aparearse con ella. Después de aparearse, el macho y la hembra se separan.

Un nuevo osezno

Normalmente, una hembra tiene solo un osezno cada vez. Al principio, parece más un ratón rosa que un panda. Es 900 veces más pequeño que un adulto y no ve, ni oye ni camina. Esta criatura diminuta e indefensa obtiene toda la energía que necesita de la leche de su madre, muy rica en grasas.

Un espacio seguro

Esta hembra preñada busca una cueva en la roca para construir su guarida. Prepara un nido con bambú, hojas y cortezas para disponer de un lugar seguro para dar a luz y criar a su osezno cuando nazca.

Los comienzos

Al cabo de varias semanas, al osezno le crece el pelo y poco a poco empieza a abrir los ojos y a oír. A las tres semanas, ya le han salido sus características manchas blancas y negras.

Día 1

Antes del nacimiento

3-5 meses tras el apareamiento

Primeras semanas

Protección del panda gigante

Los pandas gigantes están en peligro desde la década de 1970, cuando se contaron mil ejemplares en estado salvaje. Sin embargo, la población se ha ido recuperando en los últimos años. Los proyectos de conservación, como la Base de Investigación de Chengdu, en la provincia china de Sichuan, han trabajado duro por proteger su hábitat y ayudarlos a reproducirse. Este pequeño osezno, nacido en Chengdu, solo tiene 10 días.

Primeros pasos

Tras unos meses alimentándose de la leche de su madre, ya tiene fuerzas para gatear. Se vuelve más activo y empieza a explorar y a jugar. Su vista y su oído mejoran, y empiezan a salirle los dientes. Enseguida probará el delicioso bambú.

Independencia

El panda se independiza de su madre y sale en busca de su propio territorio, un área de unos 8-18 km². Aún tienen que crecer, así que pasa de 10 a 16 horas al día comiendo. ¡Puede ingerir hasta 40 kg de bambú al día!

Primeras aventuras

El osezno empieza a comer bambú, aunque tardará un poco en acostumbrarse. Aprende a andar, correr, nadar y trepar, pero sigue siendo vulnerable a los depredadores (como perros salvajes, leopardos de las nieves y águilas) por lo que la madre lo vigila atenta.

Madurez

Cuando alcanzan la edad adulta (a los cuatro años las hembras y a los seis los machos), están listos para reproducirse. Pero los bosques de bambú suelen estar divididos por carreteras y vías férreas, así que no siempre es fácil encontrar otros pandas con los que formar familia.

Meses 2-5

Meses 6-18

Mes 18

Años 4-6

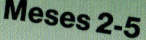

La vida de un panda

Los osos panda viven en los bosques de bambú de China. Su espeso pelaje, blanco y negro, es impermeable y los mantiene calientes en las frías y brumosas montañas. Llevan una vida lenta y solitaria, y pasan gran parte del día (hasta 16 horas) comiendo bambú. Necesitan comer mucho porque su dieta contiene muy pocos nutrientes para el tamaño que tienen. Sus grandes dientes y los poderosos músculos de sus mandíbulas los ayudan a triturar los duros tallos de bambú.

Grandes dormilones

En lo alto de las montañas, una osa preñada hiberna en una cálida cueva. Pasa semanas sin comer ni beber ni hacer sus necesidades. Sobrevive gracias a las reservas de grasa que ha acumulado.

El nacimiento

A finales de enero, la osa da a luz a dos oseznos, pero sigue profundamente dormida. Los oseznos son minúsculos comparados con ella, pero crecen rápido gracias a la leche de su madre, rica en grasas.

Noviembre   **Diciembre**   **Enero**   **Febrero**

Un año en la vida del oso pardo

El oso pardo es uno de los mayores depredadores terrestres que existen. Vive en los grandes bosques salvajes del hemisferio norte (Norteamérica, Europa y Asia). No tiene depredadores naturales y pasa gran parte del año dormido.

Comida fresca

Durante el verano, el oso pardo sube a las tierras altas donde hay abundante comida, como setas, miel y pequeños animales.

Agosto

¡A comer!

En otoño, cuando en las zonas altas hace frío, el oso pardo baja de nuevo a los valles fluviales y otras zonas bajas. Necesita comer mucho (peces, frutos secos, bayas, etc.) para crear la gruesa capa de grasa que le permitirá sobrevivir en invierno.

Hogar, dulce hogar

Se acerca el invierno. El oso pardo se dirige a un terreno elevado para preparar su guarida entre las raíces de un árbol. Está recubierta de hojas secas y musgo.

Septiembre   **Octubre**

El despertar

Mamá osa despierta en abril, cuando la nieve empieza a derretirse y los días se hacen más largos y cálidos. Los oseznos se quedan cerca de la guarida, mientras ella sale a buscar comida. Los osos son omnívoros: comen tanto plantas como animales.

Primeras comidas

A finales de mayo, los oseznos son lo bastante fuertes para dejar la guarida y vivir al aire libre. La familia se dirige a un terreno más bajo, donde la madre les enseña a buscar su propia comida.

Marzo

Abril

Mayo

Rivalidad

En julio comienza la época de apareamiento. Los machos luchan entre sí por conseguir pareja. El ganador se acercará a una hembra cercana y pasarán juntos unos días, pero luego se separarán.

Jugar y aprender

Los oseznos aprenden jugando. Esto les permite desarrollar habilidades de caza y les enseña a relacionarse. La madre evita a otros osos: no volverá a aparearse hasta el año siguiente o incluso hasta dos años después.

Julio

Junio

La hibernación

Cuando llegan las primeras ventiscas, el oso se introduce en su guarida y se duerme profundamente. Hiberna para evitar el frío y porque la comida escasea. Las hembras preñadas empiezan a hibernar antes que los machos.

El grueso pelaje del oso pardo lo mantiene caliente todo el año. Puede variar de color: de dorado a negro.

Noviembre

Estaciones extremas

En las gélidas regiones polares se encuentra la tundra: un tipo de terreno cuyo subsuelo está siempre congelado. Los inviernos son largos, oscuros y fríos, pero en verano se derrite la nieve y el paisaje se transforma en una explosión de color y vida. El zorro ártico es uno de los muchos animales que tienen que adaptarse para sobrevivir en este difícil entorno. En invierno, su pelaje marrón leonado se transforma en una gruesa capa de pelo blanco que lo protege del frío y le permite camuflarse en la nieve.

Zorro ártico con pelaje de invierno

Zorro ártico con pelaje de verano

Se derrite el hielo

Tras el frío invierno, los días empiezan a ser más largos y las temperaturas derriten el hielo y la nieve. Las coníferas conservan sus hojas en invierno y utilizan la energía del sol para crecer y formar semillas para reproducirse.

El bosque se inunda

Gran parte del bosque boreal es húmedo y pantanoso. Cuando la nieve se derrite, no tiene dónde ir. El suelo no es profundo y, en las zonas más al norte, el subsuelo está congelado, así que el agua del deshielo inunda el terreno.

► **Primavera**

Un año en un bosque boreal

Más de una cuarta parte de los árboles de la Tierra se encuentra en los bosque boreales, llamados taigas. Situados al sur del Ártico, en el norte de Norteamérica, Escandinavia y Rusia, son bosques fríos y oscuros. El verano es corto y el invierno duro, así que los seres vivos tienen que adaptarse al cambio drástico de las estaciones.

Visitantes

El pico tridáctilo americano hace un agujero en un árbol para mantener a salvo a sus crías. Vive aquí todo el año, pero en verano recibe muchas visitas. Miles de millones de aves de más de 300 especies, incluidos gansos y gorriones, acuden de todas partes para reproducirse.

◄ **Otoño**

Explosión de colores

Llega el frío y los días se acortan, pero las bayas aportan una pincelada de alegría y color. Debajo de los árboles, los arbustos están repletos de frutos, como arándanos negros y rojos.

Setas y más setas

Los hongos del subsuelo descomponen la materia vegetal muerta y en otoño brotan en forma de setas. Las setas son los cuerpos fructíferos de los hongos y se ocupan de esparcir esporas (semillas) para producir nuevas redes de hongos en otros lugares.

El retorno del reno

Cuando se acerca el invierno, decenas de miles de renos americanos recorren 3200 km para llegar al bosque boreal. Han pasado el verano más al norte, en la desarbolada tundra, alimentándose y criando a su prole lejos de los mosquitos.

Nueva vida

Tras dos meses de gestación, la hembra del lince encuentra una madriguera bajo un arbusto o matorral. Allí da a luz a sus cachorros, que son ciegos al nacer y dependen de su madre hasta que tienen 12 semanas.

Grandes incendios

Cada 50-150 años, un incendio arrasa el bosque boreal. Estos incendios, a menudo provocados por los rayos, eliminan la espesa capa de materia muerta acumulada en el suelo del bosque y dejan espacio para que crezcan nuevas plantas. Algunas especies de coníferas, como la pícea negra, necesitan el calor del fuego para abrir sus piñas y liberar sus semillas.

Zzzzz

Un zumbido ensordecedor invade el bosque. ¡Millones de mosquitos acaban de llegar! El suelo pantanoso y húmedo es perfecto para poner sus huevos. Además, son un bocado muy preciado para muchas aves y peces.

Sol de verano

En el bosque boreal, el verano es cálido pero corto: solo hay 50-100 días sin heladas. Las plantas y los animales aprovechan las horas de luz para encontrar comida y reproducirse.

Verano

Vuelve el hielo

Se acerca el invierno, los días son cortos y las temperaturas descienden hasta -60 °C. La nieve cubre el suelo. En la zona más al norte, el sol se pone a mediados de noviembre y no vuelve a brillar hasta la primavera.

Cae la nieve

Muchos árboles tienen forma de cono, lo que les permite que la nieve resbale. Si se acumulara encima, el peso podría romper las ramas e impediría que las agujas del árbol absorbieran la luz solar.

En busca de calor

Las ardillas voladoras encuentran los agujeros vacíos de los pájaros carpinteros o nidos abandonados y se acurrucan para mantenerse calientes. Solo salen unas horas por la noche y a primera hora de la mañana para buscar comida.

La hibernación

La rana de la madera se prepara para hibernar. Deja de respirar y su corazón se detiene. Aunque gran parte de su cuerpo se congela, los altos niveles de azúcar de sus células impiden que muera. Volverá a descongelarse en primavera.

Invierno

La infancia de la morsa

¡Las morsas adultas son inconfundibles! Sus enormes colmillos miden más de un metro de largo y su cuerpo pesa más que un coche. Pero pesar 1,5 toneladas no es fácil: hacen falta unos 15 años y mucho marisco. Cuando no están buscando comida en el agua, descansan plácidamente sobre el hielo.

Enero-marzo
Año 1

Reunión de machos

Las morsas macho adultas forman grupos ruidosos cerca de las manadas de hembras. Los machos compiten por el derecho a aparearse con ellas: berrean, resoplan y pelean con sus largos y afilados colmillos.

Enero-marzo
Año 1

Apareamiento

Si las hembras están en celo, se acercan a uno de los machos que se exhibe en el agua y se aparean. Los que tienen más éxito pueden aparearse con más de 20 hembras. La hembra pasa 15-16 meses preñada.

Abril-junio
Año 2

Nacimiento

En primavera o a principios del verano las hembras dan a luz, por lo general, a una sola cría. El bebé pesa unos 45-75 kg y crece muy rápido. Se alimenta de la leche de su madre, rica en grasas y proteínas.

2 meses después

Crecimiento

Las hembras lactantes se juntan en manadas de hasta cincuenta y se mantienen alejadas de los machos y de otras hembras. Sus crías crecen 10-15 cm al mes. A los dos meses, ya nadan muy bien.

Colonias de morsas

Debido al cambio climático, cada vez hay menos hielo marino en verano en el Ártico. Esto hace que las morsas salgan a tierra firme más a menudo. Una de las mayores colonias se encuentra cada verano en una playa cercana al pueblo de Ryrkaypiy, en Rusia, y reúne a 40 000 morsas. El ruido y el olor de estas enormes colonias atrae a sus depredadores naturales: los osos polares.

Mes 6

Madres protectoras

Los cachorros toman su primer alimento sólido cuando tienen seis meses, aunque siguen mamando. Sus madres son muy protectoras y cobijan a las crías entre sus fuertes aletas delanteras cuando están en la orilla. En el agua, suelen ir montadas en sus lomos.

Años 0-2

Siempre cerca

Las crías acompañan a sus madres cuando salen en busca de marisco, gusanos marinos y calamares. A medida que crecen, comen más sólidos y dependen menos de la leche.

Año 2

El adiós

Cuando tienen dos años, solo comen alimentos sólidos. Para entonces, sus madres pueden estar a punto de parir de nuevo. Las hembras jóvenes abandonan la manada, aunque los machos jóvenes suelen quedarse más tiempo.

Años 6-7

Formar familia

Las hembras están preparadas para tener sus propias crías a los seis o siete años. Para aparearse, los machos deben competir con otros más viejos y fuertes, por lo que la mayoría no consigue reproducirse hasta alcanzar los 15 años.

Apareamiento

Ha llegado el verano y los días son largos. Tras varias semanas buscando pareja, un macho detecta el olor de una hembra y empieza a seguirla. Si está preparada para reproducirse, se aparean.

Los machos pueden llegar a medir hasta 3 m, casi el doble que las hembras.

Principios de mayo

La vida en el Ártico

Los osos polares viven en el Ártico en condiciones extremas, pero están preparados para sobrevivir al frío: sus enormes zarpas palmeadas y planas les permiten no resbalarse cuando persiguen a las focas sobre el hielo y la nieve, y con sus largas garras pescan en un hábitat donde la comida no abunda. Además, su grueso pelaje los mantiene calientes durante todo el año.

El parto

Dentro de la guarida, la hembra da a luz a uno o dos oseznos, a veces incluso tres, aunque es más extraño. Pesan unos 500 g y miden 30 cm de largo. Todavía no tienen pelo ni oyen nada.

Diciembre-enero

La guarida se mantiene caliente porque atrapa el calor corporal de los osos.

Infancia

Durante los primeros dos meses, abren los ojos, les crece pelo, les salen los dientes y empiezan a andar. La madre se queda con ellos cuidándolos. Los pequeños se acurrucan para conservar el calor.

Primeras salidas

La madre y las crías salen de la guarida para habituarse al frío, haciendo descansos para mamar. La madre los lleva subidos a su lomo para protegerlos de la nieve profunda y el agua helada.

Diciembre-marzo

Abril

Unos días juntos

El macho y la hembra pasan unos días juntos después de aparearse, pero luego el macho se aleja y no vuelve más. La hembra pasará sola los ocho meses de gestación.

Finales de mayo

El pelo del oso polar es de color claro y está hueco por dentro, lo que le permite absorber la luz solar y retener el calor.

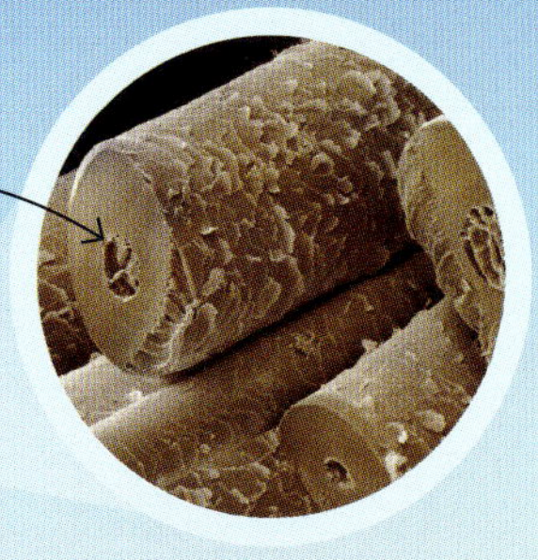

En busca de hogar

La hembra tiene que prepararse para la llegada de sus crías, así que excava una cueva para descansar durante el invierno. Pasa varios meses sin comer y sobrevive gracias a las reservas de grasa que ha acumulado en verano.

Octubre-noviembre

Cazar para sobrevivir

La hembra caza durante todo el verano, aprovechando que las focas salen a respirar por los huecos del hielo. Es vital que acumule fuerzas para el invierno. Necesita nutrientes para producir la leche con la que alimentará a sus crías.

Mayo-octubre

Comida familiar

La madre tiene que salir a cazar para alimentarse. Los oseznos van con ella y prueban la carne por primera vez, pero seguirán tomando leche dos años más y permanecerán con ella hasta que tengan tres años.

Mayo

Chapuzones helados

Los osos polares suelen nadar entre enormes placas de hielo. Pueden recorrer hasta 100 km de distancia. Se mantienen calientes en el agua helada gracias a la gruesa capa de grasa que los recubre. Se zambullen para perseguir a las focas y utilizan sus patas delanteras para nadar, como hacen los perros. Pueden permanecer debajo del agua tres minutos.

Cazar en el hielo

Un oso polar caza en el círculo polar ártico, cerca de Svalbard (Noruega). Los osos polares son los mayores carnívoros terrestres. Pueden olfatear a su presa a kilómetros de distancia y son capaces de nadar largas distancias en aguas heladas para alcanzarla. Sin embargo, sus hábitats se ven cada vez más afectados por el cambio climático. A medida que el planeta se calienta y el hielo de los polos se derrite, los animales se ven obligados a encontrar nuevas formas de sobrevivir.

Glosario

Acicalarse Limpiarse las aves las plumas o los mamíferos el pelo.

Acuático Que vive o crece en el agua o cerca de ella.

Adaptación Característica de un animal o planta que le permite sobrevivir y reproducirse en su entorno.

ADN Sigla de ácido desoxirribonucleico. Sustancia química que almacena la información genética en las células vivas.

Agricultura Cultivar plantas y criar animales para obtener alimentos.

Alfa (macho/hembra) Miembro dominante de un grupo de animales.

Algas Organismos simples que viven en el agua y fabrican su alimento mediante la fotosíntesis.

Almidón Sustancia blanca inodora e insípida que tienen las plantas, especialmente los cereales y las patatas. Las plantas lo utilizan como fuente de energía.

Amento Racimo de flores no ramificado y a menudo pendular (colgante).

Amonites Molusco marino con caparazón y tentáculos común en el Mesozoico.

Ancestro Animal con el que está emparentado otro más actual.

Angiosperma Planta con flores que tiene óvulos (y semillas) dentro de ovarios.

Antenas Órganos sensores unidos a la cabeza de un invertebrado que le sirven para percibir su entorno.

Antera Parte masculina de la flor. Situada en el estambre, contiene el polen.

Antibacteriano Sustancia que mata las bacterias o impide que se reproduzcan.

Antocianina Pigmento de las plantas. Puede ser rojo, morado, azul o negro.

Año de montera Año en que algunos árboles y arbustos producen más frutos; pasa cada 5-10 años.

Aparato digestivo Órganos internos del cuerpo que descomponen la comida y la bebida para obtener nutrientes y energía.

Apareamiento Emparejamiento que hacen los animales para reproducirse.

Árbol perenne Que tiene hojas durante todo el año.

Asteroide Pequeño objeto irregular del sistema solar, hecho de roca o metal, que orbita alrededor del Sol.

Atmósfera Capa de gas que rodea un planeta. También es la capa de gas más externa que rodea el Sol o una estrella.

Aurora Luces del cielo que aparecen cerca de los polos cuando las partículas del viento solar quedan atrapadas en el campo magnético de los planetas y entran en su atmósfera.

Bacterias Organismos unicelulares microscópicos sin núcleo celular, los más abundantes de la Tierra.

Banco Conjunto de peces que se desplazan juntos.

Bandada Grupo de aves de la misma especie.

Bienales Plantas que viven dos años: el primero germinan y echan hojas, y el segundo florecen y producen semillas.

Bivalvo Molusco con dos valvas unidas por el extremo que se abren y se cierran.

Bráctea Estructura en forma de hoja que se encuentra en la base de una flor y se parece a las hojas.

Caducifolio Árbol que pierde las hojas en otoño y al que le crecen hojas nuevas en primavera.

Caldera Cráter en la cima de un volcán. Las calderas se producen cuando una cámara magmática se abre al exterior o la parte superior del volcán sale disparada por una erupción.

Calentamiento global Aumento de la temperatura media de la atmósfera terrestre, causado en gran medida por el aumento de los niveles de dióxido de carbono procedentes de los combustibles fósiles.

Cambio climático Cambios a largo plazo en la temperatura media y el clima terrestre. Se produce de forma natural o, como en las últimas décadas, por la actividad humana.

Campo magnético Campo de fuerza que genera un planeta, estrella o galaxia a su alrededor.

Camuflaje Colores o dibujos en la piel o pelaje de un animal que le permiten pasar desapercibido.

Capullo Envoltura en la que se desarrolla una larva para pasar a la siguiente fase.

Carnívoro Que se alimenta de carne.

Carroña Carne corrompida.

Carroñero Animal que se alimenta de la carne de otros animales muertos.

Célula Unidad más pequeña de materia viva.

Cianobacterias Organismos unicelulares que pueden fabricar azúcares a partir del dióxido de carbono mediante la energía de la luz solar.

Clima Condiciones meteorológicas y cambios de estaciones que suele experimentar un lugar a lo largo de un año.

Clon Organismo genéticamente idéntico a sus padres y hermanos.

Clorofila Sustancia verde de las células vegetales que absorbe energía de la luz para fabricar alimento (fotosíntesis).

Cloroplastos Cuerpos diminutos de las células vegetales con clorofila.

Código genético Disposición de los nucleótidos en una molécula de ADN. Contiene las instrucciones para que una célula convierta la secuencia de nucleótidos en una de aminoácidos, a partir de la cual se construirán las proteínas.

Colonia Grupo de animales que viven juntos, como los pingüinos.

Cometa Objeto de polvo y hielo que se desplaza alrededor del Sol en órbita elíptica. Al acercarse a este, el hielo se evapora y crea una estela de polvo y gas.

Contaminación Residuos que acaban en el agua, el aire o la tierra. Puede tener un efecto negativo sobre el medio ambiente.

Contaminar Infectar algo tocándolo o mezclándolo.

Continente Cada una de las grandes masas de superficie terrestre. Son cinco: América, África, Europa, Asia y Oceanía.

Coral Organismos marinos que viven en colonias en el fondo del mar protegidos por esqueletos duros. Sus esqueletos se acumulan con el tiempo y forman arrecifes.

Corteza Capa exterior delgada y sólida de un planeta o una luna. También, capa exterior que protege el tronco, las ramas y las raíces de un árbol de la pérdida de agua, el frío y otros daños.

Costa Fina franja de tierra donde el mar se encuentra con tierra firme.

Cotiledón Hoja que hay dentro de una semilla. Sirve de alimento al embrión para que la semilla germine.

Cráter Hundimiento redondeado en la superficie de un planeta, luna, asteroide u otro cuerpo.

Crepuscular Activo durante el crepúsculo (cuando el Sol está por debajo del horizonte).

Criar Producir crías y cuidarlas hasta que puedan valerse por sí mismas.

Crisálida Envoltura dura en la que se encierra una oruga para realizar la metamorfosis.

Crustáceo Animal que tiene un caparazón duro, un par de extremidades en cada segmento del cuerpo y dos pares de antenas.

Cultivar Seleccionar, plantar y cuidar una planta para cosecharla después.

Deforestación Tala de bosques para obtener tierras en las que cultivar alimentos, criar animales o construir viviendas o carreteras.

Depredador Animal que caza, mata y se come a otros animales.

Descendiente Cría de una persona, animal o planta.

Descomposición Putrefacción de materia vegetal o animal por la acción de bacterias u hongos.

Desertificación Transformación en desierto de una región que antes era fértil.

Desfiladero Valle profundo por el que suele ir un río.

Detritívoro Animal u organismo que se alimenta de materia muerta o en descomposición.

Dispersión Manera en que se distribuyen las semillas. Principales métodos: el viento, el agua, los animales y la dispersión mecánica (apertura de semillas).

Diurno Que está activo de día y duerme por la noche.

Domesticar Adiestrar o criar animales o plantas para el uso humano.

Dominante Animal más importante de un grupo.

Ecolocalización Localizar objetos haciendo rebotar ondas sonoras en ellos.

Ecosistema Comunidad de animales y plantas que comparten un medio.

Ecuador Línea imaginaria que divide un planeta por la mitad, a medio camino entre el polo norte y el sur.

Eje Línea imaginaria que atraviesa de norte a sur un planeta o estrella y alrededor de la cual gira.

Electrón Partícula con carga eléctrica negativa que ocupa la parte exterior de un átomo. En movimiento, transportan electricidad y generan magnetismo.

Elemento químico Sustancia simple que no se puede descomponer, como el oxígeno. Varios elementos juntos forman compuestos, como el agua.

Embrión Fase muy temprana del desarrollo de un animal o una planta. Los embriones animales son microscópicos.

Envergadura Tamaño de un ave, desde el extremo de un ala hasta el otro.

Eón Unidad de tiempo geológico. La historia de la Tierra se divide en cuatro eones, que se subdividen en eras y periodos.

Época Intervalo de tiempo inferior a un periodo. Por ejemplo, el Plioceno.

Equinoccio Momento en el que el Sol se sitúa sobre el ecuador y el día y la noche duran lo mismo en ambos hemisferios.

Erosión Proceso por el que el viento, el agua o los glaciares desgastan y arrastran la roca de la superficie terrestre.

Erupción Expulsión de lava, gases y otros materiales de un volcán.

Escombros Trozos sueltos de materia.

Especie Conjunto de organismos que presentan características similares y pueden tener descendientes capaces de reproducirse.

Esperanza de vida Duración media de vida de un organismo, animal o planta, según su especie.

Espora Célula reproductora capaz de desarrollarse sin fusionarse con otra célula reproductora, a diferencia de las células sexuales. Por lo tanto, no requiere fecundación.

Estaciones Ciclos anuales de cambio que afectan al clima, los animales y las plantas. Son cuatro: primavera, verano, otoño e invierno.

Estalactita Estructura colgante en forma de carámbano que se forma en las cuevas por el goteo de agua que contiene restos de roca.

Estalagmita Estructura ascendente en forma de vela que se forma cuando las estalactitas gotean sobre el suelo y depositan restos de roca.

Estambre Parte reproductora masculina de una flor. Filamento largo y delgado con una antera en su extremo.

Estigma Parte femenina de la flor que recibe el polen.

Estromatolitos Estructuras creadas en aguas poco profundas y cálidas por láminas de algas verdes y azuladas y sedimentos atrapados. Sus fósiles son una prueba de la vida primitiva.

Eucariota Organismo formado por una o varias células complejas que contienen núcleos y otras estructuras dentro de membranas. Los animales, plantas y hongos lo son.

Evaporación Convertir un líquido en vapor por la acción del calor.

Evolución Cambio gradual de las especies a medida que se adaptan a un entorno cambiante. Por ejemplo, los humanos evolucionamos a partir de los simios.

Exoesqueleto «Piel» exterior dura de algunos invertebrados (insectos, arañas y cangrejos).

Extinto Que está extinguido.

Falla Larga grieta en el suelo donde las placas de la Tierra han chocado entre sí.

Fecundar Hacer que un espermatozoide (célula masculina) se una a un óvulo para crear un embrión.

Fósil Restos de una planta o animal prehistóricos conservados en la roca.

Fotosíntesis Proceso por el que las plantas utilizan la luz solar, el agua y el dióxido de carbono del aire para fabricar moléculas de las que se alimentan.

Fruto Ovario fecundado y maduro de una planta, con una o varias semillas. La palabra «fruta» se suele utilizar para referirse a los frutos comestibles.

Fusión nuclear Proceso en el que dos núcleos atómicos se unen para formar un núcleo más pesado y liberar grandes cantidades de energía.

Gas de efecto invernadero Gas que atrapa el calor de la atmósfera y calienta el planeta como si fuera un invernadero.

Géiser Fuente termal que sale del suelo de manera intermitente en forma de surtidor. Se produce cuando las rocas calientan el agua subterránea.

Gen Secuencia de una molécula de ADN que desempeña una función específica. Los genes se transmiten de una generación a otra.

Generación Miembros de una especie animal o vegetal que nacen y viven aproximadamente al mismo tiempo.

Genético Relativo a los genes.

Geología Ciencia que estudia la formación y estructura de la Tierra para descubrir la historia de nuestro planeta y los procesos que influyen en él.

Germinación Crecimiento de una planta a partir de una semilla.

Gigante gaseoso Planetas compuestos principalmente de helio o hidrógeno, como Júpiter, Saturno, Urano y Neptuno.

Gimnosperma Planta con semillas que se desarrollan sin un ovario que las proteja. La mayoría son coníferas. Sus semillas se forman y maduran dentro de piñas.

Glaciación Periodo en el que las temperaturas globales eran bajas y el hielo cubría gran parte de la superficie de la Tierra.

Glaciar Masa de hielo acumulada en tierra firme que se desliza despacio.

Glucosa Compuesto que fabrican las plantas durante la fotosíntesis. Es un azúcar y se utiliza como energía.

Gravedad Fuerza que atrae entre sí los objetos que tienen masa y energía. Mantiene a las lunas en órbita alrededor de los planetas y a los planetas alrededor del Sol.

Grieta Fractura o abertura en una roca.

Guardería Grupo de crías de padres distintos y más o menos de la misma edad, vigilados por uno o más adultos. Es habitual en los pingüinos y leones.

Hábitat Lugar o entorno donde vive de forma natural una planta o un animal.

Hemisferio Mitad de una esfera. La Tierra está dividida en dos hemisferios, el norte y el sur, separados por el ecuador.

Herbívoro Animal que se alimenta de plantas.

Hibernar Entrar en un estado de sueño profundo durante el invierno.

Hifas Células en forma de filamentos que forman entre todas un hongo y un micelio.

279

Hominino Especies emparentadas con los humanos (los chimpancés y nuestros ancestros más recientes), pero no con los gorilas u otros simios.

Hongo Ser vivo parecido a una planta que no fabrica su alimento sino que vive de plantas y animales en descomposición, como el moho y las setas.

Huésped Animal o planta en el que vive un parásito.

Humedal Llanura que puede quedar cubierta por la marea o pantano donde el suelo está húmedo.

Incendio forestal Fuego que se extiende sin control por un terreno forestal que no estaba destinado a arder. Su origen puede ser natural o humano (por negligencia, causa fortuita o de manera intencionada). El cambio climático está haciendo que los incendios forestales naturales sean cada vez más frecuentes y destructivos.

Incubar Mantener un huevo caliente para que se desarrolle. Cuando lo hacen las aves, también se llama «empollar».

Infección Término utilizado cuando un organismo que causa enfermedades (virus y bacterias) invade una planta o animal y se multiplica.

Inflorescencia Racimo de flores que crecen alrededor de un solo tallo. Hay muchos tipos diferentes, según cómo estén colocadas las flores.

Invertebrado Animal sin columna vertebral.

Jerarquía Agrupación social de animales donde los miembros tienen más o menos poder. Los más dominantes son los de mayor jerarquía.

Juvenil Animal joven que no es capaz de reproducirse.

Laguna Zona de agua dulce poco profunda.

Lamer Pasar la lengua por el pelaje para limpiarse y acicalarse.

Larva Animal en estado de desarrollo parecido a un gusano. Cría de los insectos.

Latente Inactivo durante un periodo de tiempo.

Lava Roca caliente y fundida que sale de un volcán.

Liquen Organismo parecido a una planta, formado por un hongo combinado con algas, que crece sobre todo en rocas o troncos de árboles.

Litosfera Capa exterior sólida de un planeta o luna.

Madriguera Cueva en la que viven ciertos animales, en concreto los conejos.

Madurez Fase vital en la que un organismo puede reproducirse o ser fecundado.

Magma Roca caliente y fundida del subsuelo. Cuando se enfría, se endurece y convierte en roca ígnea.

Magnetismo Fuerza invisible de atracción o repulsión entre sustancias, en especial el hierro.

Mamífero Animal de sangre caliente que alimenta a sus crías con la leche de la hembra.

Manada Conjunto de animales de una misma especie.

Mancha solar Zona de la superficie del Sol donde no hace tanto calor y que parece más oscura en comparación con su entorno.

Manto Capa gruesa de roca caliente situada entre el núcleo y la corteza de un planeta o luna.

Marisma Zona fangosa del suelo que queda al aire con la marea baja y se cubre de agua con la marea alta.

Masa terrestre Gran extensión de tierra, como un continente.

Matriarca Hembra que lidera un grupo de animales.

Medio ambiente Mundo natural que nos rodea. Incluye la tierra, el aire, el agua y los seres vivos.

Meseta Extensa zona de terreno relativamente llano que se encuentra más elevada que su entorno.

Metabolismo Procesos que ocurren dentro de una célula y le proporcionan energía para vivir.

Metamorfosis Proceso de transformación de algunos animales que cambian de forma al hacerse adultos. Por ejemplo, las orugas que se convierten en mariposas.

Micelio Cuerpo principal de la mayoría de los hongos, formado por una red ramificada de células finas en forma de hilos (hifas).

Microorganismo Ser vivo que solo se puede ver con un microscopio; también llamado «microbio». Las bacterias son el tipo de microorganismo más común.

Microscópico Muy pequeño. Que solo se puede ver a través de un microscopio.

Migración Desplazamiento de los animales de un lugar a otro según las estaciones, generalmente para buscar comida o reproducirse.

Mineral Sustancia química sólida natural. Las rocas están formadas por granos minerales entrelazados.

Moho Tipo de hongo que crece en condiciones húmedas y cálidas, sobre todo en los alimentos y la materia orgánica en descomposición.

Molécula Partícula de materia formada por dos o más átomos unidos entre sí.

Molusco Invertebrado con un cuerpo blando, un pie para desplazarse y, a menudo, un caparazón. Las babosas, los caracoles, los calamares y los pulpos son moluscos.

Monzón Vientos que soplan en una dirección durante la mitad del año y en la opuesta durante la otra mitad. También hace referencia a las fuertes lluvias que arrastran esos vientos en determinadas épocas del año, sobre todo en el sur de Asia.

Muda Cambio de plumas, pelo o piel para dar lugar a otros nuevos.

Mutualismo Relación entre dos organismos que se ayudan el uno al otro, por ejemplo, las abejas y las plantas.

Neutrón Partícula subatómica sin carga eléctrica. Se encuentra en todos los núcleos atómicos, excepto en el hidrógeno.

Nocturno Que está activo por la noche.

Núcleo Parte central de un átomo o parte de una célula que almacena genes.

Núcleo terrestre Parte más interna y caliente de la Tierra. Está formada por hierro y níquel.

Nutrientes Compuestos químicos que las plantas y los animales necesitan para sobrevivir y crecer.

Omnívoro Animal que come plantas y animales.

Onda de choque Movimiento brusco de alta presión causado por una explosión, un terremoto o algo que se mueve más rápido que el sonido.

Órbita Trayectoria que sigue un objeto en el espacio alrededor de otro al estar atraído por su gravedad. Las órbitas de los planetas tienen en su gran mayoría forma ovalada.

Organismo Cada miembro de una especie biológica.

Oruga Larva de una mariposa o polilla.

Ovario En las plantas, sección inferior, ancha y en forma de vaso de la parte femenina de una flor que contiene uno o más óvulos. Tras la fecundación, los óvulos se convierten en semillas y el ovario se transforma en fruto.

Oxígeno Gas de la atmósfera que casi todos los seres vivos respiran o absorben para extraer energía de los alimentos.

Parásito Organismo que vive y se alimenta de otro (huésped). Un parasitoide es un insecto que vive dentro de otro organismo o sobre él hasta matarlo.

Parásito de puesta Ave que engaña a otra para que cuide de sus crías. Un ejemplo es el cuco, que pone huevos en el nido de otras especies.

Partícula Parte muy pequeña de un sólido, líquido o gas.

Partícula subatómica Cualquier partícula más pequeña que un átomo.

Periodo Unidad de tiempo dentro de una era. Por ejemplo, el Triásico (periodo) es una parte del Mesozoico (era).

Pico Parte dura de la boca de un ave que sirve para alimentarse, acicalarse o defenderse. Puede ser plano y redondeado o puntiagudo y afilado.

Pigmento Sustancia que da color a otros materiales.

Placa tectónica Uno de los grandes fragmentos en los que se divide la corteza terrestre y que se mueve lentamente.

Plancton Organismos diminutos que flotan libremente en la superficie de océanos y lagos.

Planetesimal Pequeña aglomeración de roca o hielo que se unió cuando se estaba formando el sistema solar. Los planetesimales se fusionaron para formar asteroides y planetas más grandes.

Planta perenne Planta que vive más de dos años.

Pluricelular Compuesto por más de una célula.

Población Número de ejemplares de una especie animal en un lugar concreto.

Polen Pequeños granos que se forman en la antera de las plantas con semilla y que contienen la célula reproductora masculina de una flor.

Polinizador Insecto o animal que transporta el polen de la parte masculina de una planta a la parte femenina de la misma planta o de otra.

Presa Animal que un depredador caza, mata y se come. También, estructura que atraviesa un río para controlar el flujo de agua.

Primordio En biología, órgano o estructura en su fase más temprana de desarrollo.

Prisma de acreción En geología, sedimentos con forma de triángulo que se crean cuando una placa se desliza debajo de otra.

Probóscide Hocico alargado y móvil de un mamífero, como la trompa de un elefante. También, aparato en forma de tubo que algunos insectos tienen en la boca para succionar alimentos líquidos.

Prole Hijos, nietos y otras generaciones de un animal o familia.

Protoestrella Estrella en sus primeras etapas de formación.

Protón Partícula del núcleo de un átomo con carga eléctrica positiva.

Pupa Fase de transformación de los insectos, entre la larva y el adulto.

Pupar Transformarse en pupa. En esta fase, se puede formar una crisálida (envoltura dura) o un capullo (envoltura blanda) alrededor de la larva.

Quark Tipo de partícula subatómica de la que están hechos los protones y los neutrones.

Regurgitar Expulsar por la boca la comida que no está completamente digerida. No es lo mismo que vomitar.

Reptil Vertebrados que respiran aire y tienen la sangre fría, como las serpientes y los lagartos.

Revolución Industrial Periodo de la historia que se inició en el siglo XVIII en el que la maquinaria y las fuentes de energía impulsaron las industrias manufactureras. Esto provocó la expansión de las ciudades en Estados Unidos y Europa.

Rifting Separación de dos placas tectónicas que crean una grieta en la corteza.

Río arriba Movimiento en dirección opuesta a la que fluye un río.

Sabana Hábitat de llanuras anchas y abiertas en una zona cálida y tropical del mundo, a veces con árboles dispersos. Las sabanas más grandes se encuentran en África y Sudamérica.

Savia Líquido acuoso que contienen las plantas. En los árboles, la savia lleva minerales disueltos que se desplazan desde las raíces hasta las hojas por las venas a través de la albura (capa interna de madera blanda).

Sedimento Partículas sólidas de roca o materia orgánica transportadas por el agua, el viento, los procesos volcánicos o los movimientos de tierras. Acaban depositadas en el suelo o en el lecho de los ríos o del mar.

Selección natural Proceso por el que los animales y las plantas mejor adaptados sobreviven y transmiten sus características. Conlleva la evolución de una especie.

Selva tropical Bosque tropical denso donde llueve mucho.

Semilla Óvulo maduro y fecundado de una planta. Dentro de una semilla hay un embrión y un almacén de alimento. Cuando se dan las condiciones adecuadas, una semilla crece y se convierte en una planta.

Sequía Periodo largo en el que no llueve apenas y provoca escasez de agua.

Sifón Tubo que utilizan los moluscos acuáticos para absorber o expulsar agua.

Solsticio Momento en que el Sol está sobre el punto más al norte o más al sur del ecuador. El día del solsticio, en un hemisferio es la noche más larga del año, mientras que, en el otro, es el día más largo del año.

Sotobosque Zarzas, arbustos y matas que crecen bajo árboles más grandes.

Subducción Deslizamiento del borde de una placa tectónica por debajo de otra.

Subgigante Estrella mucho más luminosa que otra de la misma temperatura y color.

Subtropical Término que designa una región con un clima ligeramente más frío que una zona tropical.

Suculenta Tipo de planta con hojas o tallos gruesos y carnosos en los que se almacena agua.

Supercontinente Antigua masa de tierra, como la Pangea, que abarca dos o más placas continentales.

Supereón Periodo de tiempo que incluye más de un eón, como el Precámbrico.

Supergigante Un tipo de estrella, más grande y luminosa. Las estrellas diez veces mayores que el Sol se convierten en supergigantes cuando mueren.

Supernova Explosión de una estrella gigante.

Tejido adiposo Gruesa capa de grasa que protege del frío a ballenas y focas.

Témpano de hielo Trozo de hielo que flota en el agua, casi siempre el océano.

Templado Término que designa un clima moderado, no extremo.

Terreno Zona de tierra con una característica particular, como montañas, valles, mesetas o llanuras cubiertas de hierba.

Terrestre Relativo a la tierra o al terreno.

Territorio Zona ocupada y defendida por un animal o un grupo de animales.

Toxina Sustancia venenosa producida por bacterias, otros microbios y algunas plantas y animales.

Tropical Relativo a las regiones cálidas y húmedas.

Tsunami Ola marina gigantesca y destructiva producida por un maremoto o una erupción volcánica en el fondo del mar. Aumenta de altura muy rápido al llegar a aguas poco profundas.

Tundra Zona fría y desarbolada cerca de los polos norte y sur, donde el suelo está helado casi todo el año.

Útero Órgano muscular hueco de las hembras de los mamíferos donde se implanta el óvulo fecundado, que se convierte en embrión y después en feto.

Vadear Caminar con las patas por el agua.

Variación natural Diferencias dentro de una misma especie vegetal en estado salvaje.

Vegetación Conjunto de plantas que se encuentran en un terreno.

Vena En las plantas, conjunto de conductos que recorren las hojas cerca de la superficie. Las venas permiten que la hoja mantenga su forma y transportan agua y nutrientes.

Veneno Sustancia que producen algunos animales, como las serpientes y escorpiones, y que puede causar graves daños en otro organismo.

Ventisca Tormenta de nieve con viento muy fuerte.

Vertebrado Animal con columna vertebral.

Volcán Abertura en la corteza terrestre por la que sale el magma o montaña que contiene una abertura de este tipo.

Índice

Los números de página en **negrita** indican las entradas principales.

Agradecimientos

Dorling Kindersley desea agradecer a las siguientes personas su contribución en la elaboración de este libro: Katie John por la corrección; Helen Peters por el índice; Edward Aves, Niki Dirnberger, Ben Morgan y Carol Usher por su ayuda editorial; Joe Lawrence, Sammi Richiardi y Jacqui Swan por su asistencia en el diseño; Sarosh Arif por revisar el apartado sobre la evolución humana; Isabel Thomas por la redacción adicional; Steve Hoffman por la comprobación de datos; Usman Toansari por proporcionar sombras y recortes; Juhi Sheth y Vidushi Chaudhry por su trabajo en la sobrecubierta.

El editor agradece a las siguientes personas su amable autorización para reproducir sus fotografías:

(Leyenda: a, arriba; b, abajo; debajo; c, centro; d, derecha; e, extremo; i, izquierda; s, superior)

2 **Alamy Stock Photo:** Jason Finn (cib). **Dorling Kindersley:** 123RF.com: Ana Vasileva/ABV (c); Twan Leenders (bc/rana). **Getty Images:** Peter Chadwick LRPS (cdb). **Dorling Kindersley / iStock:** Derek Galon (ci). **naturepl.com:** Luiz Claudio Marigo (cdb). **Shutterstock.com:** lewalp (bc/maniquita); Luca Nichetti (sd); Photoonography (bc). 9 **Getty Images/iStock:** nikonphotog (bc). **NASA:** Johns Hopkins University Applied Physics Laboratory/ Southwest Research Institute (ci); JPL. **Science Photo Library:** Ron Miller (cd). 10 **NASA:** GSFC/CIL/Adriana Manrique Gutierrez (ci). 12-13 **Science Photo Library:** Mark Garlick. 14 **Science Photo Library:** Tim Brown (sd); Mark Garlick (c); Gregoire Cirade (bi). 14-15 **Alamy Stock Photo:** Ryhor Bruyeu. 15 **Science Photo Library:** Tim Brown (sd, cd); Mark Garlick (ci, cb, bi). 16 **Alamy Stock Photo:** Matteo Omied (c); Science Photo Library. **ESO:** ALMA (sd). **NASA:** JPL-Caltech (cd). 16-17 **ESO:** L. Calçada. 17 **Dorling Kindersley:** Dreamstime.com: Solarseven (bd). **Getty Images:** Photodisc/StockTrek (cdb). **NASA:** Johns Hopkins University Applied Physics Laboratory/Southwest Research Institute (s); JPL-Caltech (sd); JPL (ci). **Science Photo Library:** Tim Wetherell - Australian National University. 20-21 **Dorling Kindersley:** Dreamstime.com: Doozydo. 22 **Alamy Stock Photo:** Manuel Mata (bi); Science History Images (si). **Science Photo Library:** Mark Garlick (s); Ron Miller (bi). 21 **Dorling Kindersley:** 123RF.com: Boris Stromar/astrobobo (bd). **ESA:** Science Photo Library: Mark Garlick (sd, c). **NASA:** All About Space Magazine (bd). **Science Photo Library:** Michael Myers/AP (bc). 23 **NASA.** 24 **Science Photo Library:** Diego Barucco (cdb). **Getty Images:** All About Space Magazine (cb). 25 **Dorling Kindersley:** Satellite Imagemap/Planetary Visions (cda). **NASA:** GSFC (si). **Science Photo Library:** Mikkel Juul Jensen (cdb); Walter Myers (cdb). 26 **Getty Images/ iStock:** marjorie anastacio (bd). **Science Photo Library:** Ron Miller (bi). 27 **Dreamstime.com:** Aleks49 (si); Danicek (cd); Photographerlondon (cd); Alexander Marko (bi); Planetfelicity (bd). 28-29 **Shutterstock.com:** forestgraphic. 30-31 **Shutterstock.com:** Artem Avetisyan. 32 **Alamy Stock Photo:** Phil Degginger/ Carnegie Museum (cd); Stocktrek Images, Inc. (bc). **Science Photo Library:** JAMES KUETHER (si). 33 **Alamy Stock Photo:** Esteban De Armas (sd); Science History Images (s). **Science Photo Library:** Richard Jones (c); JAMES KUETHER (s). **Shutterstock.com:** vchal (bd). 34-35 **Dorling Kindersley:** Dreamstime.com: Evgeny Karandaev. 35 **Alamy Stock Photo:** nikonphotog (s). 36-37 **Getty Images:** hadynyah (cdb). **Getty Images/iStock:** mputsylo (b). 38-39 **Science Photo Library:** TAKE 27 LTD. 38 **Alamy Stock Photo:** World History Archive (ci). **Getty Images/iStock:** Elena Batkova (cib); Mimadeo (bi). 39 **Dorling Kindersley:** Dreamstime.com: Adambovers (bi); Ian Dewar Photography (s). 40-41 **Dreamstime.com:** Aminea6. 42-43 **Dreamstime.com:** VanderWolfImages. 42 **Alamy Stock Photo:** John Peter Photography (bi). **Getty Images/iStock:** Beboy_ltd (cd). 43 **Dreamstime.com:** Albertoloyo (sd). **Getty Images/iStock:** alexey_ds (si); farluk (sc). 44 **Alamy Stock Photo:** World History Archive (sd). **Getty Images/iStock:** minoannian (cd). **Forest Henderson, J. W. Valley, University of Wisconsin-Madison:** (cd). 44-45 **Shutterstock.com:** Kues. 45 **Alamy Stock Photo:** Ketima (sd); Alice Nerr (si); Wirestock, Inc. (cd). **Dorling Kindersley:** Jim Sugar (bi). **Dreamstime.com:** Photo263 (bi). **Science Photo Library:** Dirk Wiersma (cd). **Shutterstock.com:** ChWeiss (s). 46-47 **Dorling Kindersley:** Dreamstime.com: Valentin Armianu/Asterixvs. 47 **Alamy Stock Photo:** Sipa US (sd). **Getty Images/iStock:** PatrickPoendl (bi). 48-49 **NASA:** (sd). 50-51 **Getty Images/ iStock:** mputsylo (b). 52 **Getty Images/iStock:** trabantos. 52-53 **Getty Images/iStock:** guenterguni. 53 **Alamy Stock Photo:** Angus McComiskey (bd); REUTERS (bc). 54 **Nicholas J. Butterfield/University of Cambridge:** (cb). **NOAA:** P. Rona, OAR/National Undersea Research Program (NURP) (si). **Shutterstock.com:** Tagliaferri Photography (ci). 54-55 **Alamy Stock Photo:** Martin Habluetzel (cdb). **Adrian Gonzalez/Eidorian Art** (cdb). **Science Photo Library:** Sinclair Stammers (sd, c). 56-57 **Dreamstime.com:** Domnitsky (s). 57 **Alamy Stock Photo:** Zoonar GmbH (c). **Dorling Kindersley:** 123RF.com: mbolin (ecdb); Dreamstime.com: Alexander Potapov (c). **Getty Images/ iStock:** Anagram (c). **Shutterstock.com:** Svetlana Zhukova (b). 58 **Dorling Kindersley:** Dreamstime.com: Callistemon3 (cd). **Dreamstime.com:** Delstudio (s). 59 **Prague National Museum:** (si). **Professor Deming Wang:** (bi). 60 **Alamy Stock Photo:** Nigel Cattlin (s); Nature Photographers Ltd (sii); Lena Ivanova (cd). **Dreamstime.com:** Iva Vagnerova (ecd). **Shutterstock.com:** RachenArt (cd). 60-61 **123RF.com:** meenna (cb). **Dorling Kindersley:** Dreamstime.com: Zoom-zoom (c). **Getty Images/iStock:** RamCreativ (b). 61 **123RF.com:** natalia2010 (cd). **Dorling Kindersley:** Nature Picture Library (s). **Getty Images/iStock:** bluezhou (cdb); smirart (c). **Shutterstock.com:** Ethan Daniels (s). 62-63 **Alamy Stock Photo:** Susana Guzman. 64 **Alamy Stock Photo:** Nigel Cattlin (bc); Zoonar GmbH (cb). **Science Photo Library:** Cordelia Molloy (s). **Shutterstock.com:** Quang Ho (c); Juan M. Portillo (bd); Tatiana Volgutova (c/hojas). 64-65 **Shutterstock.com:** ElemenTxD (ca/ hills); Roman Sigaev (c/tierra); Kolonko (c/hierba); SergW 7210 (ca/árboles); Kancerina (c/árboles). 65 **Alamy Stock Photo:** BigJoker (s); Hans Stuessi (cda); Washington Imaging (cda/ vainas de semillas); Deborah Vernon (ecd). **Dreamstime.com:** Kazakovmaksim (cda/semillas). **Garden World Images:** Trevor Sims (s). **naturepl.com:** Mark Moffett/Minden (ecd). **Shutterstock.com:** Tamara Kulikova (ci); Rottlaender (si); Juan M. Portillo (cdb/raices, cb/raices, cb/raices). 66-67 **MerlinTuttle. org.** 66 **MerlinTuttle.org.** 68-69 **Shutterstock.com:** domnitsky (s/monda, c). 68 **Alamy Stock Photo:** Carl Newman (cd). **Shutterstock.com:** domnitsky (s); GETSARA (si); Ella Girsang (bi). 69 **Alamy Stock Photo:** Tatiana Terekhina (cd). **Dreamstime.com:** Laupri (sd). **naturepl.com:** Nigel Cattlin (si). **Shutterstock.com:** gresei (bd/hojas); Svetlana Zhukova (c); Maria Kazakova1 (cb); V.S.Anandhakrishna (ebd); Photoonography (cdb). 70 **Alamy Stock Photo:** Vedat Kandemir (cia). **Tory Gordon-Harris:** (cda). **naturepl.com:** Phil Savoie (cda). 71 **naturepl.com:** Holger Duty/BIA/Minden (bc). **Getty Images:** Ed Reschke (s). 72-73 **Getty Images:** Extezy. 73 **Science Photo Library:** JACK K. CLARK/AGSTOCKUSA (cd). 74 **Alamy Stock Photo:** Mark Shields (cda). **Getty Images/iStock:** Joseph Jacobs (cia); Shulevskyy Volodymyr (bi); papi8888 (ecia); Aedka Studio (bd); Narit13 (s/flores). 74-75 **Shutterstock.com:** Chatchai_s (ci).

Javier Volcan (hojas). 75 **Shutterstock.com:** BBstockimage (sd); nnattalli (sc); Kaiskynet Studio (cia); ImagoPhoto (ci); NIKCOA (b); LIKIT SUPASAI (bd/hoja). 76-77 **Dorling Kindersley:** Dreamstime. com: Zoom-zoom; Dreamstime.com: Mahira (c). **Shutterstock. com:** Ksena Shu (b). **Shutterstock.com:** Rick Lewis (ca). **Dreamstime.com:** Bimal Sarkar (b). **Shutterstock.com:** PRASANNAPIX (cda). 77 **Alamy Stock Photo:** Design Pics Inc (sc). **Dreamstime.com:** Vkarafill (bd). **Shutterstock.com:** Thanakorn Hongphan (s); wasanajai (sd); Natural_p (ca). 78 **Dorling Kindersley:** 123RF.com: Karol Czinege/kayco (sd). **Getty Images/iStock:** Bobbushphoto (bd); seven75 (si); Mantonature (sc); eventh (cd); Toshihiro Nakamura (s); mtcurado (ci); atvo (bi). **naturepl.com:** Jiri Lochman (bc). 79 **Alamy Stock Photo:** FLPA (c). **Getty Images/iStock:** chuck (cd); JasonCordell (si); KathrynWillmott (s); JanJBrand (sd); RelaxFoto.de (s); nplion (bi). 80-81 **Alamy Stock Photo:** willy matheisl. 80 **Alamy Stock Photo:** blickwinkel (c); wonderful-Earth.net (sd); David Chapman (ci); Steve Bloom Images (s); Gaertner (cdb). **Getty Images/ iStock:** artenex (cb/orquidea); Piotr Krzeslak (s). 81 **Alamy Stock Photo:** Mint Images (bd); mauritius images GmbH (cdb); Zoonar GmbH (cd). **Dorling Kindersley:** 123RF.com: madllen (ci); Zoonar Andyworks (eci); 123RF.com: Oksana Tkachuk (c). 84-85 **Getty Images:** ninochka. 85 **Alamy Stock Photo:** FLPA (c); Peter Chadwick LRPS (s). **naturepl.com:** Ross Hoddinott (si). 86 **Alamy Stock Photo:** Nigel Cattlin (cda); J Wheeler (ecb); Julian Eales (cib); Frank Teigler/Hippocampus Bildarchiv (cdb, bd); Richard Griffin (ecdb); Nature Photographers Ltd (bc). **Dreamstime.com:** Robert309 (bi/brote). 86-87 **Shutterstock.com:** Faith Forrest (corteza); Magenta10. 87 **Dreamstime.com:** Domnitsky; Valery Prokhozhy (cia); Irina Kryvasheina (cb); Volodymyr Scherbak (bi). 88 **Alamy Stock Photo:** David Hosking (bd); Natural History Archive (cbi). **Getty Images:** Darrell Gulin (s). **Courtesy of National Park Service, EE. UU.:** (bi); Jennifer Jerrett (bc). **naturepl.com:** Jeff Vanuga (c). 89 **123RF.com:** fishbgone (sc). **Dreamstime.com:** Harry Collins (c). **Getty Images/iStock:** EricikaO8 (bd); Stuart Gregory (cd). **naturepl.com:** Steven Fuller (cd); Jeff Vanuga (bi). **Jason Rothmeyer.** 90 **Alamy Stock Photo:** blickwinkel (bd); Linda Johnsonbaugh Arizona (cb); Jason Cancalosi (c); Jason Finn (bc). 91 **Alamy Stock Photo:** Richard Trible (cd). **Getty Images/iStock:** Jennifer Wright (cdb); Martin Shields (cd); David Arment (cd); Foto4440 (sc); Matthew Jay Hartshorn (cdb); Tom Vezo (sd). 92-93 **Getty Images/iStock:** abriendomundo. 93 **Alamy Stock Photo:** Eleni Mavrandoni (sd). **naturepl.com:** Lawrence Wee (sd). 96-97 **Dreamstime.com:** Seadam. 98 **Alamy Stock Photo:** Bob Gibbons (s); Genevieve Vallee (cdb). 99 **Shutterstock.com:** Cre8 design (cb). **Top Photo Corporation** (cdb). 100-101 **naturepl.com:** Chris Mattison. 102-103 **Getty Images/iStock:** Lemon_tm (cd). **Shutterstock.com:** Stephane Bidouze; stockvit (s). 102 **Alamy Stock Photo:** Palex66 (bi). **naturepl.com:** Michael Pitts (cdb). **Royal Botanic Garden Edinburgh:** (ecb). **Shutterstock.com:** Wayne Lunn (cib). 103 **Alamy Stock Photo:** Kevin Britland (cb); REUTERS (cib); Florapix (cdb); Lee Dalton (cb); Underwater (si). **naturepl.com:** Jamil Bin Mat Isa (cd); Samsujosssss (sd); suriya9999 (cia). 104-105 **Dreamstime.com:** Vvoevale (c/hojas). **Getty Images/iStock:** Chet_W (c). 104 **Dorling Kindersley:** Dreamstime.com: Alexander Potapov (s); iStockphoto.com: TomekD76 (sd). **Dreamstime.com:** Edmongin (s); Valery Kraynov (bd). **Getty Images/iStock:** Anagramm (c). 105 **Alamy Stock Photo:** IMAGES@ARTIST-AT-LARGE (ca). **Getty Images/iStock:** Christian Weinkötz (sd). **Shutterstock.com:** Uum Nursihanto (cd). 106 **Alamy Stock Photo:** Protasov AN (c). **Alamy Stock Photo:** Gerald Robert Fischer (c). **Getty Images/iStock:** Gucio_55 (cr, cb). **naturepl.com:** Mark Moffett/Minden (bd). 107 **Alamy Stock Photo:** All Canada Photos (s, ca); Henri Koskinen (si); Christine Whitehead (cd); Naturepix (bi); Nature Picture Library (s); Michelle Gilders (bc, cb/lombriz); Ernest Cooper (cb). **Dorling Kindersley:** Dreamstime.com: Steve Byland (s). 108-109 **Roman Uchytel.** 109 **Alamy Stock Photo:** robertharding (sc, cd); Dreamstime.com: robertharding (s). **Dorling Kindersley:** Jean-Edouard Rozey/Jeanro (ci). **Getty Images/iStock:** CathyKeifer (cd). **Shutterstock.com:** Patrick K. Campbell (bi); Jan Martin Will (c). 110 **Alamy Stock Photo:** Mohamad Haghani (bd). **Science Photo Library:** ANIMATE4.COM (bc); Friedrich Saurer (sc). 111 **Alamy Stock Photo:** Panther Media GmbH (bi); Science Photo Library (cd). **Dorling Kindersley:** Dreamstime.com: Corey A Ford (sc). **Getty Images:** Stephen Dalton (c). **Shutterstock.com:** Roger Harris (bd); Sebastian Kaulitzki (cd). 112 **Alamy Stock Photo:** 7ympt10. 112 **Dorling Kindersley:** Universal Images Group North America LLC (cia). 113 **Alamy Stock Photo:** Mark Turner (cia). **Shutterstock.com:** Don Madden (ecd). 114 **Dreamstime.com:** MasPix (bi). **Science Photo Library:** ASUP (cia). 115 **Alamy Stock Photo:** Jaime Chirinos (bd); Mark Garlick (ca). **Roman Uchytel** (s). **naturepl.com:** Alan Murphy (ecda). 116 **Dorling Kindersley:** Dreamstime.com: Corey A Ford (sc); Jon Hughes (s). **Shutterstock.com:** Martial Red (c, cia). 116-117 **Shutterstock.com:** vectortatu (s). 117 **Shutterstock.com:** Alex Coan (si); Martial Red (cia, cd). 118-119 **Alamy Stock Photo:** Björn Wylezich. 119 **Alamy Stock Photo:** Björn Wylezich (cda); Dmitry Bogdanov (bc). **Dorling Kindersley:** James Kuether (sd); Harry Taylor/Royal Museum of Scotland, Edinburgo/Harry Taylor/Trustees of the National Museums Of Scotland (cia/Ichthyostega). **Getty Images:** Schafer & Hill (cia). **Science Photo Library:** Richard Jones (esi, si, sc); John Sibbick (ca). 121 **Alamy Stock Photo:** FLPA (bc); Paralaxis (sd); IanDagnall Computing (c); FORGET Patrick/ SAGAPHOTO.COM (c); Panther Media GmbH (c). **Science Photo Library:** Jaime Chirinos (bd); Roger Harris (árbol). **Roman Uchytel** (cda). 122 **Roman Uchytel:** (s, sd, c, ci, bi, bd). 123 **Roman Uchytel:** (sc, sd, ci, cd, bi, bd). 124 **Getty Images/ iStock:** Craig Lambert (bd). **Roman Uchytel** (s). 124-125 **Dorling Kindersley:** 123RF.com: Jakub Gojda (b). 125 **Getty Images/iStock:** eventh (bc). **Roman Uchytel** (s). 126 **Dorling Kindersley:** Dreamstime.com: Yobro10 (bd). **Roman Uchytel:** (eci, ci, c/Phiomia, c, cd, ecd). 127 **Alamy Stock Photo:** Alexei Averianov (s). **Roman Uchytel:** (c). **Getty Images/ iStock:** abadonian (bd). **Roman Uchytel:** Dotted Yeti (ca, cdb/mamut). **Roman Uchytel:** (cib, ci, bi/Phosphatherium, bi/ Barytherium, bc/Phiomia, bc/Palaeomastodon, bc/Mammut, bc/ Gomphotherium, bc/Anancus, bc/Primelephas). 128 **Getty Images/iStock:** SaxaFoxWalters (bi). 129 **Getty Images/ iStock:** chubbyspud (bi). 130-131 **John Gurche.** 132 **Alamy Stock Photo:** BIOSPHOTO (bd). **Dorling Kindersley:** Image Professionals GmbH (c). **BluePlanetArchive.com:** Saul Gonor (bi); David Wrobel (cd); Masa Ushioda (bd). **Getty Images:** Sandra Standbridge (bd). **Minden Pictures:** Steve Trewhella (b). **naturepl.com:** Tony Wu (c). 133 **Dorling Kindersley:** Dreamstime.com: Sam D'cruz/hojas (c). **Getty Images:** Ignatius Tan (c); Michael & Patricia Fogden/Minden (ci). **Hans Christoph Kappel** (c). **Shutterstock.com:** GUDKOV ANDREY (c). 134-135 **Getty Images/iStock:** AsherDB. 134-135 **Alamy Stock Photo:** Prisma by Dukes Presseagentur GmbH. 134 **Alamy**

Stock Photo: Chronicle (cb); Nature Photographers Ltd (si). **Alamy Stock Photo:** Alex Hyde (bi, bi). 135 **Alamy Stock Photo:** Allan Cash Picture Library (bi); Chronicle (sc). **naturepl.com:** Kim Taylor (bd). 136 **Alamy Stock Photo:** blickwinkel (bc); mauritius images GmbH (bi); Nature Picture Library (bd). **Dwight Kuhn:** (ebi). 136-137 **Alamy Stock Photo:** Richard Becker (c). **Getty Images:** Sandra Standbridge (fondo). **naturepl.com:** Kim Taylor (sc). **Shutterstock.com:** Allexxandar (b). H.Elvin (cb). 137 **naturepl. com:** Wild Wonders of Europe/Radisics (sc, sd); Solvin Zankl (bd). 138 **Alamy Stock Photo:** John Cancalosi (ca); B. Mete Uz (cdb). 138-139 **Getty Images/iStock:** Dimitris66 (s); Hamtel (cb). **RomCreativ** (b). 139 **Alamy Stock Photo:** Tony Campbell (cdb); Grant Heilman Photography (cia, c). **Getty Images/iStock:** Kare (cd). **Getty Images:** Chip Somodevilla (s). 140-140 **Alamy Stock Photo:** Kim Karpeles (b). 140 **Alamy Stock Photo:** All Canada Photos (ci, cb). 142-143 **Getty Images:** Sylvain Cordier. 144-145 **Alamy Stock Photo:** imageBROKER (s). **Getty Images/iStock:** Chainarong Prasertthai. 144 **Dreamstime.com:** Martin Fowler (cb); Archive PL (cdb). **Shutterstock.com:** Henrik Larsson (bc). 144 **Dreamstime.com:** Tomatito26. **naturepl.com:** Nigel Cattlin (b); Barry Mansell (s); Mark Moffett/Minden (cdb); Piotr Naskrecki/Minden (sd); Martin Dohrn (esd); Kim Taylor (sd). 147 **Alamy Stock Photo:** Arterra Picture Library (si). **Dreamstime.com:** Imagebroker (c). **naturepl.com:** Nigel Cattlin (cb); Cyril Ruoso (cd). 148 **Alamy Stock Photo:** Andamanse (s); Agencja Fotograficzna Caro (ca); unpick (si, sd); Konstantin Nechaev (cb). **Dreamstime.com:** Verastuchelova (sc). **naturepl. com:** Ingo Arndt (cib); Stephen Dalton (bc); Alex/Palo Alto JR Museum (bi). 148-149 **Dreamstime.com:** Ed Peeters/EyeEm (c). 149 **Alamy Stock Photo:** dpa picture alliance (ca, bc); Papilio (sc). **Getty Images/iStock:** Henrik_L (cd). **Getty Images:** Paul Starosta (bi). **naturepl.com:** Heidi & Hans-Juergen Koch/Minden (cb); Solvin Zankl (bc). 150 **Alamy Stock Photo:** Nick Greaves (s); Christopher Scott (sd); Nadine Klose (c); Travel South Africa - Chris Ridley (bd). **naturepl.com:** Tony Heald (cib); Solvin Zankl (bc); MR.PRAWET THADTHIAM (s). 151 **Alamy Stock Photo:** Roger Eritja (cdb). **naturepl.com:** Nick Garbutt (c); Linda Pitkin (s); Nature Production (cia, ca); AlexussK (bc); gaga.vastard (ci); Papilio (sc). 152 **Alamy Stock Photo:** Andia (cd); Bob Gibbons (sc). **Dreamstime.com:** Palex66 (bi). **Science Photo Library:** CLAUDE NURIDSANY & MARIE PERENNOU (s). **Dorling Kindersley:** Linda Pitkin (s); Jerry Young (b). **Dreamstime.com:** Fredweiss (cd). **Getty Images:** Lingbeek (ecd). **naturepl.com:** David Fleetham (s). **Shutterstock.com:** Porco_Rosso (sd). 153 **Alamy Stock Photo:** Martin Fowler (cb); lewalp (esi, bd); Keith Hider (ci); guy42 (cib); Yellow (b/hoja). 153 **Alamy Stock Photo:** Dorling Kindersley (c). 153 **Dorling Kindersley:** (ca); Derek Mitchell (si); F1online digitale Bildagentur GmbH (bi). **Dreamstime.com:** Palex66 (bd). **Dean Heinze:** (bd). **Science Photo Library:** CLAUDE NURIDSANY & MARIE PERENNOU (sc). **Shutterstock.com:** guy42 (cb); lewalp (ca); Macronatura.es (cd). 154-155 **Alamy Stock Photo:** Yellow. 154 **Alamy Stock Photo:** Dick Rueter (si). **Dorling Kindersley:** original image (C) Tor Andreas Bakke (bc). **Studio Lindalu e.K.** 155 **Linda Lubbersen:** (c). **Alamy Stock Photo:** Frank Blackburn (sd); blickwinkel (bd). **Alex Two Khek Teck:** (s). 156-156 **Alamy Stock Photo:** FLPA. 156 **Alamy Stock Photo:** FLPA (sd). **naturepl.com:** Ripan Biswas (c); James Dunbar (si). 157 **Alamy Stock Photo:** FLPA (s). **naturepl.com:** Emanuele Biggi (si). 158 **naturepl.com:** Solvin Zankl (s). 158-159 **Dreamstime. com:** Tomatito26. 160-161 **Getty Images/iStock:** NatuskaDPI. 161 **123RF.com:** grafner (ci). **Alamy Stock Photo:** BIOSPHOTO (ca). **Dorling Kindersley:** Linda Pitkin (si); Jerry Young (bi). **Dreamstime.com:** Stocktrek Images, Inc. (ca/huevos de pez); Dominic Romer (cib); Tom Stack (ecda). **Getty Images:** Divepic (bc); f9photos (cdb); BlueRingMedia (bd); RLS Photo (ci); Rich Carey (ca). 160-161 **Getty Images/iStock:** fastfun23 (b). 162 **Alamy Stock Photo:** Erik Schlogl (cd). **Dorling Kindersley:** iStock: vlad61 (sd); iStock: strmko (cb). **naturepl.com:** Georgette Douwma (cdb). 163 **Alamy Stock Photo:** Juergen Freund (c). 164-165 **Dreamstime.com:** Lissaisaall (b/arena). **naturepl.com:** Sergey Gorshkov/Minden (si, sd). **Shutterstock.com:** CharacterFamily70 (sc). 164 **BluePlanetArchive.com:** Tobias Friedrich (bd). **Daniel Zupanc:** (c). 166 **Alamy Stock Photo:** Marli Wakeling. **naturepl.com:** Alex Mustard (c, cb). **Natacha Roux:** (s). 166-167 **Shutterstock.com:** Adrien Ledeul (fondo). 167 **Alamy Stock Photo:** blickwinkel (bd). **Natacha Roux:** (bi, bc). **naturepl.com:** Georgette Douwma (cdb). **Natacha Roux:** (bi, bc). 168-169 **123RF.com:** sergio34 (arena); Dmitry Volkov (piedras). 168 **Alamy Stock Photo:** Design Pics Inc (ci); F1online digitale Bildagentur GmbH (bd). **Getty Images/iStock:** seamartini (cia). **naturepl.com:** Alex Mustard (c). 169 **Alamy Stock Photo:** Moose Henderson (cdb). **Dorling Kindersley:** Dreamstime.com: Lissaisaall (b/arena). **naturepl.com:** Sergey Gorshkov/Minden (si, sd). **Shutterstock.com:** seamartini (cia). 170-171 **Getty Images:** Rebecca Harding. 172 **Alamy Stock Photo:** imageBROKER (sc). **Getty Images/iStock:** Dmitry Volkov (piedras). 173 **Alamy Stock Photo:** mauritius images GmbH (cdb); meanderingemu (sc). **Dorling Kindersley:** Dreamstime.com: Jean-Edouard Rozey/Jeanro (bc); Chris Gomersall (s). **Dreamstime. com:** Ivan Kmit (bi). **Dreamstime.com:** Miloslav Doubrava (bi). **Getty Images:** Mark Ralston/AFP (sc); Stefan Wackerhagen (s). 174-175 **Science Photo Library:** Dante Fenolio. 174 **naturepl. com:** Magnus Lundgren (c); Tony Wu (sd). 175 **Dorling Kindersley:** Dreamstime.com: Richard Carey/Richcareyzim (ebd). **naturepl.com:** Tony Wu (s, c, b, cib). 176 **123RF.com:** vldmm (sd). **BluePlanetArchive.com:** Jonathan Bird (bi). **naturepl.com:** Doug Perrine (sd). **Shutterstock.com:** alex wijaya (bi). 176-177 **Shutterstock.com:** Nong Amory (c); Tom Fricker Design (tiburón); kareemov (árbol, hojas). 177 **Alamy Stock Photo:** ArteSub (sd); WaterFrame (bd). **Getty Images/iStock:** yfhishinuma (cd). **naturepl.com:** Shane Gross (si). **Shutterstock. com:** tetiana_u (ecd). 178-178 **BluePlanetArchive.com:** Alvaro E. Migotto (bd). 180-181 **Alamy Stock Photo:** Damsea; ND700 (c). 180 **Alamy Stock Photo:** Andrey Nekrasov (c). **naturepl.com:** Fred Bavendam/Minden (sd); David Hall (s); Brandon Cole (cda). 181 **naturepl.com:** Fred Bavendam/Minden (cia, s, sc); David Hall (bi); Tony Wu (sd, sd). 182 **Alamy Stock Photo:** Scenics & Science (cda). **Science Photo Library:** CHOKSAWATDIKORN (cdb). 183 **BluePlanetArchive.com:** Doc White (c). **Science Photo Library:** CHOKSAWATDIKORN (cdb). 185 **Henk-Jan Koning/GEOMAR:** (si). 186-187 **BluePlanetArchive.com:** Michael Vasas. 187 **naturepl.com:** Sergey Uryadnikov (si). 188-189 **naturepl.com:** Ingo Arndt (cb). 188 **Alamy Stock Photo:** Auscape International Pty Ltd (bi); mauritius images GmbH (cd). **naturepl.com:** Ingo Arndt (s); Juergen Freund (ci, sd). 188-189 **naturepl.com:** mauritius images GmbH (sc); WaterFrame (ci). **naturepl.com:** Juergen Freund (si). 190 **Alamy Stock Photo:** Minden Pictures (si). **naturepl.com:** Lucas Bustamante (sc); Pete Oxford/ Minden (cd, cb). **Shutterstock.com:** Sean Crane/Minden (cdb).

Juergen Freund (cda); Pascal Kobeh (c). **Shutterstock.com:** Agami Photo Agency. 195 **123RF.com:** agamiphoto (cd). **naturepl.com:** anthony grote (ci); Scubazoo (si, sd). 196 **Alamy Stock Photo:** Juergen Freund (c); Doug Perrine (s); Mike Perry/ Minden (bd). 196-197 **Alamy Stock Photo:** Adrian Davies (s). 196 **Alamy Stock Photo:** Fahkamram. 196 **Alamy Stock Photo:** blickwinkel (bd). **Getty Images:** Bob Elsdale (cb); Simon Lindley/ EyeEm (cib). 197 **Getty Images/iStock:** CathyKeifer (cd). 198-199 **Alamy Stock Photo:** Sandra Standbridge. 198 **Alamy Stock Photo:** blickwinkel (c); dpa picture alliance (s). **naturepl.com:** Edwin Giesbers (cdb). 199 **Alamy Stock Photo:** Vaclav Sebek (cd). 198-199 **Alamy Stock Photo:** blickwinkel (cd); dpa picture alliance (s). **naturepl.com:** John Cancalosi (bi); Andy Sands (cib). 199 **Alamy Stock Photo:** Joe Blossom (cd); imageBROKER (si). **Getty Images:** Sylvain Cordier (ca); Gary Chalker (bd). 200-201 **Warren Photographic Limited.** 202-203 **Alamy Stock Photo:** imageBROKER (s). 202 **Alamy Stock Photo:** Nick Greaves (cd). **Shutterstock.com:** Sergey Uryadnikov (si). 203 **Alamy Stock Photo:** Nature Picture Library (ci). **Dorling Kindersley:** Dreamstime.com: David Havel (sd). 204 **Alamy Stock Photo:** Arterra Picture Library (si). **Dreamstime.com:** Kareem Broodryk (cd); Catchlight Lens (c). 205 **naturepl.com:** Michael Pitts (cd, bi); Cyril Ruoso (cd). 205 **Dreamstime.com:** Andamanse (s). **naturepl.com:** Sergey Uryadnikov (b); Tui De Roy/Minden (sd); Michael Pitts (c). 206 **Dreamstime. com:** Callum Redgrave Close (bc/caparazón); Elena Elisseeva (bd). **naturepl.com:** David Tipling (ci). 206-207 **Alamy Stock Photo:** Antonio De Azevedo Negrão (b/bayas); Photoka (b/hojas). 207 **Alamy Stock Photo:** imageBROKER (s); Nature Picture Library (c). **naturepl.com:** Pete Oxford/Minden (bd). 208-209 **Dorling Kindersley:** Vishnevskiy Vasily (ca). 208-209 **Shutterstock.com:** aPhoenix photographer (s); Artiste2d3d (b). 209 **Alamy Stock Photo:** imageBROKER (c); Nature Picture Library (c). **naturepl.com:** Pete Oxford/Minden (bd). **Shutterstock.com:** Artiste2d3d (l/carniceros); xpixel (si); iliuta goean (cda). 210-211 **Getty Images:** Cavan Images. 210 **Alamy Stock Photo:** Kevin Elsby (s); Brian Pollard (cib); maunger (ci). **naturepl.com:** Roger Powell (ecd). 211 **naturepl.com:** Papilio (cdb). 212 **Alamy Stock Photo:** Hiroya Minakuchi/Minden (bd). **Shutterstock.com:** Shravan Sundaram (bd). 212 **Alamy Stock Photo:** Asia Orlando 2022 (bi). **Dreamstime. com:** Brix24 (cia); Calv6304 (sd); Rck953 (c). **Getty Images/ iStock:** Anastasiia_M (cd). **Shutterstock.com:** Evgenii Panov (si); Vlad Siaber (bi). 212-213 **Shutterstock.com:** vectortatu (cb). 213 **Alamy Stock Photo:** agefotostock (si); Larry Geddis (sc); Gabbro (cda); Ivan Kuzmin (ci); Dennis Frates (cdb). **Dreamstime. com:** Roman170976 (cd). **Getty Images/iStock:** MicroVone (si). **naturepl.com:** AP (ca); Agnieszka Bacal (cb). 214 **Dorling Kindersley:** Dreamstime.com: Jessamine (eci/nido). 214 **Alamy Stock Photo:** Albert Beukhof (cia). 214-215 **Getty Images/iStock:** ivanastar (ramitas); vtorous (plumas). 215 **Dorling Kindersley:** Peter Chadwick/Museo de Historia Natural, Londres (ecd). 216 **Dreamstime.com:** Henk Bogaard (s). **Getty Images:** Education Images (ca); Mark L Stanley (s). 216 **Alamy Stock Photo:** Henk Bogaard (fondo). **Getty Images:** Andy Rouse (b). 217 **Alamy Stock Photo:** Derren Fox (c); robertharding (s). **Shutterstock.com:** barka (s). 217 **Alamy Stock Photo:** Ekaterina Elkina (sc). **Getty Images:** Education Images (eb); Michael Nolan (sd). **Science Photo Library:** Peter Chadwick (ci). 218 **Alamy Stock Photo:** Chris Gomersall (fondo); Janet Sheppardson (sd). **Shutterstock.com:** Tony Brindley (ci); Luca Nichetti (cia). 218-219 **Alamy Stock Photo:** imageBROKER (fondo). **Shutterstock.com:** Tony Brindley (c); Elenamiv (c/cielo); Luca Nichetti (cda). **naturepl.com:** ap-photo (bd). **Shutterstock.com:** BMJ (cz); Jukka Jantunen (si); Philip Pilosian (cd). 220-221 **Shutterstock.com:** Georgette Tarasenko. 221 **Alamy Stock Photo:** Danita Delmont Creative (es); Raimund Linke (cia). **naturepl.com:** Stefan Christmann (cb); Roland Seitre (cib); Frederique Olivier (bc). **Shutterstock. com:** Roger ARPS BPE1 CPAGB (s); Jan Martin Will (bi/ emperador); Leksele (bi/macaroni); f11photo (bi/pingüino azul); Danita Delmont (s); Mario_Hoppmann (sd). 228 **Alamy Stock Photo:** Samantha Crimmin (bd); Michel & Gabrielle Therin-Weise (s); Steve Bloom Images (bd); Nature Picture Library (ca). **naturepl.com:** Tui De Roy/Minden (c). **Shutterstock.com:** Charles Bergman (s); Risto Raunio (es). 222-223 **naturepl.com:** Michael & Patricia Fogden/Minden. 224 **Alamy Stock Photo:** Octavio Campos Salles (cdb). **Getty Images:** Charles Bergman (sd); Flini Kools (bi); Uwe Bergwitz (si); Split Second Stock (cb). 225 **Alamy Stock Photo:** dpa picture alliance (c); Michael Patrick O'Neill (cib); Octavio Campos Salles (bc); Pulsar Imagenes (si); rhgdesign (árboles); Charlie Summers (cd). 226 **Alamy Stock Photo:** imageBROKER (s); Robert McGouey/ Wildlife (c, cda, cd); William Ragosta (cdb). **Dorling Kindersley:** Dreamstime.com: Musat Christian (ecdb). **Dreamstime.com:** Petar Zigich (c). **Getty Images:** yenwen (c); robertharding (s). **Shutterstock.com:** Sketchart (sd); Nick Upton (bd). **naturepl. com:** Ondrej Prosicky (cdb); Frederique Olivier (bd); Ondrej Prosicky (s); Patrick K. Campbell (ci); Gurkan Ozturk (sc); Ammit Jack (sd). 227 **Alamy Stock Photo:** Chris Upton (cd). **Dorling Kindersley:** Dreamstime.com: Jnihuz (ecd, ci). 228-229 **naturepl.com:** Doug Gimesy. 228 **naturepl.com:** D. Parer & E. Parer-Cook/Minden (sd). **naturepl.com:** Juergen Freund (bc); D. Parer & E. Parer-Cook/Minden (bd). 230 **Alamy Stock Photo:** FLPA (ca). **Getty Images:** Jami Tarris (bi). **naturepl.com:** Theo Allofs/Minden (bd). **Shutterstock.com:** Mo Afridhia (c); electra (si); shaineast (cd); Kayocci (eci). 231 **Alamy Stock Photo:** Auscape International Pty Ltd (c). **naturepl.com:** Mitsuaki Iwago/Minden (s); Joel Sartore/ Photo Ark (cia/cria de canguro). **Shutterstock.com:** Craig Dingle (bi); electra (sc, eci); Kayocci (sd); totajla (cia/arena); Ken Griffiths (bc); shaineast (bd). 232-233 **naturepl.com:** Suzi Eszterhas/ Minden. 234-235 **naturepl.com:** Anup Shah (s). **Shutterstock. com:** Marimak (fondo). 234 **naturepl.com:** Juergen & Christine Sohns/Minden (sd). **Anup Shah** (cia, cda). 235 **naturepl.com:** Cyril Ruoso (bd); Anup Shah (cib, cb). 236 **Alamy Stock Photo:** Elizabeth Cole (si); Anup Shah (s, b). 236 **naturepl.com:** Aflo (bc); Yukihiro Fukuda (ebi); Ingo Arndt/Minden (bd). 236-237 **Getty Images:** Juniors Bildarchiv/F291 (s); structuresxx. **naturepl.com:** Mitsuaki Iwago/Minden (sd). 237 **naturepl.com:** Hiroya Minakuchi/Minden (bi); Anup Shah (s); Yukihiro Fukuda/Minden (bd); Cyril Ruoso/Minden (bd). 238-239 **Alamy Stock Photo:** volkerpreusser (s). 238 **Alamy Stock Photo:** Arterra Picture Library (bd); Paolino Massimiliano Manuel (bd). **naturepl.com:** David Pattyn (cda, c). 239 **Alamy Stock Photo:** Andrea Battisti (cd); Manuel Lacoste (ca); FLPA (cib); blickwinkel (bd). **naturepl.com:** David Pattyn (s). 239 **naturepl.com:** Massimiliano Paolino (c). 240 **Alamy Stock Photo:** BIOSPHOTO (s); Nature Picture Library (bc). **Getty Images/iStock:** Andyworks (si); Elena Istomina (b). **naturepl. com:** Eric Dragesco (bd). **Getty Images:** GFC Collection (bd). 241 **Alamy Stock Photo:** Sirio Carnevalino (cdb). **naturepl.com:** Natural Visions (s); olandsfokus (cd). **Dreamstime.com:** Dennis Donohue (cb). **Getty Images/iStock:** cooked parsnips (s); oleg7799 (cda); ekolara (bc/gruñido, bc). **Gertrud & Helmut Denzau (bi); Daniel Heuclin (cd). Science Photo Library:** istorsvetlana (b). 242-243 **Alamy Stock Photo:** imageBROKER. **Shutterstock.com:** Klein & Hubert (cib). 242 **naturepl.com:** Will Burrard-Lucas (cib); Ann & Steve Toon (cib); Charlie Summers (cdb). 244 **Alamy Stock Photo:** Michele Burgess (bd); Mark Levy (bd). **KJELL**

SANDVED/SYLVIA CORDAIY PHOTO LIBRARY LTD (cd). **Getty Images/iStock:** MogensTrolle (si); UfimtsevaV (cia). **naturepl.com:** Denis-Huot (cd); anthony grote (ci); Scubazoo (esi, sd). 245 **Alamy Stock Photo:** blickwinkel (bc); Media Drum World (cda). **Dreamstime.com:** Frankandre (sc). **Getty Images:** Utopia_88 (bd); WOLFAVNI (cda). **Shutterstock.com:** Henk Bogaard (ci); Bambang Prihnawan (cdb). 246-247 **Getty Images/iStock:** Gerald Corsi (s); Pawel Gaul (c). 248-249 **Getty Images:** Martin Harvey. 248 **Alamy Stock Photo:** Laura Romin & Larry Dalton (cb); André Gilden (sd); Martin Harvey (cd). **Shutterstock.com:** Kiki Dohmeier (cb); Paul Tessier (ci). 249 **Alamy Stock Photo:** Martin Harvey (c). **naturepl.com:** Theo Allofs/Minden (c). 249 **Alamy Stock Photo:** Danita Delmont (sd). **Getty Images:** Serge Goujon (s); Sergey Uryadnikov (b). 250 **Alamy Stock Photo:** Brian Gibbs (ci). **Shutterstock.com:** Little Things Abroad (c); Madelein Wolfaardt (cib); RovingPhotogZA (s); sirtravelalot (bc). 251 **Alamy Stock Photo:** ZSSD/Minden (ci). **naturepl.com:** robertharding (ci). **Shutterstock.com:** ArCaLu (bd); Stu Porter (bc). 252 **Alamy Stock Photo:** Carl Corbidge (ca); John Sirlin (ci); Nature Picture Library (ci, cib); Panther Media GmbH (si); Nick Rule (ecib); imageBROKER (s); Natalia Kuzmina (bd). 253 **123RF.com:** alexander17 (c). **Alamy Stock Photo:** Mauricio Abreu (eica); Saverio Gatto (cia); Jim Varley Photography (c); Nature Picture Library (bd). **Pierre Landmann:** (sc). **Shutterstock.com:** Wolfgang Zwanger (ci). **N. N. Shi, R. F. Foelix, N. Yu Y. R. Wehner:** (cd). 254-255 **naturepl.com:** Suzi Eszterhas/Minden. 256 **Alamy Stock Photo:** Blue Planet Archive (si, cia); Y. Kumar (cib); Hemis (bc); Micha Klootwijk (bd). **Getty Images:** Richard Wilbourn (s). **naturepl.com:** Anup Shah (cb). **Shutterstock.com:** BLUR LIFE 1975 (cdb); Rudi Hulshof (sd). 257 **Alamy Stock Photo:** Helmut Corneli (bd). **Getty Images:** sdominick (cd). **Shutterstock.com:** Gerrit Vyn (bi). **Shutterstock.com:** Pavel Krasensky (sc); Protasov AN (bi); Nicola Simoncini (sd); Ko Sei (cib). 258-259 **Alamy Stock Photo:** Chien Lee/Minden. 260 **Alamy Stock Photo:** Danita Delimont (sc); John Sullivan (si/araña); David Tipling Photo Library (sd). **Getty Images:** keithsutherland (ci). **naturepl.com:** Guy Edwardes (bd); Tui De Roy/Minden (bc). 261 **Alamy Stock Photo:** Nature Picture Library (sd); Photomacrography.net (cdb). **BluePlanetArchive.com:** Doc White (s); **Dorling Kindersley:** (b). 123RF.com: Ana Vasileva/ABV (ec). **Dreamstime.com:** Chesampson (s); Vitor Hugo Artigiani Filho (cda); SI Photography (cb); Dekanaryas (cd). **Getty Images/ iStock:** R.M. Nunes (s); sdbower (cb/rana). **Shutterstock.com:** Photoonography (s). 262-263 **naturepl.com:** Andy Rouse. 262 **Alamy Stock Photo:** Julianna Funk (cdb). **Getty Images/ iStock:** Jurgita_Zuk (ci). **naturepl.com:** Sergey Gorshkov (cdb); Andy Rouse (sd). 263 **Alamy Stock Photo:** Dinodia Photos (si); imageBROKER (cdb); Aditya "Dicky" Singh (cdb). **naturepl.com:** Yashpal Rathore (ecdb). 264-265 **123RF.com:** rhgdesign (árboles). **Shutterstock.com:** HNK (s). 264 **Alamy Stock Photo:** Lou Linwei (bi); Minden Pictures (ca). **naturepl.com:** Edwin Giesbers (bd); Nature Picture Library (ca). 265 **Dorling Kindersley:** Dreamstime.com: Emir Hodzic (cia/rocas). **naturepl. com:** Klein & Hubert (ca); Gerry Ellis/Minden (cd). **Shutterstock. com:** Hung Chung Chih (cia); Ondrej Prosicky (si). 266 **123RF.com:** cattalina (c). **Alamy Stock Photo:** imagebroker (cdb); Mira (ci). **Getty Images/iStock:** JMrocek (cd); Remus86 (s). **Science Photo Library:** Leonard Lee Rue III (s). **Shutterstock.com:** SZBDesign (s). 266-267 **123RF.com:** rhgdesign (árboles). 267 **123RF.com:** byrdyak (sc). **Dreamstime.com:** Dalia Kvedaraite (c); Khmarskyi Maksym (sd); MartinBergsma (bd/ árboles). **Getty Images/iStock:** Byrdyak (bd); ErikMandre (ci); oktaydegirmenci (ca). 268 **Getty Images:** DmitryND (bd). **Shutterstock.com:** Troutnut. 269 **Alamy Stock Photo:** mauritius images GmbH. **naturepl.com:** Danny Green (s). 270 **Alamy Stock Photo:** Frank Fichtmueller (cd). **Dorling Kindersley:** Twan Leenders (s). **naturepl.com:** Andre Woodward (bi); Minden Pictures (bd). 273 **Alamy Stock Photo:** Nature Picture Library (bi, ebd); WaterFrame (bd). **Dreamstime.com:** Slowmotiongli (cd). **naturepl.com:** Eric Baccega (bc). 274 **Alamy Stock Photo:** robertharding (cda). **Dreamstime.com:** eivaurbanus (cb); Alexey Seafarer (ca); FloridaStock (s); Eric Isselee (ebd). 274-275 **Shutterstock.com:** Gurkan Ozturk (sc); Ammit Jack (sd). 275 **Dreamstime.com:** sirtravelalot (fondo); Christopher Wood (c/nieve); Andre Stepanov (nube). 275 **Alamy Stock Photo:** Gillian Lloyd (ci); Sergey Uryadnikov (ecd). **Dorling Kindersley:** Dreamstime.com: Mirage3 (bd). **Science Photo Library:** POWER AND SYRED (ecd); Mylmages - Micha (c); Alexey Seafarer (cd). 276-277 **naturepl.com:** Ole Jorgen Liodden.

Resto de las imágenes © Dorling Kindersley